নোবেল শান্তি পুরস্কার বিজয়িনী

মালালা

(নারীস্বাধীনতার এক নির্ভীক যোদ্ধা)

কৃত্তিকা ভরদ্বাজ

অশোক কুমার শর্মা

ডায়মণ্ড বুক্‌স

www.diamondbook.in

প্রকাশক	ঃ	ডায়মণ্ড বুক্স (প্রা.) লিমিটেড X - 30, ওখলা ইণ্ডাস্ট্রিয়াল এরিয়া, ফেজ - II নূতন দিল্লী - 110 020
ফোন	ঃ	011 - 41611861, 011 - 40712100
ফ্যাক্স	ঃ	011 - 41611866
ই-মেল	ঃ	sales@dpb.in
ওয়েবসাইট	ঃ	www.dpb.in
সংস্করণ	ঃ	2026
মুদ্রক	ঃ	আদর্শ প্রিন্টার্স, শাহদরা, দিল্লী - 110 032

Noble Shanti Puraskar Vijoyni Malala (Bengali)
By : Kritika Bhardwaj & Ashok Kumar Sharma

এই বই আমার স্বর্গীয় ঠাকুরদা-ঠাকুরমা শ্রীমূলচন্দ শর্মা এবং শ্রীমতী ভরতো দেবী এবং আমার দাদু-দিদিমা শ্রী দয়ানন্দ শর্মা এবং শ্রীমতী মনোরমা দেবী, তাঁদের উদ্দেশ্যে উৎসর্গ করা হলো।

কৃতজ্ঞতা

আপনি কোনো প্রেরণা অভাবে লেখক হওয়ার কথা কল্পনাও করতে পারেন না, এরকম হওয়া অসম্ভব। আমরা যেমন বলে থাকি কি প্রত্যেক সাফল্যের পেছনে অনেক মানুষের অবদান থাকে, এখানেও এমনটাই ঘটেছে। আমি ডায়মন্ড পকেট বুক্স্-এর চেয়ারম্যান নরেন্দ্র কুমার বর্মা মহাশয়ের কাছে আন্তরিকভাবে কৃতজ্ঞ, যিনি এই বই লেখার সময় আমাকে সাহায্য করেছেন। তিনি আমার লেখার ক্ষমতার উপরে বিশ্বাস করেন এবং আমাকে বলেন কিছুই অসম্ভব নয়। আর তাঁর জন্যই আমি নিজের পাঠ্যপুস্তকের বাইরে গিয়ে লিখতে পেরেছি। এখানে আমি আমার সহলেখক ডা. অশোক কুমার শর্মার নামও বিশেষভাবে উল্লেখ করতে চাই। যিনি এই পরিকল্পনা সফল করতে যথাসম্ভব সাহায্য করেছেন আর আমাকে বুঝিয়েছেন আসলে বই লেখা কাকে বলে।

আজ আমি যা কিছু হতে পেরেছি, তার কৃতিত্ব আমার মা-বাবা শ্রী এম. ডি. শর্মা এবং শ্রীমতী রাজরানি শর্মা; আমার কাকা শ্রীরামনিবাস শর্মা এবং শ্রীরাজেন্দ্র শর্মার। এছাড়াও আরও দুজন সবসময়ই আমার বন্ধুর মতন সবসময় আমার শক্তিস্তম্ভরূপে আমাকে সমর্থন জুগিয়ে গিয়েছেন, আমার মামা শ্রী বিবেকানন্দ শর্মা এবং আমার ছোটো ভাই ভব্য ভরদ্বাজ। এঁরা দুজন আমার বন্ধুর চাইতেও বেশি আর আমাদের মধ্যে একটা আত্মিক সম্পর্ক আছে। তাঁদের পুনঃ পুনঃ সহযোগিতার কারণেই আমি জীবনের অনেক চড়াই-উৎরাই সাফল্যের সঙ্গে পার করতে পেরেছি। আমি আমার পরিবারের গুরুজনদের, তাঁদের মিষ্টিমিষ্টি ছোটোদের এবং বন্ধুদের অবিস্মরণীয় সহযোগিতা কোনদিন ভুলতে পারব না।

পরিশেষে, আমি ঈশ্বরকে ধন্যবাদ জানাই, তিনি আমাকে আমার স্বপ্ন পূরণের সুবর্ণ সুযোগ করে দিয়েছেন আর আমি এই বিশেষ বইটির লেখিকা রূপে নিজের নাম দেখার মত সাফল্য পেলাম।

উড্‌স আর লাভলি ডার্ক এন্ড ডীপ,
এন্ড মাইলস টু গো, বিফোর আই স্লীপ...

কৃতিকা ভরদ্বাজ

প্রস্তাবনা

মালালা ইউসুফজাই, পৃথিবীর সবচাইতে বিখ্যাত মেয়েদের মধ্যে একজন। সে নিজের সেই কার্য্যাবলী এবং প্রয়াসের জন্য পরিচিত যে জন্য তাকে ২০১২ সালে তালিবান সন্ত্রাসবাদীদের বন্দুকের গুলির শিকার হতে হয়। সেই সময়েই যখন জিয়াউদ্দিন ইউসুফজাই এবং তোর পেকাই-এর ময়ে গুল মকই-এর সারা পৃথিবী উঠে দাঁড়ায়। সে প্রতিবাদ জানাল। তার সন্ত্রাসবাদীদের সঙ্গে কোনো শত্রুতা ছিল না, তার চাহিদা ছিল খুব সামান্য সে খালি চাইত যে তাকে তার স্কুলে পড়াশোনা করার জন্য যেতে দেওয়া হোক। সে চাইত যে তার পড়াশোনায় যেন কোন বাধা না আসে। সে পড়তে চাইত, একজন ডাক্তার হতে চাইত আর এইভাবে প্রসিদ্ধ হবার কথা সে কখনো ভাবতেই পারেনি। সে তো আর পাঁচটা সাধারণ শিশুর মতো প্রতিদিন ধীরে ধীরে বড়ো হয়ে উঠতে চাইত, এমন এক শিশু যে প্রতিদিন স্কুলে যায় আর আর নতুন ও আশ্চর্য কথামালার সাথে বাড়ি ফিরে আসে।

.... তার জীবন অন্যদের মতো সাধারণ হবার জন্য ছিল না। তাকে গুলি করা হয় এবং সে জীবন-মৃত্যুর মাঝখানে ঝুলছিল, কিন্তু নিয়তি তার জন্য অন্য কিছু লিখেছিল।

তাকে তার সাহসিকতা এবং বীরত্বের জন্য অনেক পুরস্কার প্রদান করা হয়। এইভাবে তার মনে হল যে তার পৃথিবীর সেই সমস্ত মেয়েদের জন্য দাবি করা উচিৎ যারা শিক্ষার অধিকার পায়না। মালালা খুবই সাহসী আর আমাদের দৃঢ় বিশ্বাস সে তার লক্ষ্যে সাফল্যও পাবে। আমরা কেবল আমাদের তরফ থেকে তার জন্য প্রার্থনা করতে পারি আর ঈশ্বরের কাছে তার সুস্থতা কামনা করতে পারি।

কৃত্তিকা ভরদ্বাজ
অশোক কুমার শর্মা

বিষয় সূচী

1

শৈশবের দিনগুলি

ইনি মালালা ইউসুফজাই, পৃথিবীর সবথেকে বিখ্যাত স্কুলে পড়া মেয়ে, যে আচমকাই পাকিস্তানের নাম সম্মানীয় দেশগুলির বন্ধনীতে ঢুকিয়ে দিল। সেই পাকিস্তানের নাম, যে দেশটার সুখ্যাতি নেই বলেই জানা যায়। সে রাষ্ট্রসংঘের সেক্রেটারি জেনারেলের সঙ্গে স্কাইপিতে কথা বলেছে, এঞ্জেলিনা জোলির চায়ের নিমন্ত্রণ স্বীকার করেছে আর ম্যাডোনা তো তার নামে একটা গানই উৎসর্গ করে দিয়েছেন। জুলাইতে, মালালার ১৬তম জন্মদিনে তার ছবি নিউইয়র্কের ব্রুকলিন ব্রিজে প্রদর্শন করা হয়েছে, রাষ্ট্রসংঘে সবাই নিজের আসন ছেড়ে দাঁড়িয়ে পড়ে তাকে অভিনন্দিত করেন আর বেয়োন্স তাকে ইন্সটাগ্রাম পাঠিয়েছিল। বোনো আইপ্যাড উপহার দিয়েছিল, মালালার পোট্রেট ন্যাশনাল পোট্রেট গ্যালারিতে লাগানো হয়। সব থেকে বড় কথা মালালা সবথেকে কমবয়সী নোবেল প্রাপক হয়ে গেল। যদিও এখনও তার সকাল সকাল ঘুম থেকে উঠতে ভাল লাগে না, জাস্টিন বিবারের গান খুব ভাল লাগে, জোক শুনতে, মি। বিন-এর কাণ্ডাকারখানা শুনতে বা দেখতে তার খুবই ভাল লাগে, আর তার ভাইদের সঙ্গে প্রচণ্ড মারামারি করতেও তার ভীষণ ভাল লাগে।

মালালার জন্ম হয়েছে উত্তর পশ্চিম পাকিস্তানের খৈবর পখতুনদের স্বাত উপত্যকায়। যখন সেখানে ভয়ঙ্কর তালিবান সন্ত্রাসবাদীরা তাদের দখল কায়েম করল এবং মেয়েদের স্কুলে যাওয়ার উপর নিষেধাজ্ঞা জারি করল তখন মালালা তার প্রতিবাদ জানাল। সে তার একার ক্ষুদ্র শক্তি নিয়েই বলে উঠল যে মেয়েদের স্কুলে গিয়ে পড়াশুনা করে শিক্ষা পাবার অধিকার পাওয়া উচিত। স্বাত উপত্যকার সেই দুর্বল স্বর আজ সারা বিশ্বসংসারে এমন এক মেয়ের প্রতিবাদী কণ্ঠ হয়ে ধ্বনিত হচ্ছে, যে একটি ছোট্ট মেয়েটি বয়সে অনেক ছোট হয়েও সারা পৃথিবীর শিশুদের তরফ থেকে শিক্ষার অধিকার অর্জনের জন্য বিদ্রোহ ঘোষণা করেছিল। শুধু তাই এই অধিকার লাভ করার জন্য সে তার জীবন পর্যন্ত বিপন্ন করেছিল। এই বিদ্রোহের পরিণাম কি হতে পারে তা সে জানত, কিন্তু তার মনের জোর তালিবানদের বিরোধিতার থেকেও অনেক বেশি শক্তিশালী ছিল। তখন তালিবানপন্থীরা তার কণ্ঠস্বরকে চিরকালের মতন স্তব্ধ করে দেওয়ার সিদ্ধান্ত নিল।

9 অক্টোবর, 2012 তারিখে মালালা নিজের স্কুল বাসে করে, বন্ধুদের সাথে বাড়ি ফিরছিল। তালিবান সংগঠনের একটি দল রাস্তায় সেই বাস আটকাল, আর এক মুখোশ পরা বন্দুকধারী বন্দুক উঁচিয়ে মেয়েদের জিজ্ঞাসা করল মালালা কে? সে একটুও ভয় না পেয়ে উঠে দাঁড়াল আর বলল, "আমিই মালালা।" ততক্ষণে বাসে বসে থাকা অন্য মেয়েরা বুঝে গিয়েছিল যে কি হতে চলেছে! তিনটে গুলি চালানো হল। প্রথম গুলি মালালার বাঁদিকের ভুরুর কাছে লাগল আর তার মাথার খুলির মধ্যে না ঢুকে দিক পরিবর্তন করে চামড়ার মধ্যে দিয়ে কাঁধের মধ্যে ঢুকে গেল। মালালার বাঁচার কোন আশা ছিল না। কিন্তু সারা পৃথিবীর শুভকামনা এবং প্রার্থনার জোরে সে বেঁচে গেল। সে মৃত্যুর মুখ থেকে ফিরে এল। মেডিকেল জগৎ তো তার এই বেঁচে ওঠার ঘটনাকে একটা চমৎকার বলেই মেনে নিয়েছে।

"আমার মনে হয়েছিল ওরা আমাকে মেরে ফেলবে; কারণ ওরা আমাকেই খুঁজছিল। কিন্তু আমি মনের মধ্যে একটা বিশ্বাস ছিল যদি ওরা আমাকে মেরেও ফেলে তাহলেও কোন ক্ষতি নেই। কারণ তারপরেও হাজার হাজার মালালারা এগিয়ে আসবে আর ন্যায় ও সত্যের এই লড়াই চলতে থাকবে ....।'

জন্ম

মালালা ইউসুফজাইয়ের জন্ম, 12 জুলাই, 1997 সালে, পাকিস্তানের মিঙ্গোরা প্রান্তে হয়েছিল। তার বাবার নাম জিয়াউদ্দিন এবং মায়ের নাম তোর পেকাই ইউসুফজাই। তার জন্ম যে গ্রামে হয়, সেখানে মেয়েসন্তানের জন্ম হওয়াকে শুভ বলে মনে করা হয় না, কিন্তু সে ছিল তার বাবামায়ের চোখের মণি, তার বাবা-মায়ের খুব আদরের সন্তান। মালালার জন্মের সময় ভোর হব হব করছে, অল্প কয়েকটি নক্ষত্র টিমটিম করে জ্বলছিল। মালালারা পশতুন জাতির যে সম্প্রদায়ভুক্ত সেই সম্প্রদায় এই সময়টাকে খুব শুভ বলে মনে করে। এই পশতুন জাতির লোকেরা ছেলের জন্মের খবরে আনন্দে উৎফুল্ল হয়ে শূন্যে গুলি ছুঁড়ে উল্লাস প্রকাশ করত, আবার কন্যাসন্তানের জন্মের খবর শুনে তাড়াতাড়ি তাকে পর্দার আড়ালে লুকিয়ে ফেলত। এই রকম উপজাতীয় সম্প্রদায়ের মধ্যে জন্ম করেও আজ মালালা কোথায় পৌঁছে গেছে! তার বাবা যখন তাকে প্রথমবার দেখেন তখন তিনি তার রূপে মুগ্ধ হয়ে যান। তিনিই তাঁর মেয়ের নাম রাখেন মালালা। তিনি তাঁর বাড়ির লোকজন এবং বন্ধুবান্ধবদের তাঁর মেয়ের দোলনায় শুকনো মেওয়া ফলের বৃষ্টি করতে অনুরোধ করেন। এই ব্যাপারটা এই পশতুন সম্প্রদায় কিন্তু ছেলে হলেই করে থাকে। মেয়ের নাম মইবাডের মালালাই-এর নামে রাখা হয় যিনি ছিলেন এক প্রবাদপ্রতিম বীরাঙ্গনা। পশতুন সম্প্রদায় আফগানিস্তান ও পাকিস্তান এই দুই দেশের মাঝখানে ছড়িয়ে ছিটিয়ে আছে। এই পশতুনরা কাউকে কোন কথা দিলে তা অবশ্যই পালন করেন। আর তাঁদের মধ্যে প্রচলিত প্রবাদ হল 'যদি এই দুনিয়ায় আপনার নিজের কাছে নিজের সম্মান না থাকে, তা হলে এই দুনিয়াটারই কোন মানে নেই।'

আফগানি উপকথা অনুসারে মালালাই মাইওয়াড (কান্ধারের পশ্চিম দিকের একটি গ্রাম)-এ একটি মেষপালকের একটি মেয়ে ছিল। মালালাইয়ের বাবা এবং হবু বরকে ইংরেজদের সঙ্গে যুদ্ধে যেতে হয়েছিল, মালালাই সেই সময় কিশোরী ছিলেন। তিনি গ্রামের অন্যান্য মহিলাদের সঙ্গে যুদ্ধক্ষেত্রে পৌঁছলেন যাতে আহত যোদ্ধাদের একটু জল খাওয়ানো যায়, তাদের সেবাশুশ্রূষা করা যায়, তাদের ক্ষতস্থানগুলিতে ওষুধ দিয়ে ব্যাণ্ডেজ করা যায়, এক কথায় নার্সিং-এর কাজ করার জন্য। তিনি দেখলেন তাঁদের

যোদ্ধারা হারছে। হঠাৎ তিনি দেখতে পেলেন যে তাঁদের দলের পতাকা বহন করছিল সে গুলি খেয়ে লুটিয়ে পড়ল। তিনি সঙ্গে সঙ্গে ছুটে গিয়ে সেই পতাকা তুলে নিয়ে সগর্বে মাথা উঁচু করে দাঁড়িয়ে চিৎকার করে বলতে লাগলেন, "হে আমাদের তরুণ যোদ্ধারা! যদি আজ তোমরা মাইওয়াডের এই রণক্ষেত্রে শহীদ না হও, তাহলে 'আল্লাহ্-কসম', অন্য কারো দয়ায় সেই ঘৃণিত জীবন নিয়ে বেঁচে থাকার মত লজ্জাজনক আর কিছু হতে পারে না।' এই কথাগুলি বলতে বলতেই তাঁর কিশোরী দেহখানি ইংরেজদের গুলিতে ছিন্নভিন্ন হয়ে গেল। কিন্তু তাঁর সেই তেজস্বী বাণী সমস্ত রণক্ষেত্রে প্রতিধ্বনিত হতে লাগল।

আর সেই প্রতিধ্বনিত এক নতুন শক্তি হয়ে হতোদ্যম যোদ্ধাদের মস্তিষ্কের ভিতর প্রবেশ করে সারা শরীরে এক নতুন উদ্দীপনার সৃষ্টি করলো। আর তার ফলে যা হলো সে তো আজ ইতিহাস। সেই ইতিহাস অনুযায়ী, ইংরেজ সৈন্যদের সবচাইতে শোচনীয় পরাজয়গুলির মধ্যে একটি এই ইঙ্গ-আফগান লড়াই। এই লড়াইয়ের পর আফগানিস্তানের শেষ রাজা কাবুলের ঠিক মাঝখানে মালালাইয়ের পুণ্য স্মৃতিতে 'মইওয়াড বিজয় স্মারক' নির্মাণ করালেন। আফগানিস্তানে অনেক মেয়ে, অনেক স্কুল তাঁর নামানুসারেই রাখা হয়। মালালার ঠাকুরদা অবশ্য তাঁর নাতনীর এরকম নাম পছন্দ করেননি। তাঁর মতে এই নামের অর্থ হল 'দুঃখে কাতর'। যখন সে ছোট ছিল তখন তার বাবা তাকে একটি গান শোনাতেন। সেই গানে মাইওয়াডের মালালালইয়ের কৃতিত্বের কথা বর্ণনা করা ছিল। এই গানটি রচনা করেছিলেন পেশোয়ারের বিখ্যাত উর্দু শায়র রহমত শাহ সায়ল। তার বাবা তাঁর বাড়িতে যে সমস্ত অতিথিরা আসতেন তাঁদেরও মাইওয়াড মালালার কাহিনী শোনাতেন। এই কাহিনী শুনে মালালা উদ্দীপ্ত হয়ে উঠত, মালালাই প্রথম থেকেই এই ছোট্ট মেয়েটির ওপর গভীর প্রভাব ফেলেছিলেন।

সে যা বলত

'মাইওয়াডের মালালাই, আবার তুমি জেগে ওঠো। জেগে ওঠো যাতে করে পাশতুনদের সম্মানসঙ্গীত সবাই বুঝতে পারে, তোমার শায়রীর শব্দগুলি তো আশেপাশের জগৎটাকে বদলে দিয়েছিল, আমি তোমার কাছে মিনতি করছি তুমি আর একবার উঠে দাঁড়াও।'

তার বাবা তাকে সবচাইতে ভালোবাসতেন, তিনি মালালাকে আদর করে জানেমন বলতেন। জানেমন কথার অর্থ কাউকে নিজের প্রাণের চেয়েও বেশি করে ভালবাসা।

মালালা ছিল খুব মিষ্টি এক ছোট্ট মেয়ে। সে খুব বেশি দুষ্টমিও করত না। বাচ্চারা তো একটু দুষ্টুমি করবেই, কিন্তু মুসলিমরা তাদের মেয়েদের সবসময়ই শান্তশিষ্ট-বাধ্য-নম্র-ভদ্র হয়ে থাকতে শিক্ষা দেয়। আর এই শিক্ষাটার মধ্যে একটা চাপিয়ে দেবার মানসিকতা থাকে। মালালার যখন জন্ম হয়, তখন তাদের পরিবারের আর্থিক অবস্থা খুব একটা ভাল ছিল না। তার বাবা তাঁর এক বন্ধুর সঙ্গে মিলে একটি স্কুল স্থাপন করেছিলেন। মালালারা একটি দুকামরা বিশিষ্ট জরাজীর্ণ বাড়িতে থাকত। তার বাবার স্থাপন স্কুলের পাশের গলিতে ছিল এই বাড়িটা। দুটো ঘরের একটাতে অতিথি-অভ্যাগতরা এলে তাদের বসানো হত, আর একটাতে পুরো পরিবারটি থাকত। ওই বাড়িতে কোন শৌচালয় বা রান্নাঘরের বন্দোবস্ত ছিল না। মাটিতেই রান্না করা হত। ঘরের কাপড়চোপড়, বাসন স্কুলের জলের কলে ধুয়ে নেওয়া হত। তাঁদের বাড়িতে প্রায়ই আশেপাশের গ্রাম থেকে লোকজন আসত। পাশতুন সম্প্রদায়ের লোকেরা অতিথি-সৎকারকে খুব গুরুত্ব দিয়ে থাকেন।

মালালার জন্মের দুবছর পরে তার বাড়িতে এক খুশির খবর এল। তার ছোটো ভাই খুশহালের জন্ম হল। মালালার জন্মের সময় হাসপাতালে যাবার খরচ যোগাড় করা যায় নি। কিন্তু এবার তা সম্ভব হল। একজন স্থানীয় ধাত্রীর তত্ত্বাবধানে খুশহালের জন্ম হল। এই খুশহাল নামটি রাখা হয় বিখ্যাত শায়র খুশহাল খান খট্টক-এর নামের অনুকরণে রাখা হয়। এই বিখ্যাত উর্দুশায়র একজন বীরযোদ্ধাও ছিলেন। ইউসুফজাই পরিবারের স্কুলটির নামও খুশহাল রাখা হয়েছিল। মালালার মায়ের তো খুশির কোন সীমা ছিল না। তিনি দীর্ঘকাল ধরে পুত্রসন্তান কামনা করে আসছিল। তিনি যে তাঁর কন্যাসন্তানটিকে ভালবাসতেন না তা নয়, তাকেও খুবই ভালবাসতেন, কিন্তু ছেলেটির জন্য তিনি তাঁর জীবন পর্যন্ত দিয়ে দিতে রাজি ছিলেন। খুশহাল দুধ-চিনি-এলাচ দিয়ে বানানো চা খেতে খুবই ভালোবাসত, কিন্তু একসময় তার এই শখ পুরো পরিবারের মাথাব্যথার কারণ হয়ে দাঁড়াল। কারণ খুশহাল সারাদিন যখন তখন এই চা খাবার

জন্য বায়না ধরত। তার মা তার জন্য নানাধরনের রান্না করে আনন্দই পেতেন, কিন্তু তার বায়নার জন্য নাজেহাল হয়ে রেগেমেগে কড়া করে চা বানাতে লাগলেন। তখন খুশহাল সেই কড়া চা খেতে খেতে জব্দ হয়ে চায়ের জন্য বায়না করাই ছেড়ে দিল। তার মা তার জন্য একটি নতুন দোলনা কিনতে চেয়েছিলেন, কিন্তু তার বাবা জেদ ছিল খুশহালকেও মালালার জন্য কেনা দোলনাতেই রাখা হবে।

তিনি প্রায়ই তাঁর স্ত্রীকে জিজ্ঞাসা করতেন খুশহালকে কেন সেই দোলনাতে রাখা হয় না, যেটাতে মালালাকে রাখা হত। তিনি বলতেন যদি মালালার জন্য যদি পুরানো দোলনায় কাজ চলে যায় তাহলে খুশহালের বেলায়ও তা করা যেতেই পারে। প্রায় পাঁচ বছর বাদে অটলের জন্ম হল। সে ছিল পরিবারের সবচাইতে ছোট। মালালা আর খুশহাল পিঠোপিঠি ছিল, তাই তাদের মধ্যে প্রায়ই ঝগড়া-মারামারি হত। যদিও এরকম সব বাড়িতেই ভাইবোনেদের মধ্যে হয়েই থাকে। আর মারামারি ঝগড়াঝাঁটি হলেই যে যার প্রিয়জনের কাছে চলে যেত। তার ভাই চলে যেত তার মায়ের কাছে আর মালালা চলে যেত তার বাবার কাছে। তার বাবা তাকে আদর করে জিজ্ঞাসা করতেন 'কি হয়েছে জানী?' ইউসুফজাইয়ের বাড়িতে এ ছিল রোজকার ব্যাপার। মালালার কথা অনুযায়ী, তার মা খুব সুন্দরী আর তার বাবা তাঁকে খুবই ভালোবাসতেন।

তিনি মালালার মাকে এমনভাবে সবসময় আগলে রাখতেন যেন তার মা চিনেমাটির তৈরি কোন জিনিস, টোকা দিলেও ভেঙে যাবে। অন্যান্য স্বামীদের মতন তিনি তাঁর স্ত্রীর সঙ্গে দুর্ব্যবহার করতেন না। মালালার মায়ের নামের অর্থ ছিল 'কালো চুল'। যদিও তাঁর মায়ের চুলের রঙ ছিল কটা। মালালার মায়ের জন্মের সময় তার দাদু জশ্নের খান আফগানিস্তান রেডিও চালিয়ে শুনছিলেন, তাঁর কানে এই নামটি আসে আর তিনি তখনই তাঁর নাম 'তোর পেকাই'-ই রেখে দেন। মালালার মায়ের গায়ের রঙ ফর্সা, চোখের মণির রঙ সবুজ। কিন্তু মালালা তার বাবার আদল পেয়েছে। তার গায়ের রঙ তার বাবার গায়ের রঙের মতোই একটু চাপা, নাকটা একটু বোঁচা আর চোখ কটা। পাশতুন গোষ্ঠীর লোকেরা তাঁদের বাচ্চাদের আদুরে নামে ডেকে থাকেন। আর সেই রীতি অনুযায়ী তার মা তাকে ছোটোবেলায় 'পীশো' বলে ডাকতেন। তার আরও যারা

খুড়তুতো-জ্যাঠতুতো এবং ঐ ধরনের ভাইবোনেরা ছিল তারা তাকে আবার 'লাচী' বলে ডাকত। এই 'লাচী' কথার অর্থ হল এলাচ। এই আদরের ডাকনামগুলি বেশ মজার হয়। যেমন কালো কুচকুচেদের তাদের ডাকনামের সাহায্যে ফর্সা বানিয়ে দেওয়া হয়! আবার বেঁটে বামনদের লম্বা দৈত্যাকার করে দেওয়া হয়! তার বাবার আকৃতি-প্রকৃতি এমন কিছু ভাল নয় কিন্তু তাঁকে 'খরিস্তা দাদা' মানে খুব সুন্দর বলা হত! মালালার মনে পড়ে সে যখন চার বছরের ছিল সেই সময় একদিন তার বাবাকে জিজ্ঞাসা করেছিল, "আচ্ছা বাবা! তোমার গায়ের রঙ কি?" তার বাবা তাকে বললেন তাঁর গায়ের রঙ কালো ও ফর্সা এই দুই রঙ মিশিয়ে তৈরি হয়েছে। মালালা তার শিশুসুলভ সারল্যে ব্যাপারটা ব্যাখ্যা করে বলল চায়ের সঙ্গে দুধ মিশিয়ে দিলেও তো এমন রঙই দেখা যায়। তার বাবা তার এই সারল্যে ভরা ব্যাখ্যা শুনে অট্টহাসিতে ফেটে পড়লেন। তারপর মালালা যখন বড় হল তখন সে বুঝতে পারল তার বাবা আসলে তাঁর গায়ের রঙ নিয়ে খুব দুশ্চিন্তা করতেন। তার সুন্দরী মায়ের সঙ্গে বিয়ে হবার পর অবশ্য এই দুশ্চিন্তা অনেকটাই কমে যায়, বরং তিনি তার মায়ের মতন একজন সুন্দরী মহিলাকে স্ত্রী নিজের করতে পেরে বেশ গর্ব অনুভব করতেন।

পাশতুন গোষ্ঠীর সামাজিক প্রথা অনুসারে ছেলেমেয়েদের বিবাহসম্বন্ধ তাদের পরিবারের লোকজনেরাই ঠিক করে থাকেন। কিন্তু তার বাবামায়ের সম্বন্ধটা একটু অন্যধরনের ছিল। তাঁদের এই সম্বন্ধকে অনকে নাটকীয়তা ঘাত-প্রতিঘাতের মধ্যে দিয়ে যেতে হয়েছিল। তার ঠাকুর্দা (বাবার বাবা) আর দাদু (মায়ের বাবা) পরস্পরকে খুব একটা পছন্দ করতে না। তাই যখন জিয়াউদ্দিন ইউসুফজাই তোর পেকাইকে বিয়ে করার কথা বলেন তখন কেউ তা মেনে নিতে পারেননি। মালালার ঠাকুরদা তার বাবাকে বলেছিলেন যে এই বিবাহের প্রস্তাব দেওয়ার আগে তাঁর আরও একটু ভাবা দরকার, কিন্তু জিয়াউদ্দিন আবারও সেই একই কথা বললে তিনি নাপিতের মাধ্যমে প্রস্তাব করলেন। কিন্তু মালালার দাদু এই প্রস্তাব প্রত্যাখ্যান করলেন। তারপরে জিয়াউদ্দিনের জেদ ও একগুঁয়েমির কাছে হার মেনে মালালার ঠাকুরদা দ্বিতীয়বার এই বিয়ের জন্য প্রস্তাব করলেন। এবার মালালার দাদু তাঁর সিদ্ধান্ত জানাতে পুরো নয়মাস সময় নিলেন। কারণ তিনি দেখতে চাইছিলেন জিয়াউদ্দিন তাঁর মেয়েকে অর্থাৎ তোরা পেকাইকে

বিয়ে করার জন্য কতটা দৃঢ়প্রতিজ্ঞ ছিলেন? তাঁর এই মনোবাসনা কতটা আন্তরিক ছিল এবং তা কতটা সৎ ছিল? শেষপর্যন্ত তিনিও একটু কিন্তু কিন্তু করে রাজি হয়ে গেলেন। মালালার মা খুবই সম্ভ্রান্ত বংশের মেয়ে ছিলেন। মালালার মায়ের বড়োমা খুব অল্প বয়সে বিধবা হয়েছিলেন। পারিবারিক ঝগড়াঝাঁটির জন্য তাঁর বড় ছেলের জেল হয়ে যায়। তখন তিনি একলা পাহাড়ি উপত্যকার প্রায় চল্লিশ মাইল দুর্গম রাস্তা পার হয়ে তাঁর ভাইদের কাছে এসে উপস্থিত হন। তাঁর আশা ছিল তাঁর ভাইরা নিজেদের প্রভাব প্রতিপত্তির সাহায্যে তাঁর ছেলেকে জেল থেকে ছাড়িয়ে আনতে পারবেন।

মালালার মনে এই বিশ্বাস আছে যে যদি তার জীবনেও ওইরকম কোন ঘটনা ঘটে তাহলে তার মাও ঠিক একইরকম কাজ করবেন। তাঁর মধ্যেও তাঁর বড়ো মায়ের মতোই সাহস এবং জীবনীশক্তি বিদ্যামান। যদিও তার মায়ের লেখাপড়া বেশিদূর হয়নি, কিন্তু তিনি মালালার বাবার সবচাইতে বড় বন্ধু। তাঁরা দুজনে নিজেদের সুখ-দুঃখ নিজেদের মধ্যে ভাগ করে নেন। জিয়াউদ্দিন তোর পেকাইকে তাঁর সারাদিনের কাজকর্মের সবকথা অকপটে বলেন, ভালমন্দ সবকিছু। তোর পেকাই সেগুলো শুনে কখনো মুখ ঝামটা দেন, আবার কখনও পরামর্শ দেন। আবার তাঁর নিজের জ্ঞানবুদ্ধি অনুসারে জিয়াউদ্দিনের আশঙ্কা-দুশ্চিন্তার ব্যাপারে অভয় দিয়ে সাহস্যও যোগান। বেশিরভাগ পাশতুন পুরুষরা কিন্তু এমন নন। যে পুরুষ তাদের বৌয়ের কথায় চলে তারা পুরুষমানুষ নয়, পাশতুনদের মধ্যে এইরকম একটা ধারণাও চালু আছে। বৌয়ের কাছ থেকে পরামর্শ নেওয়া, নিজের দুঃখকষ্টের কথা বলা, তাদের কাছে অপমানজনক। আজও অনেক পাশতুন পুরুষের মনোভাব এইরকমই।

মালালার মা খুবই ধার্মিক এবং গুণবতী মহিলা। তাঁর কাছে দিনে পাঁচবার নামাজ পড়া আমাদের নিঃশ্বাস প্রশ্বাস নেওয়ার মতোই জরুরী। তবে তিনি মসজিদে যান না, মহিলাদের তো মসজিদে যাবার অনুমতি নেই। কিন্তু তিনি দিনে পাঁচবার অবশ্যই পড়েন। 'তিনি আমার মতো নন। তাঁর নাচগান বিশেষ পছন্দ নয়। তাঁর মতে আল্লাহ্-ও এর অনুমতি দেননা। আর পাঁচজন সাধারণ মহিলাদের মত তিনিও সাজতে-গুজতে, গয়না পরতে, ভালভাল জামাকাপড় পরতে পছন্দ করেন।' মালালা তার মায়ের থেকে আলাদা। সে তার বাবার মতন। তার মধ্যে মেয়েদের মতন

আচার-আচরণ বিশেষ একটা দেখা যায় না বলে তার মা এবং অন্যান্য মহিলারা বেশ দুশ্চিন্তা করেন। তার রোজ বাজারে যেতে ভাল লাগে না বরং তার বান্ধবীদের সঙ্গে ঘর বন্ধ করে নাচানাচি করতে বেশি ভাল লাগে।

দক্ষিণ-পূর্ব দিকের বেশির ভাগ দেশগুলির শিশুরা তাদের বাবার বদলে মায়ের কাছেই বেশি থাকে। মালালার ক্ষেত্রেও এর ব্যতিক্রম হল না। তার বাবা স্কুলের কাজকর্ম নিয়ে ব্যস্ত থাকতেন। এছাড়াও তিনি বিভিন্ন সাহিত্যিক সভাগুলিতে অংশগ্রহণ করেন তিনি। পরিবেশবিদ হিসেবের তাঁর বেশ পরিচিতি আছে। স্বাত উপত্যকাকে বাঁচানোর জন্য বিভিন্ন সভা-সমিতি-সমাবেশে সক্রিয়ভাবে জড়িয়ে আছেন তিনি। ইউসুফজাই একটি পিছিয়ে পড়া গ্রামের বাসিন্দা হলেও শিক্ষাদীক্ষার প্রভাবে তিনি আন্দোলনকারীদের মধ্যে প্রথম সারিতেই আছেন। তাঁর শিক্ষা তাঁর চিন্তভাবনাকে আরও পরিশীলিত করে তুলতে সাহায্য করেছে। তিনি তাঁর জীবনধারণের জন্য একটি সম্মানজনক পন্থা গ্রহণ করে নিজের পরিবারের জন্য একটি সুন্দর ভবিষ্যৎ গড়ে তুলতে সফল হয়েছিলেন। তিনি তাঁর উপত্যকার অঞ্চলের সুবক্তাদের একজন ছিলেন এবং মানুষজনও তাঁর বক্তব্য শুনতে চাইতেন। তাঁর বাড়িতে সারাদিন কেউ না কেউ আসতেই থাকত। তাঁদের মধ্যেই অনেকেই ছিলেন সমাজের গণ্যমান্য ব্যক্তি। মালালার পরিবারের সব সদস্যরা খবার সময়টাতে বাড়িতে উপস্থিত থাকেন এবং একসঙ্গে বসে একসাথেই তাঁদের খাবার খেয়ে নেন। মালালার মা মাংস এবং ভাত রান্না করলে পুরো পরিবার তৃপ্তির সাথে চেটেপুটে সেই খাবার খেয়ে নেয়। গরমকালে প্রায়সময়ই বিদ্যুৎ চমকায়, ঝড় হয়। মালালার মনে পড়ে তার ছোট্টোবেলায় এইরকম সময় ভয়ের চোটে সে গুটিসুটি মেরে তার বাবার কোলের মধ্যে মুখ গুঁজে পড়ে থাকত। আর তার বাবা তাকে তাঁদের গোষ্ঠীর বীরত্বের কাহিনী, মহান পাশতুন নেতা এবং ধর্মাত্মা মনীষীদের গল্প বলতেন। তিনি প্রায়ই পাশতুনদের রচিত কবিতার মোড়কে বলা গল্পগুলি শোনাতেন। বিশাল পাশতুন গোষ্ঠীর মধ্যে কান্দাহার, আফগানিস্তান সম্প্রদায়ভুক্ত ছিলেন ইউসুফজাই।

মালালার বাড়ির কাছে সফীনা নামে একটি মেয়ে থাকত, যার দুটি ছোট ছোট ভাই ছিল। এই দুই ভাইয়ের নাম বাবর এবং বসীত। তারা

সবাই মিলে গলিতে অথবা বাড়ির ছাদের উপর ক্রিকেট খেলা করত। কিন্তু মেয়েদের মনের মধ্যে সবসময় এই কথাটা ঘুরপাক খেত যে একদিন তারা বড় হয়ে যাবে, তখন তাদের পর্দানসীন হয়েই থাকতে হবে আর তার ফলে খেলাধূলা বন্ধ হয়ে যাবে। মেয়েদের জীবনে এটাই হল সবচেয়ে বড় দুঃখ, তাদের কাছে সবচাইতে বড় আঘাত যে তারা যেই একটু বড় হয়ে যায় অমনি তাদের কাছে পরিণত বয়স্ক মহিলাদের মতন আচার-আচরণ প্রত্যাশা করা শুরু হয়ে যায়। তাদের ঘরের মধ্যে, পর্দার পেছনে থেকে মান্ধাতার আমলের নিয়ম পালন করতে হয়। অথচ পুরুষরা এবং ছেলেরা দিব্যি বাইরে ঘুরে বেড়ায় আর মেয়েদের জন্য সমস্ত কিছুই বারণ। মালালা, তার মা অথবা অন্য যে কোন মহিলা, পুরুষদের সঙ্গে না নিয়ে ঘরের বাইরে যেতেই পারে না। যদি সঙ্গে একটি পাঁচ বছরের বালকও থাকে তাহলেও তার সঙ্গে একজন বয়স্ক পুরুষের থাকা আবশ্যক।

মালালা ঠিক করল সেএক মুক্ত বিহঙ্গের মত বাঁচবে এবং নিজেকে কোন শঙ্খলের বন্ধনে আবদ্ধ রাখবে না। তার বাবা ছিলেন তার প্রেরণা এবং তার সব কাজেই তাঁর সায় ছিল।

তিনি সবসময়ই বলতেন যে মালালা এক স্বাধীন পাখির মতই আকাশে উড়ে বেড়াবে। কেউ তার ওড়ার পথে বাধা দিতে পারবে না। মালালা চাইত সে মহান আলেকজান্ডারের মত মাউন্ট এলম পর্যন্ত যাবে, তার বাড়ির ছাদ থেকে যে জুপিটারকে দেখা যায় সেখানেও পৌঁছে যেতে তার ইচ্ছে করে। কিন্তু বাস্তবে সে দেখত তার ভাইরা দিব্যি ঘুড়ি ওড়াচ্ছে, ইচ্ছেমত ঘোরাঘুরি করছে। তাদের এইরকম খেলাধূলার করার সময় হাত পা ছড়ে যাওয়ার দাগ দেখেও তার মনে ঈর্ষা জাগত।

সে প্রায়ই মনে মনে ভাবত একটি মেয়ে কবে এরকম স্বাধীনতা ভোগ করতে পারবে? মেয়েদের কবে এরকম সুযোগ দেওয়া হবে? এইরকম সুযোগের মূল্য যে তার মতো মেয়েদের কাছে অনেক বেশি সেকথা এই পৃথিবী আর কবে বুঝবে? তারা কবে স্বাত উপত্যকার অলিতে-গলিতে হাসিতে-খুশিতে, নাচে-গানে, আনন্দে-উল্লাসে মত্ত হয়ে ঘুরে বেড়াতে পারবে? তাদের হাসার অনুমতি তো ছিল না, কিন্তু তারা যদি কষ্ট পেয়ে গলা ফাটিয়ে চিৎকার করে তার জন্য তাদের অবাধ স্বাধীনতা ছিল! তাদের সমাজ এটাও চাইত তারা যেন পরিণত অভিজ্ঞ মহিলাদের মতো বিলাপ

করে, অদ্ভুত! মহিলা ও মেয়েদের ইচ্ছা-প্রবৃত্তির কোন মূল্য ছিল না এই সমাজের কাছে।

সমস্ত পুরুষ এবং মহিলাদের অধিকার সমান হোক , সমস্ত মহিলারাও কোনো বাধা ছাড়াই সমস্ত রকমের স্বাধীনতা ভোগ করতে পারে এরকম ইচ্ছাই মালালার মনে ঘোরাফেরা করত।

যখন সে একটা ছোট্ট মেয়ে ছিল তখন প্রায়ই দেখতে পেত যে তার বাবা 'প,ক এবং ম' এই তিনটে অক্ষর বলবার সময় একটু আটকে যেতেন। তাঁর মুখ থেকে এই অক্ষরগুলি এমনভাবে বের হত যেন তা কোন টেপরেকর্ডার থেকে কোন রেকর্ডিং বের হচ্ছে। শ্রোতারা ধৈর্য ধরে অপেক্ষা করত পরবর্তী শব্দ শুনবার জন্য কিন্তু শব্দ আর মুখ থেকে বের হত না। তাই জন্য সে ছোটবেলায় তার বাবাকে রাগাত এই বলে যে তাঁর মুখ থেকে মালালা শব্দ বের হতে চাইত না তাই তিনি তাকে জানী বলে ডাকতেন। যখনই তার বাবা তোতলাতেন তখনই তার ঠাকুরদা আরও জোরে চেঁচিয়ে উঠতেন।

মালালার ঠাকুরদার নাম ছিল 'রোহুল আমিন'। এই নামের মানে হল—সৎ আত্মা। এই নাম ছিল পবিত্র দেবদূত গ্যাব্রিয়েলেরও। সেইজন্য ঠাকুরদার তাঁর নিজের নামের উপর এত গর্ব ছিল যে তিনি প্রায়সময়ই সেই লেখাটুকুর উল্লেখ করতেন যেখানে তাঁর নাম ও অর্থ লেখা ছিল। তিনি অত্যন্ত ধৈর্যহীন মানুষ ছিলেন।

আর আলালার মতে তিনি খুব তাড়াতাড়ি রেগে যেতেন। তাঁর গায়ের ফর্সা ছিল বলে তিনি যখন রেগে যেতেন তখন তাঁর মুখ লাল হয়ে যেত। যাকে বলে একেবারে রেগে লাল হয়ে যাওয়া! মালালা তার ঠাকুরমাকে অবশ্য নিজের চোখে বেশিদিন দেখতে পায়নি, কিন্তু তার বাবার কাছে তাঁর গল্প শুনেছে। তার ঠাকুরদা সবসময় ভুরু কুঁচকেই থাকতেন আর সেইজন্য তার ঠাকুরমা হাসতে হাসতে বলতেন যে তিনি (মালালার ঠাকুরমা) যখন আর থাকবেন না আর মালালার ঠাকুরদা আর একটা বিয়ে করবেন তখন সেই দ্বিতীয় স্ত্রী কিছুতেই তাঁকে হাসিমুখ দেখাবেন না।

মালালার ঠাকুরমা তার বাবার তোতলামির জন্য খুব দুশ্চিন্তা করতেন। যখন মালালার বাবা খুব ছোট ছিলেন সেই সময় ঠাকুরমা তার বাবাকে একজন সাধুর কাছে নিয়ে গেলেন যদি এই সমস্যার কোন সমাধান করা

যায়। সেই জায়গাটায় বাসে করে যেতে হত আর প্রায় এক ঘন্টা সময় লাগত।

সেই সাধুর নাম ছিল 'লিবন্নো পীর' অর্থাৎ পাগলদের সাধু। তাঁর দাবী ছিল যে তিনি পাগলদেরও ভাল করে দিতে পারতেন। কিন্তু সেই সাধুর কাছে নিয়ে যাওয়ার পর মালালার বাবার সমস্যা আরও বেড়ে গেল। একদিন জিয়াউদ্দিন তাঁর বাবার কাছে গিয়ে বললেন একটা ভাষণ লিখে দিতে যাতে করে জিয়াউদ্দিন সবার সামনে সেই বক্তব্য রাখতে পারেন। জিয়াউদ্দিন তাঁর তোতলামির সমস্যা নিয়েও বক্তৃতাপ্রতিযোগিতায় অংশ নিতে চাইছিলেন। তাঁর বাবা অর্থাৎ মালালার ঠাকুরদা জিজ্ঞাসা করলেন মালালার বাবা পারবেন কি করে, কারণ তিনি তো এক লাইন বলতেও অনেক সময় নিয়ে নেন। মালালার দাদু আশপাশের সমস্ত গ্রামগুলিতে তাঁর বক্তৃতা দেবার পারদর্শিতার জন্য বিখ্যাত ছিলেন। তিনি শাহপুর গ্রামের স্থানীয় হাইস্কুলে ধার্মিক বিষয়ের শিক্ষক ছিলেন। তিনি খুব ধার্মিক ছিলেন, এবং স্থানীয় একটি মসজিদের ইমামও ছিলেন। মালালার বাবা তাঁকে আশ্বস্ত করেন যে যদি তাঁকে ভাষণ তৈরি করে দেওয়া হয় তাহলে তিনি সেটা মুখস্থ করে নেবেন এবং প্রতিযোগিতা জিতে দেখাবেন। ইউসুফজাই পরিবার খুব বড় ছিল, এই পরিবারে মালালার পাঁচজন পিসি এবং বড় কাকা খান দাদাও শামিল ছিলেন। অধিকাংশ পাশতুন পরিবারগুলির মত তার পিসিরাও বাড়িতেই থাকতেন এবং ছেলেরা স্কুলে যেত। মেয়েরা শুধু তাদের বিয়ে হয়ে যাবার জন্য অপেক্ষা করে থাকত। তার কোন পিসিই স্কুলের মুখ তো দেখেনইনি, সেই বাড়িতে তাদের ভাইদের সঙ্গে তাদের প্রতি দৃষ্টিভঙ্গিরও পার্থক্য ছিল। ছেলেদের দেওয়া হত, দুধ-ঘি, আর মেয়েদের শুকনো রুটি। ছেলে এবং মেয়েদের মধ্যে আরও অনেকরকমের বৈষম্য দেখা যেত কিন্তু এখানে সেটা আমাদের আলোচ্য বিষয় নয়। মালালার বাবাও তাকে বলেছিলেন যে তিনিও ভাইবোনেদের মধ্যে এই দৃষ্টিভঙ্গীর পার্থক্য অনুভব করতেন।

ভারতের সঙ্গে যোগাযোগ

মালালার ঠাকুরদা ভারতেই পড়াশুনা করেছিলেন। সেই সময় মহম্মদ আলি জিন্নাহ, জওহরলাল নেহরু, মহাত্মা গান্ধী প্রমুখ মহান নেতাদের

সঙ্গে কিছুটা সময় কাটানোর সুযোগ হয়েছিল। এই খান সাহেব নিজেও সেই সময়ের সংযুক্ত ভারত আন্দোলনের একজন মহান নেতা ছিলেন। মলালা তার ঠাকুরদাকে আদর করে 'বাবা' বলে ডাকত। তিনি ভারত বিভাজনের সাক্ষী ছিলেন এবং এই ঘটনায় খুবই দুঃখ পেয়েছিলেন। তাঁর খুব কষ্টও হয়েছিল। তিনি রাজনীতিতেও সক্রিয় ছিলেন। তিনি সবসময়ই বলতেন তার দেশের ইতিহাস খুব পুরানো নয় ঠিকই, কিন্তু তাঁদের সৈনিকদের পরাক্রমের একটা ইতিহাস আছে আর যখন তাঁর ছেলের বয়স আট বছর সেই সময় মিলিটারি জেনারেল জিয়া-উল-হক তাঁদের দেশের শাসনভার গ্রহণ করেছিলেন। জেনারেল জিয়া জুলফিকার আলি ভুট্টোকে বন্দি করেছিলেন। ভুট্টো ছিলেন একজন মনোমুগ্ধকারী ব্যক্তিত্বের মালিক। পরে তাঁকে ফাঁসি দিয়ে দেওয়া হয়। জুলফিকার আলি ভুট্টো (1953-2007) বেনজির ভুট্টোর বাবা। বেনজির একজন পাকিস্তানি রাজনীতিবিদ ছিলেন, যিনি দুবার (1988-90 ও 1993-96) পাকিস্তানের ১১তম প্রধানমন্ত্রীর দায়িত্ব পেয়েছিলেন। তিনি ছিলেন জুলফিকার আলি ভুট্টোর বড় মেয়ে। এই জুলফিকার আলি ভুট্টো সেন্টার-লেফ্‌ট, সামাজিক প্রজাতন্ত্র পাকিস্তান পীপল্‌স পার্টি (পিপিপি)-এর স্থাপন করেছিলেন। বেনজির একটি মুসলিম দেশের প্রথম মুসলিম মহিলা নেত্রী ছিলেন।

যদিও পাশতুনরা খুবই মিতাহারী হয়ে থাকেন, কিন্তু 'বাবা' টাকাপয়সার ব্যাপারে খুবই হিসেবি মানুষ ছিলেন। যদি তাঁর ছেলেমেয়েরা কেউ পাতে খাবার ফেলে রেখে উঠে পড়ত তাহলে তিনি খুব অসন্তুষ্ট হতেন। মালালার বাবা তাঁর বাবাকে খুশি রাখার চেষ্টায় কোন খামতি রাখতেন না, কিন্তু তবুও মালালার ঠাকুরদা কিছুতেই সন্তুষ্ট হতেন না। মাললার বাবা এবং ঠাকুরদা দুজনে সম্পূর্ণ ভিন্ন দুই মেরুর মানুষ ছিলেন। ঠাকুরদার হাতের লেখা খুব সুন্দর ছিল, কিন্তু বাবার হাতের লেখা একেবারেই ভাল ছিল না। মালালার ঠাকুরমাই তার বাবাকে তার নিজস্ব একটা ব্যক্তিত্ব তৈরি করতে সাহায্য করেছিলেন। তিনি অর্থাৎ ঠাকুরমা এমন তেজস্বী মহিলা ছিলেন যে তিনি চাইলে হয়তো পাথরের ভেতর থেকেও জল বার করতে পারতেন।

একজন স্ত্রীলোক তাঁর আদর, মায়া-মমতা, ভালোবাসা দিয়ে সবার মন জয় করতে পারেন কিন্তু কোন পুরুষমানুষ তার নিজের জেদ

আত্মমর্যাদাবোধের জন্য এইরকম করতে পারেন না। মালালা তার ছোটবেলাতেই এই কথাটা বুঝে গিয়েছিল যে পাশতুন মহিলাদের তাদের পরিবারের মঙ্গলের জন্য শক্ত হতে হবে। কারণ কোন মেয়েই বুঝতে পারে যে তার পরিবারের জন্য কোনটা ঠিক আর কোনটা ঠিক নয়। সেই তার পরিবারের সবাইকে হাসিখুশি রাখতে পারে। পাশতুন গোষ্ঠীর মহিলারাও তাঁদের ঘর-পরিবারের সমস্ত সদস্যদের স্নেহবন্ধনে জড়িয়ে রেখে তাদের সবাইকে একসঙ্গে একইজায়গায় ধরে রাখেন। কিন্তু তাঁদের মনে হয় যে বাইরের জগতের ব্যাপারে যে কোন সিদ্ধান্ত নেওয়ার ব্যাপারটা পুরুষদের হাতে ছেড়ে দেওয়াই ভাল যেহেতু কাজকর্মের জন্য তারা বাইরের জগতটাকে খুব কাছ থেকে দেখতে পায়।।

এখন যদিও মহিলাদেরও উপার্জনের রাস্তা খুলে গেছে কিন্তু আজও তাঁরা তাঁদের সমাজে, পরিবারে পুরুষদের মত গুরুত্ব পান না। প্রথম এবং দ্বিতীয় বিশ্বযুদ্ধের সময় যখন ছেলেরা যুদ্ধে চলে যায় তখন মেয়েদের সামনে রোজগারের অনেক পথ খুলে গেছিল। এইভাবেই সমাজে মহিলাদের অবস্থার তারতম্যের হেরফের হতেই থাকে। আচমকাই মহিলারাও বিভিন্ন শিল্পে গুরুত্বপূর্ণ ভূমিকা নিতে পারেন বলে মনে করা হচ্ছে। তার ফলে খুব তাড়াতাড়ি উন্নত দেশগুলিতে মহিলারা পুরুষদের সঙ্গে একই সারিতে উঠে আসতে পারল। বর্তমানে সেই মহিলারা তাদের ঘর-পরিবার সামলানোর কাজ তো করছেই তার সঙ্গে পুরুষদের সঙ্গে কাঁধে কাঁধ মিলিয়ে আরও নানারকম দায়িত্ব নিতে শুরু করেছে। আজকাল তো এও শোনা যাচ্ছে যে যেহেতু মহিলাদের রোজগারের সুবিধা বেশি সেইজন্য তারা বাইরে কাজ করতে যাচ্ছে আর ছেলেরা ঘরে থেকে বাচ্চাদের দেখাশোনা, ঘরদোর সামলানোর কাজ করছে। বেশির মেয়েরাই আজ তাদের স্বামীদের সঙ্গে মিলে পারিবারিক আয় বাড়ানোর চেষ্টা করছেন।

আজ যদিও তাঁরা বেশ ভালভাবেই এই নতুন দায়িত্বও পালন করে চলেছেন কিন্তু যেহেতু কাজের পরিমাণ অনেক বেড়ে গেছে, তার ফলে পরিশ্রমও বেড়ে গেছে সেইজন্য তাঁদেরও সাহায্যের প্রয়োজন হয়ে পড়েছে। এই সমস্যার সমাধান তাঁর করে নিয়েছেন। কেউ কেউ তাঁদের স্বামীদের সঙ্গে ঘরের কাজ ভাগাভাগি করে নিয়েছেন, কেউ বা আবার কাজের লোক, রান্নার লোক ইত্যাদি নিয়োগ করেছেন তাঁদের আর্থিক সামর্থ্য

বুঝে। একথা সত্যি যে আজ মহিলারা ঘরেবাইরে সমানভাবে পুরুষদের সঙ্গে তাল মিলিয়ে চলতে পারছেন কিন্তু তাঁদের সামাজিক মান-মর্য্যাদা কতটা বৃদ্ধি পেয়েছে এটা বলা খুব মুশকিল।

তবে পরিবারের প্রয়োজন মেটানোর জন্য রসদের জোগানোর যে ভূমিকা মেয়েরা পালন করছেন আজ সেখানেও তাঁদের অনেক প্রতিকূলতার সম্মুখীন হতে হচ্ছে। খাওয়া-দাওয়া বেশভূষা ইত্যাদি সমস্ত কিছু মানের পরিবর্তন এবং মূলবৃদ্ধির কারণে মহিলারা এখন তাঁদের ক্যারিয়ারের দিকে বেশি মনোযোগ দিচ্ছেন। আর তার ফলে তাঁরা তাঁদের বাড়ি ও পরিবারের সমস্ত প্রয়োজনীয়তার দিকে ঠিকমতো খেয়াল রাখতে পারেন না। তার ফলে পরিবারের জন্য তাঁর যে মানসিক উপযোগীতা তার সঙ্গে সামঞ্জস্য রাখতে পারছেন না। আমরা এখন বর্তমানে দেখতে পাচ্ছি যে মহিলা ও পুরুষদের মধ্যে তাঁদের পারিবারিক ভূমিকার অদলবদল হয়ে যাচ্ছে। মহিলারা পুরুষদের তুলনায় ঘরোয়া ব্যাপারগুলিতে যে বেশি গুরুত্বপূর্ণ ভূমিকা পালন করতেন তা তাঁরা আর করতে পারছেন না।

পরিবারের জন্য স্ত্রীদের ভূমিকা খুবই সহায়ক হয়, এটা দীর্ঘকালীন অভিজ্ঞতার মধ্যে দিয়ে উপলব্ধি করা গিচেছে। তাই তো ঘরের কাজকর্মের জন্য চাকরানি (ঘরের কাজের জন্য সহায়িকা) নিয়োগ করা হয় যারা ঘরের সমস্ত কাজকর্মের সাথে সাথে বাচ্চাদের দিকেও খেয়াল রাখতে পারে। ইন্দোনেশিয়া এবং ফিলিপিন্সের মতো দেশগুলি থেকে এই ঘরদোর দেখাশুনা করার কাজের জন্য প্রচুর পরিমাণে মহিলারা বিদেশে পাড়ি দেন। এইভাবে দেখা যাচ্ছে যে মেয়েরা যে ভূমিকা এতদিন ধরে পালন করে আসছেন এখন আর তাদের জন্য সেটা আর একইরকম গুরুত্বপূর্ণ থাকছে না। কারণ এখন তাদের জন্য অন্য বিকল্প এসে গেছে।

2

স্বাত—দুঃখের উপত্যকা

মালালা তার বিভিন্ন সাক্ষাতকারগুলিতে অনেকবার বলেছেন যে সে পৃথিবীর সবচাইতে সুন্দর জায়গায় থাকে। সে কিশোরী অবস্থায় তার জীবনের বেশিরভাগ সময়টাই সবুজ উপত্যকা এবং তার আশেপাশের পাহাড়ের মাঝখানে কাটিয়েছে। তার কাছে স্বাত তো পর্বতদের স্বর্গরাজ্য। সুন্দর সুন্দর ঝরনা এবং পরিষ্কার চকচকে জল ভরা ঝিল, তার আজও মনে পড়ে যায়। তাদের উপত্যকার যখনই কেউ পা রাখে তখনই তার সবার আগে চোখে পড়ে একটি সাইনবোর্ডে, যাতে লেখা আছে, "স্বর্গরাজ্যে আপনাকে স্বাগত।" সেখানকার খেতগুলি নাম না জানা কত রকম ফুলের গন্ধে আমোদিত। সেখানে রয়েছে নানারকম সুস্বাদু ফলের বাগান, পান্নার খনি, ঝিলগুলিতে সবসময় টাটকা জলের মাছে পরিপূর্ণ হয়ে থাকে, যার মধ্যে ট্রাউট নামে এক বিশেষ সুস্বাদু মাছ পাওয়া যায় যা বেশিরভাগ মানুষই খেতে ভালবাসে।

মিঙ্গোরা হিন্দুকুশ পর্বত দিয়ে ঘেরা। সেখানকার বাসিন্দারা বুনো ছাগর এবং সোনালি বনমোরগের শিকার করতে যায়।

মালালা যে ঘরে থাকত তার মেঝেটি পাকা ছিল। সেই বাড়ির সিঁড়ি বেয়ে ছাতে উঠে স্থানীয় বাচ্চারা খেলা করত। আবার সন্ধ্যেবেলায় তার বাবা বন্ধুবান্ধবদের সঙ্গে বসে চা খান। সারা দিন পরে বয়স্ক লোকেরাও

সেই ছাদে উঠে নিজেদের মধ্যে গল্পগুজব করেন। মালালার সেখানে বসে আশেপাশের বাড়িগুলি থেকে ধোঁয়া উঠতে দেখতে খুবই ভাল লাগত। যখন তার পৃষ্ঠভূমি থেকে ফড়িংদের ডানার শব্দ শোনা যেত, তখন সেই দৃশ্য আরও বেশি মনোহারি হয়ে উঠত। তার ঘরের সেই শান্ত কোনাটা তার সবচাইতে প্রিয় ছিল।

তার বাড়ির উঠোনের আলুবুখারার গাছটা মনে পড়ে, যার আলুবুখারাগুলো সবচাইতে সুস্বাদু। তাদের খেতে আঙ্গুর, পেয়ারা ইত্যাদি ফল ফলত এবং তার নিজের খেতের ফলগুলি খুব প্রিয় ছিল। তার কথায় তার বাড়ির লোকেদের সঙ্গে পাখিদের একটা মজাদার প্রতিযোগিতা হত যে গাছে পাকা ফল কে আগে খাবে? কখনো কখনো সেই পাখিদের দলে কাঠঠোকরারাও ঢুকে পড়ত।

স্বাত এবং মিঙ্গোরা মালালার নিজের বাড়ি ছিল, যে বাড়ির কথা আজও তার খুব মনে পড়ে। যেখানে আপনার জন্ম হবার আপনি বেড়ে উঠেছেন তার কথা পড়াটা খুবই স্বাভাবিক। মালালা একজন কিশোরী মেয়ে, সে কিছুতেই বুঝে উঠতে পারছে না যে তাকে কিছুতেই তার নিজের বাড়িতে কেন থাকতে দেওয়া হচ্ছে না। তার নিজের লোকেরাই কেন তার শত্রু হয়ে গেছে? মাত্র পনেরো বছর বয়সের একটা মেয়েকে কেন দেশদ্রোহী আখ্যা দিয়ে দেওয়া হয়? সে এখন স্বাতের সবুজ উপত্যকায় থাকার যোগ্যতা সে হারিয়ে ফেলেছে কেন? সে এখন কেন আগের মতনই গ্রীষ্মের সময়কার আনন্দ উপভোগ করতে পারবে না? উপত্যকার মেয়েকে কেন আগের মতই কেন খেলতে দেওয়া হবে না? সে সমাজের পুরানো বস্তাপচান নিয়মকানুনগুলো বদলাতে চাইছে বলেই কি এরকম হচ্ছে?

মালালার আজও মনে পড়ে তার মা পাখিদের কাছে তাঁর দুঃখের কথা বলতেন। তাঁর কিছু বন্ধুরা প্রায়সময়ই বাড়ির পিছনদিকের উঠোনে এসে জড়ো হতেন। তাঁদের পরিবার একসময় অর্থকষ্টে ভুগেছে, তাই তাঁরা মাঝে মাঝে গরীব মানুষদের খাওয়াতেন। মালালার মা তাঁর বন্ধুদেরও কখনও না খাইয়ে যেতে দিতেন না। তিনি প্রায়ই মনে মনে পাশতুন ভাষার গান মনে মনে গুনগুন করতেন। সেই গানগুলির মধ্যে একটির কথা এরকম ছিল যে আমাদের কখননো আমাদের খেতের পাখিদের

মারতে নেই। কারণ তাদের মধ্যে একটিকে মারলেই বাকিরা আর কখনো খেতে আসবে না। তিনি একথাও বলতেন যে পশুপাখিদের মধ্যে যে একতা, প্রেম এবং ভালবাসা দেখা যায় তার থেকে আমাদের শিক্ষা নেওয়া উচিত। মালালার বাড়ির ছাত থেকে দূরের পর্বতগুলিকে রঙ পরিবর্তন করতে দেখা যায়। সেই দৃশ্য বড় সুন্দর দেখতে লাগে। বরফ পড়লে বাচ্চারা এখানে ওখানে দৌড়ে দৌড়ে খেলত, বরফের গোলা বানিয়ে একে অন্যকে ছুঁড়ে মারত, পেঁজা তুলোর মত যে বরফ হাওয়ায় উড়ত সেগুলিকে ধরতে চেষ্টা করত। গরমকালে স্বাতের সবুজে মোড়া রূপ দেখার মত।

পনেরো বছরের মালালার কাছে তার পুরো গ্রামটাই তার বাড়ি। সেই বাড়ি ছেড়ে যখন তাকে চলে আসতে হয় তখন তার জানা ছিল না যে সেই বাড়িতে আর কোনোদিন ফিরতে পারবে কি না? যেখানে সে তার জীবনের সবচাইতে সুন্দর সময়টা কাটিয়ে এসেছে, যেখানে সে আধো-আধো স্বরে বলতে শিখেছে এবং বার-বার একই ভুল করেছে, কিন্তু তার সেই ভুলের জন্য কেউ তাকে একটিবারের জন্যও বকেনি। সে তার উপত্যকায় ফিরে যেতে তো চায়, সে সবসময় ওই জায়গাটাকে মনে করতে থাকে কিন্তু সে সেখানে আবার আগের মতোই গিয়ে থাকতে পারবে একথা এখনও নিশ্চিত করে বলা যাচ্ছে না। কেউ জানে সেখানে ফিরে যাবার পর একদিন যখন মালালা তার স্কুলে যাবার জন্য বাড়ি থেকে বের হবে সেদিন সে আবার ফিরে আসতে পারবে কি না?

মালালার এও মনে পড়ে তার পরিবারের কেউ কোনদিন পাকিস্তানের রাজধানী ইসলামাবাদে কখনও গিয়েছে কি না? তালিবানিদের ক্রোধে পড়বার আগে ইউসুফজাই পরিবার তো স্বাত উপত্যকার বাইরেই যায়নি, আর মহিলারা তো একদমই নয়। মালালাদের বাড়ি 'গুলকদা' অঞ্চলে, পাশতু ভাষায় যার অর্থ—ফুলে ফুলে ভরে থাকা জায়গা। কিন্তু স্থানীয় লোকেদের বলে থাকে 'বুতকরা' যার মানে এমন জায়গা যেখানে প্রচুর বুদ্ধমূর্তি পাওয়া যায়। মালালার বাবা বুতকরার ধ্বংসস্তূপগুলি নিয়ে একটি কবিতা লিখেছেন। ওই ধ্বংসস্তূপগুলিকে তীর্থস্থান বলে গেছেন বুতকরায় আসা কিছু আন্তর্জাতিক পুরাতত্ত্ববিদরা। কবিতাটির নাম ছিল 'বুতকরা কা অবশেষ'। কবিতাটির মধ্যে লেখা আছে যে কি করে মন্দির এবং মসজিদ

উভয়কেই একই জায়গায় থাকতে পারে। বিভিন্ন ধর্মের লোকেরা কি করে একই জায়গায় একই সঙ্গে তাদের নিজের নিজের মত অনুযায়ী পূজা-প্রার্থনা করতে পারে। একই সঙ্গে তারা সবাই মিলে কি করে সেই জায়গার পবিত্রতা বজায় রাখতে পারে।

যখন দিকে দিকে আজানের স্বর শোনা যায় আর সেই শব্দ সর্বোচ্চ উচ্চতায় এই সংসারের সত্যকে ফুটিয়ে তোলে তখন ভগবান বুদ্ধের মুখে হাসি ফুটে ওঠে। একে আমরা ইতিহাসের পুনরাবৃত্তি বলতে পারি, সেই উপত্যকা থেকে যেন এই বাণী ভেসে আসতে থাকে যে এই পৃথিবীতে একমাত্র সত্য হল প্রেম, যে অমর, অবিনশ্বর। আর এই প্রেমের ভাষাই একমাত্র ভাষা যা গোটা পৃথিবী বুঝতে পারে। এই বাণী আরও বলতে থাকে যে সৌন্দর্য কাকে বলে? দর্শনধারীর চোখে যেটা ধরা দেয় সৌন্দর্য হলো সেটাই।

মালালার গ্রামের আশেপাশের দর্শনীয় স্থান

মিঙ্গোরাকে মিঙ্গওয়ারা বা মিঙ্গাওরা নামেও ডাকা হয়ে থাকে। এটি পাকিস্তানের খাইবার-পাখতুনসংলগ্ন প্রান্তের স্বাত জেলার সবচাইতে বড় শহর। সমুদ্রপৃষ্ঠ থেকে এর উচ্চতা ৯৮৪ মিটার, স্বাত নদী এর পাশ থেকে বয়ে গেছে। স্বাত-এর বর্তমান রাজধানী সাইদু শরীফ থেকে এর দূরত্ব দুই কিলোমিটার। ১৯৯৮ সালে, মিঙ্গোরার জনসংখ্যা ১৭৫০০০ ছিল। এই শহর একদিন একটি বিখ্যাত পর্যটনকেন্দ্র ছিল। রানি এলিজাবেথ তাঁর সাম্রাজের সুইটজারল্যাণ্ড বলে চিহ্নিত করেছিলেন। যদিও পাকিস্তানে তালিবানরা আসার পর তালিবান এবং সরকারের মধ্যে যে সংঘর্ষের শুরু হয়েছে তার জন্য এই পর্যটন ব্যবসার খুবই ক্ষতি হয়েছে। মার্চ ২০০৯-এ সরকার এবং তালিবানদের মধ্যে একটি শান্তিচুক্তি হয়। এই চুক্তির কারণে স্বাত তালিবানদের অধীনে চলে যায়। যদিও মে ২০০৯ পর্যন্ত যেতে যেতেই এই চুক্তি ভেঙে দেওয়া হয়। তারপর সরকার এবং তালিবানদের মধ্যে এক ভয়ঙ্ক লড়াই চলে যাতে করে স্বাতকে তালিবানদের কবল থেকে মুক্ত করা যায়। সেই সময় এই শহরে সেনাদের নিয়ন্ত্রণে ছিল।

মিঙ্গোরা স্বাত উপত্যকার গুরুত্বপূর্ণ শহরগুলির মধ্যে অন্যতম। স্বাত নদীর অন্য পাড়ে মিঙ্গোরা এয়ারপোর্টের কাছেই প্রথম বুতকরা ও দ্বিতীয়

বুতকরা নামে দুটি পুরাতাত্ত্বিক স্থান আছে। এই দুটি জায়গার মধ্যে একটিতে নামমাত্র মূল্যের টিকিট কেটে এর ভেতরে ঢুকে দেখা যায় আর অন্যটি যে পর্বতশ্রেণীর মধ্যে কোথায় যে হারিয়ে গেছে তা খুঁজে পাওয়া যায়নি।

মিঙ্গোরারা কাছে জাম্বিলি নদীর উপত্যকায় অনেক বৌদ্ধ ধ্বংসাবশেষ পাওয়া গেছে। পানার কাছে প্রথম শতাব্দীর স্তূপ ও বৌদ্ধ মঠের খনন করা হয়েছে। লাবোনর এবং মাতালাইতে ইতালিয় পুরাতত্ত্ববিদরা ৪৭৫টি আর্য কবর খুঁজে বের করেছেন যেগুলি ১৭০০ খ্রি. পূ. সমসাময়িক বলে জানা যায়।

মালালার স্বাত উপত্যকা

মালালা পৃথিবীর সবচাইতে সুন্দর জায়গাবগুলির মধ্যে একটিতে থাকত। এই উপত্যকা সামরিক দৃষ্টিকোণ থেকেও খুব গুরুত্বপূর্ণ। কারণ এশিয়া মহাদেশের তিনটি অংশ—দক্ষিণ এশিয়া, মধ্য এশিয়া এবং চীন এখানে এসে একত্রিত হয়েছে।

স্বাত একটি উপত্যকা এবং এটি পাকিস্তান এবং পাখতুনগোষ্ঠী অধ্যুষিত প্রান্তের প্রশাসনিক জেলা। স্বাত নদীর উপরের অংশ, হিন্দুকুশ পর্বতের মাঝে অবস্থিত। স্বাতের রাজধানী সাইদু শরীফ, কিন্তু এর প্রধান শহর মিঙ্গোরা। এখানে ১৯৬৯ সালে একটি স্বাধীন রাজ্য ছিল। এই উপত্যকায় তখন গুজ্জর, কোহিস্তানি এবং পাশতুনরা থাকতেন তাঁরা নিজের নিজের ভাষা ব্যবহার করতেন।

উঁচু উঁচু পর্বত, সবুজ ঘাসে ভরা প্রান্তর আর পরিষ্কার জলের ঝিল; সব মিলিয়ে এই স্থান প্রাকৃতিক সম্পদে ভরপুর এই অঞ্চল তখন পর্যটকদের ভীড়ে পরিপূর্ণ থাকত। সেই সময় রানী এলিজাবেথ এই অঞ্চলকে 'প্রাচ্যের সুইটজারল্যাণ্ড' আখ্যায় ভূষিত করেছিলেন।

শ্রীবাস্তবদের (ইন্দো-আর্য কায়স্থ বংশীয় উপজাতি)লোককথা অনুযায়ী তাদের উৎপত্তি এই স্বাত নদীর উপত্যকাতেই হয়েছিল। আর সেইজন্য এই জায়গাটিকে শ্রীবাস্তু অথবা সুবাস্তু নামে বিখ্যাত ছিল।

ইতিহাস

স্বাত প্রান্তে গত দুহাজার বছর ধরেই লোকবসতি রয়েছে। প্রাচীনকালে এই জায়গাটিকে উদয়ন নামে ডাকা হত। স্বাতের অবস্থান এমনই যে বহু আক্রমণকারী

এখানে এসে বিশ্রাম নিয়েছেন। যেমন আলেকজান্দার, সুলতান মাহমুদ। দ্বিতীয় শতাব্দী থেকে স্বাত গান্ধারের বৌদ্ধ সভ্যতার অঙ্গে পরিণত হয়।

স্বাত বৌদ্ধধর্মের হীনযান এবং মহাযান সম্প্রদায়ের কেন্দ্র ছিল। চৈনিক অভিযাত্রী ফা হিয়েন তাঁর বিবরণীতে এখানে প্রায় ৫০০ বৌদ্ধ মঠ ছিল বলে উল্লেখ করেছেন। তাঁর পরে সুন ইয়ুন, হুয়েন সাং প্রভৃতি চৈনিক অভিযাত্রীরাও এখানে এসেছেন এবং এই প্রান্তের সমৃদ্ধি ও সম্পন্নতার কথা উল্লেখ করেছেন। তাঁর এর অনুকূল জলবায়ু, বনাঞ্চলের আধিক্য, ফুলে-ফলে ভরা গাছ-গাছালি এবং বৌদ্ধ ধর্মের মুক্তকণ্ঠে প্রশংসা করেছেন।

এখানে কুষাণ বংশ প্রায় চারশো বছর রাজত্ব করেছিল। তার পরে সাদা হুণদের রাজত্ব শুরু হয়। আর তখন থেকেই গান্ধার-এর পতন শুরু হয়। হুয়েন সাং বৌদ্ধধর্মের পতনেরও উল্লেখ করেছেন। তাঁর মতে, এখানকার প্রায় ১৪০০ মঠ হয় ধ্বংস হয়ে গেল নয়তো সেগুলি সম্পূর্ণভাবে পরিত্যক্ত হয়। বোদ্ধ ভিক্ষুরা তখনও গ্রন্থ পাঠ করতেন কিন্তু তাঁরা সেগুলির অর্থ বুঝতেন না। সেখানে আঙুলের খেত অনেক থাকলেও সেখানকার অনেকগুলিতেই চাষ করা হত না।

অষ্টম শতাব্দীর পর থেকে পশ্চিম দিক থেকে আরবদেশিয় মুসলিমরা পূর্ব ইরানীয় অংশে আক্রমণ করতে শুরু করে যেখানে হিন্দু রাজাদের শাসন ছিল। অষ্টম শতাব্দীর প্রথম দিকেই শুরু হয় বিভিন্ন পাশতুন এবং তুর্কি বেদুইন গোষ্ঠী লাঘমন্নত, নিঙ্গরহার এবং ডির পার হয়ে এখানে ঢুকে পড়ে। তারপর তারা ধীরে ধীরে বৌদ্ধ এবং হিন্দুদের হারিয়ে স্বাতের অনেক জায়গা নিজেদের অধীনে করে ফেলে। তারপরে ইউসুফজাই এবং মুঘল বাদশাহ জহীরুদ্দিন মহম্মদ বাবর এখানে আসেন।

বর্তমানে, স্বাত উপত্যকায় ধর্মীয় নেতাদের শাসন রয়েছে যাঁদের অখুন্দ বা আকোন্দ বলে ডাকা হয়। ১৮৭৮ সালে স্বাতের শাসক অখুন্দের মৃত্যু হয়। ইনি এডওয়ার্ড লীয়ারের একটি হাস্যকবিতার জন্য বিখ্যাত ছিলেন। আসলে এই ভিক্টোরিয়ান কবি ও চিত্রশিল্পীর কল্পনার এক রহস্যময় ব্যক্তির সঙ্গে ওই শাসকের অদ্ভুত মিল দেখা গিয়েছিল।

সৈয়দ আকবর শাহ এবং শরিয়তি আইন এই দুইয়ের সংমিশ্রণে স্বাতে ইসলামিক রাজ্য স্থাপন হয়, কিন্তু এই স্থান ১৮৭৮ থেকে ১৯১৫ পর্যন্ত সুপ্ত অবস্থায় ছিল। তারপরে স্থানীয় জিরগা সৈয়দ আকবরের ভাইপো

আব্দুল জব্বার খান এবং পরে স্বাতে শক্তিশালী শাসনব্যবস্থার প্রবর্তনকারী মিঞা গুল শাজাদা আব্দুল বদুদ নামে একজন গুজ্জরকে শাসন করার অধিকার প্রদান করে। ইংরেজরা এই শাসককে মেনে নেয় এবং স্বাতকে ১৯১৬ সালে একটি স্বাধীন রাজ্যের মর্যাদা দান করে। ১৯৪৭ সালে পাকিস্তানের স্বাধীনতার পরে তৎকালীন শাসক এই রাজ্যটিকে পাকিস্তানের অন্তর্ভুক্ত করলেন কিন্তু নিজেদের স্বায়ত্বশাসনের অধিকার বজায় রেখে। স্বাতের শাসকদের ১৯৬৬ পর্যন্ত রাজকীয় সম্মান পূর্ণভাবে বিদ্যমান ছিল, কিন্তু তারপরে পাকিস্তান সরকার এই রাজ্যটিকে নিজেদের মধ্যে সম্পূর্ণভাবে বিলীন করে নিলে সেই সম্মান লুপ্ত হয়।

স্বাতের প্রাচীন বাসিন্দারা সুপরিকল্পিত নগরে বসবাস করতেন। 327 খ্রি. পূ. আলেকজান্দার দি গ্রেট যুদ্ধ করতে করতে ওডিগ্রাম হয়ে বারকোট পর্যন্ত পৌঁছে গিয়েছিলেন। গ্রীক ঐতিহাসিকদের মতে, এই জায়গাগুলির নাম ছিল ওরা এবং বাজায়রা ছিল। দ্বিতীয় খ্রি. পূ-এ এখানে বৌদ্ধদের শাসন ছিল এবং সুশাসন ও শান্তি বজায় ছিল।

তাদের ধর্মগ্রন্থ ও বাস্তুশিল্পের অনেক প্রমাণ আজও দেখা যায়। অষ্টম শতাব্দীর প্রথমদিকে গবরী তাজিক বেদুইনরা স্বাতের উপর আক্রমণ করে হিন্দু এবং বৌদ্ধদের পরাজিত করে। এই যুদ্ধে নেতৃত্ব সুলতান পাখর গবরী এবং পরে সুলতান বহরম গবরী করেছিলেন, যাঁরা পঞ্জ অঞ্চলের শাসক ছিলেন এবং তাঁদের ভাই ছিলেন বল্‌খ ও কাশ্মীরের শাসক। এর কিছু পরে দিলাজাকরাও বরিয়োঁ অঞ্চলে এসে বসবাস করতে আরম্ভ করেন। এই গবরীদের ইউসুফজাইরা সরিয়ে দিল, যারা 1519 ও 1520 সালে সম্পূর্ণ সত্ত্বা অধিকার করে নেয়। এখানে ঐতিহাসিকদের মধ্যে একটু মতবিরোধ দেখা দেয় যে গবরী রাই ইউসুফজাই শরণার্থদের আশ্রয় দেয় এবং তাদের বাজোর, ডীর এবং স্বাত অঞ্চলে আশ্রয় দেয়। ইউসুফজাইরা সেই উদারতা ভুলে গিয়ে রাজ্যটাই দখল করে নেয়। তারা 1519 সালে গবরকোট লণ্ডভণ্ড করে দেয় এবং স্বাত অঞ্চলকে নিজেদের দখলে নিয়ে নেয়। তার ফলে গবরীব সুলতান বাধ্য হয়ে রাজ্য পরিত্যাগ করেন। স্বাতের বর্তমান বাসিন্দাদের উৎপত্তি মুসলিম সন্ত আব্দুল গফুরের থেকে হয়েছে, যিনি স্বাতের আখুন্দ ছিলেন। তিনি খুবই ধার্মিক ও পবিত্র ব্যক্তি ছিলেন। সবাই তাঁকে আখুন্দ সাহেব বলে সম্মান জানাত।

উনিশ শতকের মধ্যভাগ পর্যন্ত বিবিনন্ন মুসলিম গোষ্ঠীর মধ্যে স্বাতের উপর নিজের নিজের আধিপত্য প্রতিষ্ঠার লড়াই করত। শ্রদ্ধেয় আখুন্দ সাহেবের হস্তক্ষেপে এই মারামারি-কাটাকাটি বন্ধ হয়ে গেল। আর সকলে তাঁকেই তাদের সর্বসম্মত শাসক রূপে মেনে নিল। আখুন্দ সাহেব মুসলমান রীতিনীতি অনুযায়ী উপত্যকার প্রশাসন চালাতে লাগলেন। চারিদিকে শান্তি ছেয়ে গেল, কৃষি এবং ব্যবসায়ে উন্নতি হতে লাগল। আখুন্দ সাহেবের দুই পুত্র ছিল।

তাঁর মৃত্যুর পর গোষ্ঠীগুলি আবার নিজেদের মধ্যে বিবাদে জড়িয়ে পড়ে মারামারি-কাটাকাটি আবার করে দিল। এই অবস্থা বেশ কয়েক বছর ছিল। ধীরে ধীরে তাদের সকলের মনে হল যে স্বাতের শাসনব্যবস্থা শ্রদ্ধেয় গুল শাজাদা আব্দুল বদুদের হাতে সমর্পণ করা উচিৎ। এই আব্দু বদুদ ছিলেন মিয়াঁ গুল আব্দুল খালিকের পুত্র। মিয়াঁ গুলের স্ত্রী, চিতরলের শাসক আফজল-উল-মুল্ক-এর মেয়ে ছিলেন। ইংরেজরা চালাকি করে চিতরলকে কাশ্মীরের অন্তর্ভুক্ত করে নেয়। চিতরলের শাসক প্রতি বছর কাশ্মীরের রাজাকে দুটি ঘোড়া দিতেন এবং কাশ্মীররাজ চিতরলকে চিনি এবং এলাচ দিতেন। এইভাবে স্বাত ইংরেজদের সংরক্ষণে চলে যায়।

এইভাবে বিভিন্ন ঘটনার মধ্যে দিয়ে স্বাতে নিরন্তর ক্ষমতার বদল হতে থাকে, শেষ পর্যন্ত এটি একটি স্বাধীন রাজ্যে পরিণত হয় এবং পরিশেষে ১৯৪৭ সালে পাকিস্তান গঠনের পর এই রাজ্য পাকিস্তানের মধ্যে বিলীন করে নেওয়া হয়। বর্তমান রাজকুমার আওরঙ্গজেব খান (জহাঁজেব-রে ছেলে) ১৯৫৫ সালে ফিল্ড মার্শাল আয়ুব খানের মেয়েকে বিবাহ করেন এবং এইভাবে অন্য জাতির সঙ্গে বিবাহ করার ফলে অন্য জাতির সঙ্গে সম্পর্ক জুড়তে শুরু করে। জহাঁজেব সাইদু শরীফে একটি ডিগ্রি কলেজ এবং মিঙ্গোরা, চাকেসর, মট্টা ও ডাগরে চারটি হাইস্কুল স্থাপন করেন। চোদ্দটি মিডল স্কুল, আঠাশটি লোয়ার মিডল স্কুল ও ছাপ্পান্নটি প্রাইমারি স্কুলও স্থাপন করেন। সাইদু শরীফে মেয়েদের স্কুল এবং উচ্চ ধর্মীয় শিক্ষার জন্যও একটি স্কুল খোলা হয়। সমস্ত স্কুলগুলিতে গরীব ছাত্রদের বৃত্তি দেওয়া হয়। ইংরেজ শাসনকালে এই রাজ্যটি একটি অগ্রগণ্য রাজ্য ছিল। পাকিস্তান রাজনীতিতেও এর গুরুত্ব আছে। বর্তমান রাজকুমার আওরঙ্গজেব খান বালুচিস্তানের গভর্নরও ছিলেন।

তালিবান

পাশতু ভাষায় তালিবান কথাটির অর্থ অনেক ছাত্র। যদি একটি মাত্র ছাত্রের কথা বলা হয় তাহলে তখন তালিব বলতে হবে। তালিবান শব্দটি আসলে পুংলিঙ্গ। কিন্তু সময়ের সাথে সাথে পরিবর্তনের সাথে সাথে যে কোন মানুষকেই তালিবান বলা হতে থাকে। যেমন আমেরিকার জন ওয়াকার লিন্ডকে একজন আমেরিকান তালিব না বলে আমেরিকান তালিবান বলা হয়েছিল।

তালিবান আফগানিস্তানের একটি ইসলামি কট্টরপন্থী রাজনৈতিক আন্দোলন। এই সংগঠন সারা আফগানিস্তানে ছড়িয়ে পড়ে এবং ইসলামিক এমিরেট্স্ অফ আফগানিস্তান নামে ১৯৯৬ সালের সেপ্টেম্বর মাস থেকে ২০০১ পর্যন্ত শাসনভার অধিকার করে সরকার গঠন করে। তারা কান্দাহারকে নিজেদের রাজধানী বলে ঘোষণা করে। যদিও মাত্র তিনটি দেশ এই ঘটনাকে স্বীকৃতি দেয়—পাকিস্তান, সউদি আরব এবং ইউনাইটেড আরব এমিরেটস বা সংযুক্ত আরব আমীরশাহী। মহম্মদ উমর এই সংগঠন তৈরি করেন এবং ১৯৯৪ সাল থেকে এই সংগঠন স্থাপন করার সাথে সাথে তালিবানদের ধর্মগুরু রূপেও প্রতিষ্ঠিত হন।

এই সংগঠন শাসনভার গ্রহণ করে শরীয়তি আইন কঠোরতার সঙ্গে চালু করে, শরীয়তি আইনের যে ব্যাখ্যা তালিবানরা করেছে তার কঠোর সমালোচনা মুসলমানরাই শুরু করেন। তালিবানরা মহিলাদের প্রতি অত্যন্ত কঠোর আচরণ শুরু করে, যার জন্য তাদের আন্তর্জাতিক স্তরেও নিন্দা করা হয়। বেশিরভাগ তালিবান আফগান পাশতুন গোষ্ঠীর লোক। তালিবান নেতারা 'দেববন্দী রুঢ়িবাদ' দ্বারা প্রভাবিত এবং তাদের মধ্যে অনেকেই ভীষণ কঠোরতার সঙ্গে 'পাশতুনওয়ালি' সামাজিক এবং সাংস্কৃতিক নিয়মপালন করে থাকে।

১৯৯৫ থেকে ২০০১ পর্যন্ত, পাকিস্তানের ইন্টার সার্ভিস ইন্টেলিজেন্স এবং সেনারা এই তালিবানদের সাহায্য করছে বলে অভিযোগ করা হত। পাকিস্তানের সঙ্গে হরকত-উল-মুজাহিদিন-এর যোগাযোগ থাকার কারণে এই অভিযোগ করা হত। এই সন্ত্রাসবাদী দলটি গঠন করেছিলেন সাইমি-উল-হক। পাকিস্তান জানিয়েছে যে তারা ৯/১১-এর পরে এই

দলকে সবরকম সাহায্য করা বন্ধ করে দেয়। আল-কায়দাও তালিবানদের সাহায্য করে আর মধ্য এশিয়া এবং আরব দেশগুলিতে থেকে তাদের লোকবল যোগাড় করে দিয়ে সাহায্য করে। সউদি আরব আর্থি সাহায্য দান করে। তালিবান এবং তাদের সঙ্গীসাথীরা আফগানিস্তানে গণহত্যা চালায় এবং ১৬০০০০ মানুষের কাছে ইউ. এন.-এর ত্রাণ পৌঁছানো আটকে দেয়। এককথায় ১৯৯৬-২০০১ এই শাসনকালে তারা নিদারুণ অত্যাচার করেছিল আফগানদের উপরে। হাজার হাজার লোক বাধ্য হয়ে পাকিস্তান, ইরান এবং সীমান্তবর্তী এলাকাগুলি পালিয়ে যায়।

১১ সেপ্টেম্বর, ২০০১-এর হামলার পর আমেরিকা তালিবানদের তাড়িয়ে দেয়। পরে এই বিদ্রোহ কারজাই প্রশাসনে এবং আই. এস.এ.এফ-এর বিরোধিতা করার জন্য আন্দোলনের রূপ ধরে আবার দেখা দেয়। তালিবানরা তাদের আদর্শ এবং রাজনৈতিক উদ্দেশ্য সাধনের জন্য সন্ত্রাসবাদের পথ নেয়। ইউ. এন-এর মতে তালিবান এবং তাদের সহযোগিরা ২০১০-এ ৭৫ শতাংশ আপগান নাগরিক এবং ২০১২-এ ৮০ শতাংশ আফগান নাগরিকদের হত্যার জন্য দায়ী।

তালিবানদের উদ্ভব ও তাদের ইতিহাস

তালিবান আন্দোলনের উৎস হয় আফগান-সোভিয়েত যুদ্ধের সময়। তাদের এই উৎপত্তি পাকিস্তানে প্রশিক্ষিত মুজাহিদিনদের দ্বারাই হয়েছিল বলে মনে করা হয়। মোহম্মদ জিয়া-উল-হক পাকিস্তানের প্রেসিডেন্ট পদে আসীন হন। তাঁর মনে সবসময়ই এই ভয় কাজ করত যে সোভিয়েত ইউনিয়ন বালুচিস্তানের উপর হামলা করতে পারে। তখন তিনি আখতার আব্দুর রহমানকে সউদি আর ইউ.এস.-এ পাঠান তাদের থেকে সোভিয়েত শক্তির বিরুদ্ধে সহযোগিতা পাবার জন্য। সউদি আরব এবং ইউ. এস. তখন সবরকম সাহায্য করতে এগিয়ে আসে।জিয়া-উল হককে বিশ্বব্যাপী ইসলামিক জেহাদের জনক বলা হয়। তিনি পাকিস্তানের জামাত উলেমা-এ-ইসলামের সঙ্গে কথা বললেন এবং এই কাজের জন্য জেনারেল আখতার আব্দুর রহমানকে নির্বাচন করলেন। আশির দশকে পাকিস্তানের আই. এস. আই মহম্মদ ওমর সহ ৯০০০০ আফগানদের প্রশিক্ষিত করে তোলে।

১৯৯২ সালে মহম্মদ নাজিবুল্লাহ্-এর পতনের পর, অনেক আফগানি রাজনৈতিক দল শান্তিস্থাপনে আগ্রহী হয়ে ওঠে এবং তারা একটি সন্ধিচুক্তি মেনে নেয়, এই চুক্তিকে 'পেশোয়ার চুক্তি' নামে অভিহিত করা হয়। এই চুক্তি অনুযায়ী ইসলামিক স্টেট অফ আফগানিস্তান গঠিত হয় এবং অস্থায়ী একটি সরকারের বন্দোবস্ত করা হয়।

হিউমান রাইট্স্-এর দৃষ্টিভঙ্গী

এপ্রিল, ১৯৯২তে আফগানিস্তানকে সার্বজনিক স্বীকৃতি দিয়ে দেওয়া হয়। গুলবুদ্দিন হিকমতিয়ার-এর হিজব-এ-ইসলামি ছাড়া বাকি সব রাজনৈতিক দলগুলি এই সরকারের যোগ দিয়েছিল। হিজব-এ-ইসলামি এই সরকারকে অস্বীকার করে মাঝে মাঝেই এই সরকারের উপর আক্রমণ চালাতে থাকে। এই দলটিকে পাকিস্তান অর্থ, লোকবল এবং কারিগরি সাহায্য দিতে থাকে। আফগানিস্তানের বিশেষজ্ঞ আমিন সাইকলের ভাষায় :

'পাকিস্তান মধ্য এশিয়ায় একটি বদলের তৎপর ছিল। ইসলামাবাদের নতুন ইসলামিক সরকারের কাছে এটা আশা করতে পারে না যে এই নতুন সরকার রাষ্ট্রবাদী উদ্দেশ্যগুলি মেনে নেবে যাতে করে পাকিস্তান তার চরম ইচ্ছাগুলি পূরণ করতে পারে .... যদি আই.এস.আই.-এর সহযোগ এবং সমর্থন হিকমতিয়ার দল না পেত, তাহলে তারা কোনমতেই অর্দ্ধেক কাবুল ধ্বংস করতে পারত না।'

এছাড়াও সৌদি আরব এবং ইরান আফগান নাগরিক ও সেনাকে সাহায্য করেছিল যারা পরস্পরের প্রতি শত্রুভাবাপন্ন ছিল। ইরান আব্দুল আলি মাজারির শিয়া সম্প্রদায়ের হিজব-এ-বহাদত দলকে সাহায় করেছিল, কারণ এই দেশ চাইত বহাদতের সৈন্যবল এবং প্রভাব বাড়ুক। সৌদি আরব আবার ইত্তেহাদ-এ-ইসলামির আব্দুল রসুল সইয়াফকে সাহায্য করেছিল। শীঘ্রই এদের মধ্যে ঝগড়া বেড়ে গেল। জর্জ ওয়াশিংটন ইউনিভার্সিটির একটা প্রবন্ধ থেকে জানা যায় :

বাইরের কিছু শক্তি আফগানিস্তানের অস্থিরতার সুযোগ নিয়ে নিজেদের সুরক্ষা এবং রাজনৈতিক এজেন্ডা সেখানে কায়েম করতে চায়।

সিভিল যুদ্ধ শুরু হবার পরে নতুন সরকার তাদের প্রশাসনিক দখল কায়েম করার কোন সময়ই পায়নি। অপরাধি এবং নাগরিকরা ভয়ঙ্কর অপরাধ করছিল। কখন কখনও ইসলামিক স্টেটের নবনিযুক্ত প্রতিরক্ষা মন্ত্রী আহমদ শাহ মাসুদ, প্রেসিডেন্ট সিবঘটউল্লাহ এবং প্রেসিডেন্ট রব্বানি ও আন্তর্জাতিক কমিটিগুলির দুতেদের সাহায্যে যুদ্ধবিরতি কিছুদিনের চলত কিন্তু তারপরে আবার যে কে সেই।

উত্তর আফগানিস্তানের কিছু এলাকা প্রতিরক্ষা মন্ত্রী মাসুদের নিয়ন্ত্রণে ছিল এবং সেখানে কিছু কিছু কাজও হয়েছিল। হেরাত নগর ইসমাইলি খানের নেতৃত্বে মোটামুটি শান্তই ছিল।

এই সময় দক্ষিণি আফগানিস্তান বিদেশি সাহয্যপ্রাপ্ত সেনাদের অধীনেও ছিল না আবার সেখানে কাবুল সরকারের অধিকারও ছিল না। সেখানে স্থানীয়ে নেতা এবং তাদের সৈন্যদলের অধিকার কায়েম ছিল। ১৯৯১ সালে তালিবানরা আফিগানিস্তানকে রাজনৈতিক-ধর্মীয় শক্তিতে পরিণত করে। মোল্লা ওমর তাঁর নিজের জন্মস্থান কান্দাহারে পঞ্চাশ সশস্ত্র তালিবানদের সঙ্গে নিয়ে তাঁর লড়াই শুরু করেন। ১৯৯৪-এর বসন্তের সময়, সিংগেসরে ওমর-এর প্রতিবেশীরা তাঁকে জানাল যে স্থানীয় গভর্নর দুটি মেয়েকে অপহরণ করেছে। সেই গভর্নর মেয়েদুটির মাথা ন্যাড়া করে তাদের ধর্ষণ করেছে। তিরিশজন তালিবান ষোলটি বন্দুকের সাহায্যে সেই মেয়েদুটিকে উদ্ধার করে এবং গভর্নরকে ফাঁসিতে ঝুলিয়ে দেয়। সেই বছরেই দুজন সেনা কমান্ডার একটি যুবককে আত্মগোপন করতে সাহায্যকারী কয়েকজন নাগরিককে হত্যা করে। তালিবানরা সেই যুবককেও উদ্ধার করে।

শুরুতে তালিবানদের সংখ্যা হাজারখানেকের মত ছিল এবং তাদের কাছে গোলা-বারুদও কম ছিল। কিছু সময়ের মধ্যেই পাকিস্তানের সাহায্যে বিভিন্ন মাদ্রাসাগুলির মাধ্যমে প্রায় ১৫০০০ ছাত্র আরও এসে গেল। তালিবানদের প্রথম উল্লেখযোগ্য যুদ্ধ হল যখন তারা কান্দাহার এবং তার আশেপাশের এলাকাগুলি কব্জা করে নিল এবং এই সময়ে তাদের খুব অল্পসংখ্যক সৈন্য মারা যায়। অনেক স্থানীয় পাশতুন নেতাদেরও তাদের কাছে হার মানতে হয়। তালিবানরা স্পিন বালদাকেও কব্জা করে এবং তারা ৩৪টির মধ্যে ১২টি এলাকা দখল করে নেয়। এগুলি আর কেন্দ্রীয় সরকারে অধীনে ছিল না। বিভিন্ন এলাকার নাগরিক সেনারা বেশিরভাগ

সময়েই বিনা লড়াইতেহ আত্মসমর্পণ করত। প্রথমদিকে উমর-এর সৈন্যবাহিনীর পরিচালনা করত সৈন্যবাহিনর অবসরপ্রাপ্ত নীচু পদের সৈন্যরা এবং মাদ্রাসার মৌলবীরা।

এই সময়ই বেশিরভাগ নাগরিক সেনাই কাবুলের দখল নেবার জন্য লড়াই চালাচ্ছিল, কিন্তু তারা আহমদ শাহ মাসুদের সামনে দাঁড়াতে পারল না। শহরে বোমাবর্ষণ বন্ধ হল এবং ইসলামিক স্টেট সেখানে শান্তি প্রতিষ্ঠা করতে সক্ষম হল। মাসুন প্রজাতান্ত্রিক নির্বাচনের দ্বারা সেখানে রাষ্ট্রীয় একতা কায়েম করার চেষ্টা করেন। তাঁকে 'পঞ্জশীর কা শের' বলা হত। ওয়াল স্ট্রীট জার্নালে শীতকালীন যুদ্ধজয়ী আফগান বলে অভিহিত করা হয়। মাসুদের মনে হয়েছিল যে তালিবানিরা আফগানিস্তানে শান্তিশৃঙ্খলা আনতে সাহায্য করতে পারেব, সেইজন্য তিনি তাদের এই প্রক্রিয়ায় অংশগ্রহণ করতে আহ্বান জানালেন। মাসুদ নিরস্ত্র অবস্থায় তালিবানিদের সঙ্গে দেখা করলেনএবং তাদের বললেন যে তালিবানদের সাহায্যে দেশের অবস্থার পরিবর্তন করা যেতে পারে। কিন্তু তালিবানরা এই প্রস্তাবে সাড়া দিল না। যখন মাসুদ কাবুলে ফিরে গেলেন, তখন শেই সেনাপ্রতিনিধিকে তার চেয়ে উচ্চপদাধিকারী মেরে ফেলল। কেননা সে সুযোগ পেয়েও মাসুদকে হত্যা করেনি।

১৯৯৫ সালে তালিবানরা আফগানিস্তান দখল করার জন্য গোলাগুলি চালাতে শুরু করল। অ্যামনেস্টি ইন্টারন্যাশনাল লিখল ঃ

'কয়েক মাসের মধ্যে প্রথমবার দেখা যাচ্ছে যে সাধারণ নাগরিকরাও গুলিবিদ্ধ হচ্ছেন এবং বসতিপূর্ণ এলাকাগুলিকে লক্ষ্য করেই রকেট ছোঁড়া হচ্ছে।'

যদিও তালিবানরা মাসুদের কাছে জব্দ হল এবং ১৯৪ সালের প্রাথমিক জয়ের পর এবার তাদের মারাত্মক পরাজয়ের সম্মুখীন হতে হল। সবার যখন মনে হচ্ছিল যে এবার হয়তো তালিবানি আন্দোলন শেষ হয়ে গেছে সেই সময়েই ১৯৯৬ সালের সেপ্টেম্বর মাসে তালিবানরা আবার তাদের পুরো দলবল নিয়ে ফিরে এল এবার পাকিস্তানি সাহায্যপুষ্ট এই দলটির কোনকিছুরই অভাব ছিল না। মাসুদে আদেশ দিলেন যে তাঁর দল যেন হিন্দুকুশ পর্ব্বতে চলে যায়। কারণ তিনি চাননি কাবুলের রাজপথে আর রক্ত ঝরুক। তার পরের দিনই তালিবানরা কাবুল দখল করে নিল।

স্বাত উপত্যকা এই ভয়ঙ্কর যুদ্ধের সাক্ষী ছিল। প্রথম যুদ্ধ 'অপারেশন-রাহ-এ-হক' নামে পরিচিত। এই যুদ্ধ পাকিস্তান এবং তালিবানদের মধ্যে হয়। ২৫ অক্টোবর, ২০০৭ সালে শুরু হওয়া এই যুদ্ধ উপত্যকায় নিজের নিজের দখল কায়েম করার জন্য পাকিস্তান ও তালিবানরা লড়েছিল।

এই লড়াই চলতে থাকে এবং পাকিস্তানী সেনাদের বারবার রাজনৈতিক চাপের সামনে নতি স্বীকার করতে হয়, যা শান্তি প্রতিষ্ঠা করার নামে তাদের উপর চাপিয়ে দেওয়া হত।

জুলাই ২০০৮-এ 'অপারশন-রাহ-এ-হক' দ্বিতীয় অপারেশন শুরু হয়। এই যুদ্ধে বায়ুসেনাও যোগ দেয়। সেই সময়ই তালিবানরা বাজুদ এজেন্সির উপর ভয়ংকর আক্রমণ শুরু করলে সেনা 'অপারেশন শেরদিল' শুরু করে।

পাকিস্তানি সেনা ২০০৯-এর জানুয়ারি মাসে 'অপারেশ-রাহ-এ-হক' তৃতীয় দফায় আরম্ভ করে যাতে প্রধান প্রধান সাপ্লাই লাইনগুলিকে বাঁচিয়ে রাখা যায়। জানুয়ারির শেষ দফায় এই সংঘর্ষ গুরুতর আকার ধারণ করে। পাকিস্তানি সেনাদল মিঙ্গোরার দখল নিয়ে নেয়। তালিবানিদের বাইরে তাড়িয়ে দেওয়া হয় এবং স্বাত ও মালাকন্দ-এ শরীয়ত চালু হয়। রাজ্য সরকার শান্তিচুক্তির উপর সম্পূর্ণ আস্থাশীল ছিল, কিন্তু তালিবানরা সরকারের সঙ্গে বিশ্বাসঘাতকতা করে এবং আবার স্বাত, বুনের, মিঙ্গোরা, শাঙ্গলা এবং পার্শ্ববর্তী এলাকাগুলি অধিকার করে নেয়।

পরিস্থিতি যখন খুবই খারাপ হয়ে পড়ল তখন রাজ্য সরকার কেন্দ্র সরকারের কাছে সাহায্য চাইল। সেনা তো সাহায্য করতেই চাইছিল কিন্তু বারবার রাজনৈতিক চাপ তাদের আটকে দিত, আর তার ফলে সবাইকেই খুব বড় রকমের খেসারত দিতে হত।

স্বাতের দ্বিতীয় যুদ্ধ 'রাহ-এ-রস্ত'-এর নামে পরিচিত। ২০০৯-এর মে মাসে শুরু হয় যে যুদ্ধে পাকিস্তান এবং তালিবানরা অংশ নিয়েছিল। প্রথম যুদ্ধ শান্তি ও বোঝাপড়ার মধ্যে দিয়ে শেষ হয়। পশ্চিমি দেশগুলি এই শান্তিপ্রক্রিয়া নিয়ে খুব আশা প্রকাশ করে। তবে আবার কিছুদিনের মধ্যেই সবকিছুই আবার আগের মত হয়ে গেল আর আবার লড়াই শুরু হয়ে গেল।

পাকিস্তানি কমান্ডো এবং প্রায় ৩০০ তালিবানিদের মধ্যে মিঙ্গোরাতে ভয়ঙ্কর সংঘর্ষ হয়। তালিবানিরা ফাঁকা বাড়িগুলোত আশ্রয় নেয়। ২০০৯-এর মে মাসে তালিবানরা পিছু হটে এবং পাকিস্তানি সৈন্যরা বেশ কিছু অংশ দখল করে নেয়।

মিঙ্গোরা সৈন্যদের দখলে চলে আসার পর সৈন্যরা সারা শহর জুড়ে তালিবানদের খোঁজে চিরুনি তল্লাশি চালায়। এরপর পাকিস্তানি সেনারা আশেপাশের অনেক এলাকা তালিবানদের থেকে ছিনিয়ে নেয়। পাকিস্তান সৈন্যদল দাবি করে যে এই যুদ্ধে তাদের ৯০ জন সৈনিক প্রাণ হারিয়েছে আর তার বদলে ১২০০ তালিবানদের হত্যা করা হয়েছে।

মে মাসে মিঙ্গোরাবাসীদের শহরে ফিরে আসতে আহ্বান জানানো হয়। সেনারা অন্যদিকে স্বাতের অন্যান্য এলাকা পুনরুদ্ধারের কাজে ব্যস্ত হয়ে পড়ে। তালিবানদের সঙ্গে তাদের ছোটোখাটো সংঘর্ষ চলতে থাকে।

জুন মাসে জানানো হল যে তহরিক-এ-নফজ-এ-শরীয়ত-এ-মোহম্মদি (টিএনএসএম)-এর প্রতিষ্ঠাতা এবং অন্যান্য নেতাদের বন্দী করা হয়েছে। কিন্তু পরে জানা যায় এই দাবী ভ্রান্ত, কারণ তালিবানরা জানায় মহম্মদ পলাতক। কিছু দিন পরে জানা যায় সেই ব্যক্তি ধরা পড়েনি সে লুকিয়ে ছিল। সৈন্যরা তাকে দুজন সহায়কের সাথে ধরেছিল। সেই দুই সহায়ক জেলে নিয়ে যাওয়ার সময় মারা যায়।

১২ জুন মসজিদে একটি বোমা বিস্ফোরণ হয়, এর ফলে ৩৮ জন নাগরিক মারা যান। স্থানীয় পাকিস্তানি নাগরিক সেনা ছিল প্রায় ১৫০০ জন। তারা তিনশো আতঙ্কবাদিদের ঘিরে ফেলেছিল। পাকিস্তানের বায়ুসেনাও সেখানে পৌঁছে যায় এবং শটকাস এবং গাজি গইয়ের এলাকায় ভীষণ যুদ্ধ শুরু হয়। যে কুড়িটি ঘরে তালিবানি যোদ্ধারা লুকিয়ে আছে বলে সন্দেহ করা হয় সেগুলি উড়িয়ে দেওয়া হয়। তালিবানি উগ্রপন্থীরা মারা যায়। জুন মাসেই পাকসেনা আরও এলাকা কব্জা করে নেয় এবং আর বেশ কিছু তালিবানপন্থীদের মৃত্যু হয়। এই লড়াই চলাকালীন বেশ কিছু পাকিস্তানি সৈন্যদেরও মৃত্যু হয়। জুলাই মাসে কাবুলে প্রচণ্ড লড়াই হয়। এরপর শরণার্থীরা নিজের নিজের ঘরে ফিরে যেতে থাকেন।

সেপ্টেম্বর, ২০০৯ সালে শরণার্থীরা ফিরে এল, কিন্তু পাকিস্তানি সেনা এবং তালিবান উগ্রপন্থীদের মধ্যে যুদ্ধ চলতেই থাকে।

মালালার লড়াই

মালালা প্রথমবার তার মর্মান্তিক ডায়রির মাধ্যমে সর্বসমক্ষে পরিচিতি পায়, যে ডায়রি বিবিসি উর্দুতে প্রকাশিত হয়, সেই ডায়েরিতে ধীরে ধীরে এই ইচ্ছাই প্রকাশিত হয়েছিল যে মালালা পড়াশোনা করতে চায়, এবং সে চায় সমস্ত মেয়েরাই যেন শিক্ষার অধিকার পায়।

যখন অক্টোবর ২০১২তে তাকে এক তালিবান উগ্রপন্থী গুলি করে তার আগে থেকেই পাকিস্তানে সবাই তার কথা জানত, কিন্তু সেই দুর্ঘটনার পর সে আন্তর্জাতিক স্তরে সবার কাছে পরিচিতি পায়।

যখন সে স্কুলবাসে করে বাড়ি ফিরছিল তখনই এক উগ্রপন্থী সেই বাসে উঠে তার ওপর গুলি চালিয়ে দেয়। মালালা সেই আচমকা আক্রমণের পর বেঁচে গেল এবং তার দুজন সহপাঠী গুলিবিদ্ধ হয়ে আহত হয়। পাঠক পরবর্তী পৃষ্ঠাগুলি থেকে বিস্তারিতভাবে জানতে পারবেন যে মালালা সেই দিনের পর থেকে মালালা তার বাড়ি ফিরতে পারেনি, বিদেশে চিকিৎসার পর সেখান থেকেই সে সারা বিশ্বের কাছে দাবি জানিয়ে চলেছে সারা পৃথিবীর সমস্ত মেয়েদের শিক্ষার জন্য, বিশেষ করে যারা এখনও শিক্ষার অধিকার থেকে বঞ্চিত।

২০১৩ সালে টাইম পত্রিকা পৃথিবীর প্রভাবশালী ব্যক্তিদের যে তালিকা প্রকাশ করে সেই তালিকায় তার নামও ছিল। ২০১৩ সালেই তার নাম নোবেল পুরস্কারের জন্য মনোনীত হয়েছিল। সে তার চিন্তাভাবনার মৌলিকতার জন্য ইউরোপীয় সংসদের 'শাকরোব পুরস্কার' পায় এবং গত বছরে তার আত্মকথাও প্রকাশিত হয়, যার নাম ছিল 'ম্যায় মালালা হুঁ'। মালালা যখন প্রথমবার জানুয়ারি-মার্চ ২০০৯ সালে বিবিসি উর্দুর জন্য ডায়রি লেখে সেই সময় তার বয়স ছিল ১১ বছর। তালিবান অধিকৃত স্বাতে মেয়েরা পড়াশোনার জন্য কতটা ব্যাকুল হয়েছিল, তার সেই ডায়রির পাতায় পাতায় তার হৃদয়স্পর্শী বর্ণনা পাঠকদের মন ভারাক্রান্ত করে তুলেছিল। মালালা 'গুল মকই' ছদ্মনামে ডায়রি লিখেছিল, এই নাম এক আফগান লোককথার মুলচরিত্রের নাম।

সন্ত্রাসবাদীরা তাদের শাসনকালে মেয়েদের বহু স্কুল ধ্বংস করে দিয়েছিল। মেয়েরা স্কুলে গিয়ে পড়াশোনা করাটা তারা সহ্য করতে পারছিল না। তাদের এই মনোভাব মালালাকে শঙ্কিত করেছিল।

সে যদি তার আসল পরিচয় লুকিয়ে রাখার জন্য এই 'গুল মকই' ছদ্মনাম নিয়ে থাকে তাহলে তার সেই পরিকল্পনা সফল হয়নি। ফেব্রুয়ারি মাঝামাঝি সময়ে নিউইয়র্ক টাইমস এক বৃত্তচিত্র তৈরি করেছিল যেখানে দেখান হয়েছিল মালালা এবং তার বাবা তালিবান নিয়ন্ত্রিত উপত্যকায় মেয়েদের একটু স্কুল চালু রাখার জন্য কি ধরনের সংগ্রাম চালাচ্ছে। জানুয়ারি এই ছবি তৈরি হয়ে গিয়েছিল যদিও সঠিকভাবে জানা যায় না যে এই খবর নিউইয়র্ক টাইমস বিবিসির কাছ থেকে পেয়েছিল না তাদের অন্য কোন সূত্র ছিল। কিন্তু এর ফলে মিডিয়ার দিকে সন্দেহের দৃষ্টি চলেই যায়। যেখানে যেখানে যে কোন রকমের সমস্যা থাকতেই পারে এবং সেই সমস্যার কথা জনসমক্ষে তুলে ধরা মিডিয়ার কর্তব্য একথা ঠিকই, কিন্তু সেইসঙ্গে তাদের নৈতিক কর্তব্য এটা যে, সেই সমস্যার সঙ্গে সংশ্লিষ্ট মহিলা, পুরুষ, শিশু সকলের সুরক্ষার কথা চিন্তা করা। মিডিয়ার এটা ভুললে চলবে না যে তারা বহু লোকের মাঝখানে তাদের ক্যামেরা নিয়ে চলে যেতে পারে, সেই লোকেদের দুঃখকষ্টের কথা, তাদের অপমান-লাঞ্ছনার কথা ক্যামেরায় তুলে নতুন নতুন খবর জনসাধারণকে খাওয়াতে পারবে, কিন্তু তারপরেও সেই অপমানিত-ক্লিষ্ট মানুষদের সেই পরিবেশেই থাকতে হবে এবং তাদের অর্থাৎ সেই মানুষগুলিকে তাদের মুখ খোলার জন্য চরমতম মূল্য দিতে হতে পারে।

আমরা সকলেই জানি যে তৃতীয় বিশ্বে সেই লোকেদের সুরক্ষার জন্য খুব বেশি চিন্তাভাবনা বা সতর্কতা নেওয়া হয় না, যাঁরা মিডিয়াকে 'খবর' বা তথ্য প্রদান করেন। এই তৃতীয় বিশ্বে আইনের অনুমতি ছাড়াই পটাপট ছবি তুলে নেওয়া হয়। অনেক জায়গায় তো সংশ্লিষ্ট ব্যক্তিরা জানতেই পারেন না তাঁদের 'খবর' করা হচ্ছে। তাঁদের এটাও জানা থাকে না যে মিডিয়া তাদের তথ্যপ্রযুক্তির সাহায্যে তাদের প্রকৃত রূপ ঠিক কিভাবে জনসমক্ষে তুলে ধরবে।

হতে পারে যে মালালা এবং তার পরিবারকে এইরকম কোনো অপ্রীতিকর ঘটনার সম্মুখীন হতে হয়নি, কারণ তারা সব ভাল করে জানার পর ভবিষ্যতের কালো দিকটার কথা চিন্তা করেই এই পরিকল্পনা করেছিল। এই ধরনের সাহসিকতাকে সমর্থন করা উচিত, কিন্তু মিডিয়া তার নিজের লাভের

জন্য এই ধরনের মানুষদের দুঃখ-কষ্ট-অপমান-লাঞ্ছনার বাণিজ্য করতে পারে কি? এই প্রশ্নটা থেকেই যায়।

সেই ডায়রিটা সবার আগে বিবিসি উর্দু অনলাইনে প্রকাশিত হয়। এই ডায়রিতে অনেক প্রসঙ্গের অবতারণা করা হয়েছে। সেগুলোকে কোন রকম সংশোধনী ছাড়াই দেওয়া হয়েছে ঃ

প্রথম পর্ব—শনিবার, ৩ জানুয়ারি ২০০৯ ঃ আমি ভয় পেয়েছি

কাল রাতে আমি একটা ভয়ঙ্কর স্পন দেখেছি। স্বপ্নে দেখছি পাকসেনাদের হেলিপকপটার আর তালিবান। যেদিন থেকে স্বাতে সেনাশাসন শুরু হয়েছে সেইদিন থেকেই আমি এই স্বপ্ন দেখছি। মা আমাকে প্রাতরাশ করে দিলেন আর আমি স্কুলে চলে গেলাম। আমার স্কুলে যেতেও ভয় লাগছিল, কারণ তালিবানরা ফরমান জারি করেছিল মেয়েরা আর স্কুলে যেতে পারবে না।

২৭টি বাচ্চার মধ্যে কেবল ১১ জন উপস্থিত হয়েছিল। তালিবানদের ফরমানের ভয়ে স্কুলে মেয়েদের উপস্থিতির সংখ্যা কমে গেছে। আমার তিন বন্ধু সপরিবারে পেশোয়ার, লাহোর এবং রাওয়ালপিন্ডিতে চলে গেছে। আমি স্কুলে থেকে বাড়ি ফেরার পথে শুনতে পেলাম, একটা লোক বলছিল, "আমি তোকে মেরে ফেলব।" আপনি আমার হাঁটার গতি বাড়িয়ে দিলাম। একটু পরে পিছন ফিরে দেখি সেই লোকটা তখনও আমার পিছন পিছন আসছিল, কিন্তু তার হাতে ফোন ছিল আর সে ফোনেই কাউকে হুমকি দিচ্ছিল।

দ্বিতীয় পর্ব—রবিবার, ৪ জানুয়ারি ২০০৯ ঃ আমাকে স্কুলে যেতেই হবে

আজ ছুটি। আজ আমি মোটামুটি দশটা নাগাদ ঘুম থেকে উঠেছি। আমি শুনতে পেলাম বাবা বলছেন, গ্রীন চকে তিনটে লাশ পাওয়া গেছে। আমার শুনে খুব দুঃখ হল। সৈনিক কার্যকলাপ শুরু হওয়ার আগে আমরা প্রতি রবিবারে মরঘাজর, ফিজা ঘাট এবং কঞ্জুর মতো জায়গাগুলিতে

পিকনিক করতে যেতাম। কিন্তু এখন অবস্থার পরিবর্তনের ফলে দেড় বছর ধরে আমরা কোথাও যেতে পারিনি।

আমরা প্রায়ই রাতে খাওয়া-দাওয়ার শেষে বাড়ির বাইরে গিয়ে পায়চারি করতাম, কিন্তু এখন সূর্য ডুবতে না ডুবতেই ঘরে ঢুকে পড়তে হয়। আজ আমি ঘরের কাজকর্মে মাকে হাতে হাতে সাহায্য করলাম, স্কুলের হোমওয়ার্ক করলাম, তারপর আমার ভাইদের সঙ্গে খেললাম; কিন্তু আমার বুক খুব ধড়ফড় করছিল কারণ আমাকে যে স্কুলে যেতে হবে।

তৃতীয় পর্ব—রবিবার, ৫ জানুয়ারি ২০০৯ : রঙীন জামাকাপড় পরায় আপত্তি

আমি স্কুলে যাওয়ার জন্য তৈরি হচ্ছিলাম। স্কুলের ইউনিফর্ম পরতে গিয়ে মনে পড়ল স্কুলের প্রিন্সিপাল আমাদের ইউনিফর্ম পরতে বারণ করেছিলেন। তিনি আরও বলে দিয়েছিলেন আমরা বাড়িতে থাকার সময় যে সমস্ত সাধারণ জামাকাপড় পড়ি সেগুলোই যেন পরে আসি। তখন আমি ঠিক করলাম যে আমি আমার প্রিয় গোলাপি রঙের পোশক পরব। অন্য মেয়েরাও এরমই সাধারণ পোশাকেই স্কুলে আসছিল।

আমার বন্ধু আমাকে এসে বলল, ''আল্লাহ-এর নামে শপথ করে বল, আমাদের স্কুলে কি তালিবানদের হামলা হতে পারে?' সকালেও সভাতে আমাদের সবাইকে বলে দেওয়া হয়েছিল, আমরা যেন রঙিন পোশাক না পরি কারণ তালিবানরা এতে আপত্তি করতে পারে।

আমি স্কুল থেকে ফিরে এলাম আর দুপুরবেলা খেয়ে দেয়ে গৃহশিক্ষকের কাছে পড়ে নিলাম। সন্ধ্যেবেলা টিভি চালিয়ে খবরে শুনতে পেলাম যে পনেরো দিন পরে শকরদরা থেকে কার্ফু তুলে নেওয়া হবে। শুনে আমার খুব আনন্দ হল, কারণ ইংরেজির দিদিমণি সেখানেই থাকেন। এই কার্ফু উঠে যাবার ফলে তিনি আবার স্কুলে হয়তো আসতেও পারেন।

চতুর্থ পর্ব—বুধবার, ৭ জানুয়ারি ২০০৯ : কোনো ফায়ারিং নেই, কোনো ভয় নেই

আমি মহরমের ছুটিতে বুনেরে এসেছি। বুনের জায়গাটা উঁচু উঁচু পাহাড়, সবুজ চাষের খেতে পরিপূর্ণ একটা খুব সুন্দর জায়গা, তাই আমার খুব

প্রিয় জায়গা এই বুনের। আমাদের স্বাতও খুব সুন্দর, কিন্তু সেখানে তো শান্তি নেই। বুনেরের চারিদিকে কত সুখ কত শান্তি। এখানে কোনো গোলাগুলির ভয় নেই। ভয়ের কোন ছায়ার চিহ্নমাত্র নেই। আমরা এখানে সবাই খুব আনন্দে আছি।

আজ আমরা সবাই পীরবাবার দরগাতে গিয়েছিলাম। সেখানে আরও অনেক লোক এসেছিল। সবাই সেখানে তাদের মাথা ঠুকতে গিয়েছিল আর আমরা গিয়েছিলাম ছুটি কাটাতে। এখানকার দোকানগুলোতে চুড়ি, কানের দুল, গলায় পরার লকেট ইত্যাদি নানারকমের নকল গয়না বিক্রি হচ্ছিল। আমি ভাবলাম কিছু কিনি, কিন্তু কিচ্ছু পছন্দ হল না। মা অবশ্য কানের দুল আর চুড়ি কিনলেন।

পঞ্চম পর্ব—শুক্রবার, ৯ জানুয়ারি ২০০৯ : মৌলানা ছুটি নিলেন কেন?

আজ আমি স্কুলে আমার বন্ধুদের বুনের বেড়াতে যাওয়ার গল্প করলাম। শেষ পর্যন্ত তারা বাধ্য হয়ে বলল বুনেরের কথা শুনতে শুনতে তারা ক্লান্ত হয়ে পড়েছে তাই এবার আমি যেন এই গল্পে ক্ষান্ত দিই। তারপরে আমার মৌলানা শাহ দুররানের মৃত্যুর গুজব শুনতে পেলাম। এই মৌলানা এফ.এম রেডিয়োতে ভাষণ দিতেন। এই মৌলানাই মেয়েদের স্কুলে যাওয়া নিয়ে তালিবানদের আপত্তির কথা ঘোষণা করেছিলেন।

কিছু কিছু মেয়েরা বলল যে তিনি মারা গেছেন আর কয়েকজন বলল যে এটা মিথ্যে কথা। চারিদিকেই ওনার মৃত্যুর খবর ছড়িয়ে পড়ছিল, কারণ কাল রাতে তিনি রেডিওতে ভাষণ দেননি। একটা মেয়ে বলল উনি হয়তো ছুটি নিয়েছেন।

শুক্রবার পড়তে যাবার ছিল না। তাই আমি সারা দুপুর খেলা করলাম। সন্ধ্যাবেলায় যখন টিভি চালালাম তখন লাহোরে বোমাবিস্ফোরণের কথা জানতে পারলাম। আমি নিজের মনে মনেই জিজ্ঞাসা করলাম, 'পাকিস্তানেই বারবার কেন বোমা বিস্ফোরণের ঘটনা ঘটছে?

ষষ্ঠ পর্ব—বুধবার, ১৪ জানুয়ারি ২০০৯ : আমি আর স্কুলে নাও যেতে পারি

আজ স্কুলে যেতে যেতে মনটা খুব খারাপ হয়ে গেল, কারণ কাল থেকে শীতকালীন ছুটি শুরু হবে। প্রিন্সিপাল ছুটির কথা ঘোষণা করে দিয়েছেন, কিন্তু স্কুল আবার কবে খুলবে সেকথা বলেননি। আগে তো সবসময়ই ছুটির কথা ঘোষণার করার সঙ্গে একই সময়ে বলে দেওয়া হতো যে অমুক তারিখে আবার স্কুল খোলা হবে। প্রিন্সিপাল আমাদের এরকম করার কারণ তো বলেননি, কিন্তু আমার মনে হয় তালিবানরা ১৫ জানুয়ারি থেকে মেয়েদের স্কুলে যাওয়া বন্ধ করে দিতে চাওয়ার কথা বলাতেই এরকম সাবধানতা নেওয়া হয়েছে।

এবার মেয়েদের ছুটিতে যাবার সময় যে একটা দারুণ আনন্দ দেখা যায় তা দেখা যাচ্ছিল না। এর কারণ সব মেয়েরাই জানত যে তালিবানদের ফরমান যদি চালু থাকে তাহলে তারা আর স্কুলে ফিরে আসতে পারবে না। তবে কিছু কিছু মেয়েদের মনে আশা ছিল যে ফেব্রুয়ারি মাসে এই স্কুল আবার খুলবে। আর কিছু কিছু মেয়েরা তাদের পরিবারের সঙ্গে অন্য কোথাও চলে যাচ্ছিল যাতে তারা সেখানে গিয়ে তাদের বাকি পড়াশোনাটা শেষ করতে পারে।

আজ স্কুলের শেষ দিন, তাই আমরা ঠিক করেছিলাম যে আজকের দিনটা আমাদের স্কুলের মাঠে একটু বেশিক্ষণ ধরে খেলা করব। আমার মনে আশা ছিল যে স্কুল একদিন খুলবে, কিন্তু যখন বাড়ির দিকে রওনা দিলাম তখন স্কুলবাড়িটির দিকে আমি এমন করে তাকালাম যে আর কোনদিন সেখানে পড়াশোনা করার জন্য আসতে পারব না আমি।

সপ্তম পর্ব—বৃহস্পতিবার, ১৫ জানুয়ারি ২০০৯ : গুলির আওয়াজের জন্য ভয় পাওয়া রাত

সারা রাত গুলি চলার আওয়াজ শোনা যেতে লাগল। আমার সারারাতে তিনবার ঘুম ভেঙে গেল। যেদিন থেকে স্কুল বন্ধ হয়েছিল, সেদিন থেকে আমি সকালে দশটা নাগাদ ঘুম থেকে উঠতাম। এর পরে আমার বন্ধু আসে আর তার সাথে স্কুলের হোমওয়ার্ক নিয়ে আলোচনা হয়।

আজ ১৫ জানুয়ারি, তালিবানদের ফরমান শুরু হওয়ার এক দিন আগে আমার বন্ধু স্কুলের হোমওয়ার্কের ব্যাপারে এমনভাবে কথা বলছিল যেন কিছু হয়ইনি।

আজ আমি বিবিসি উর্দুর জন্য লেখা ডায়েরিটাও পড়লাম, যেন কিছুই হয়নি যা খবরের কাগজে ছাপা হয়েচিল। আমার ছদ্মনাম 'গুল মকই' আমার মায়ের খুব পছন্দ হয়েছে। তিনি বাবাকে বললেন আমার নাম বদলে গুল মকই রেখেই দিলেই তো হয়। আমার নিজেরও এই নামটাই বেশ ভাল লাগে, কারণ আমার নামের মানে যে 'দুঃখে ভারাক্রান্ত'।

আমার বাবা বললেন কিছুদিন আগে ডায়েরির প্রিন্টআউট এনে দেখায় আর বলে যে লেখাটা খুব ভাল হয়েছে। তিনি একটু হেসেছিলেন, কিন্তু বলতে পারেননি যে লেখাটা তাঁর মেয়ের।

অষ্টম পর্ব—শুক্রবার, ১৮ জানুয়ারি ২০০৯ : পুলিস দেখা গেল না

বাবা বললেন, সরকার আমাদের স্কুলকে রক্ষা করবে। প্রধানমন্ত্রীও এই প্রসঙ্গ তুলেছেন। আমি তো শুরু থেকেই খুব খুশি ছিলা, কিন্তু জানতাম না যে এর ফলেও আমাদের সমস্যার কোন সমাধান হবে না। আমরা রোজ শুনতাম যে স্বাতে এত সৈনিক মারা গিয়েছে এত লোককে অপহরণ করা হয়েছে, কিন্তু পুলিসের কোন দেখা নেই।

আমার বাবা-মা খুব ভয় পাচ্ছিলেন। তাঁরা আমাদের স্কুলে পাঠাবেন না বলে দিলেন। কারণ তালিবানরা সরাসরি জানিয়ে দিয়েছিল যে মেয়েদের স্কুলে পাঠানো বন্ধ করতে হবে। সৈন্যরা আমাদের পড়াশোনাদের পথে বাধা হয়ে দাঁড়িয়েছিল।

আজ আমাদের পাড়ার একটি ছেলে স্কুলে গিয়েছিল। তাকে বাড়ি পাঠিয়ে দেওয়া হয়। কারণ হিসেবে বলা হয় যে কার্ফু জারি করা হবে। কিন্তু আসলে সেখান দিয়ে সেনাবাহিনীর যাবার কথা ছিল তাই স্কুল বন্ধ করে দেওয়া হয়েছিল।

নবম পর্ব—সোমবার, ১৯ জানুয়ারি ২০০৯ ঃ বাঙ্কারের মধ্যে সেনাবাহিনী

আরও পাঁচটি স্কুল ধ্বংস করে দেওয়া হয়েছে, তার মধ্যে একটি তো একদম আমাদের বাড়ির কাছেই। আমি তো আশ্চর্য্য হয়ে যাচ্ছি এই ভেবে যে স্কুলগুলো যখন বন্ধ হয়ে আছে তখন এদের নষ্ট করার দরকার কি? কেউ তো তালিবানদের ফরমান জারি হবার পর স্কুলে যেতে সাহসই পাচ্ছে না।

সরকার স্কুলগুলির সুরক্ষার ব্যাপারে কিছুই করছে না। আজ আমি আমার বন্ধুর বাড়িতে গিয়েছিলাম। বন্ধু বলল কিছুদিন আগেই মৌলানা শাহ দুররানের কাকাকে কেউ মেরে ফেলেছে। হয়তো সেই রাগেই তালিবানরা স্কুলগুলিকে নষ্ট করে দিচ্ছে।

বন্ধু আরও বলল যে তালিবানদের যখন কোন ক্ষতি করা হচ্ছে না তাহলে কেন তারা আমাদের স্কুলগুলোকে নষ্ট করে দিচ্ছে।কিন্তু সৈন্যরা তো এ ব্যাপারে একদম হাত-পা গুটিয়ে বসে আছে। তারা পাহাড়ে বাঙ্কার তৈরি করে তার মধ্যে নিশ্চিন্তে বসে আছে। তারা ছাগল ধরছে তাকে জবাই করছে আর পেট ভরাচ্ছে।

দশম পর্ব—বৃহস্পতিবার, ২২ জানুয়ারি ২০০৯, ঃ ঘোরালো পরিস্থিতি

স্কুল বন্ধ হয়ে যাবার পর থেকে বাড়িতে বসে বসে হাঁপিয়ে উঠেছি।

আমার কিছু বন্ধুরা এই ভয়ঙ্কর পরিস্থিতি দেখে স্বাত উপত্যকা ছেড়ে চলে গিয়েছে। রাতের বেলায় আবার মৌলানা দুররান সাবধান করে দিয়েছে মেয়েরা এবং মহিলারা কেউ যেন বাড়ি ছেড়ে না বের হয়।

তালিবানরা রোজই কাউকে না কাউকে ধরে সবার সামনে মারধোর করত। তারা এও ঘোষণা করেছিল যে, যে সমস্ত স্কুলগুলিতে সুরক্ষাকর্মীরা তাদের ক্যাম্প হিসাবে ব্যবহার করছিল সেগুলিকে তারা ধ্বংস করে দেবে।

বাবা বললেন এই ক্যাম্পগুলো বাবা হাজী এলাকায় ছেলে এবং মেয়েদের স্কুলগুলোতেই করা হয়েছে। আল্লাহ তাদের রক্ষা করুন। মৌলানা শাহ দুররান একথাও জানিয়েছে যে কাল তিন চারজনকে চাবুক মারা হবে। যাদের দেখতে ইচ্ছা করবে তারা এসে দেখতে পারে।

আমি আশ্চর্য্য হয়ে যাচ্ছি এই কথা ভেবে যে, আমাদের যখন এতটাই কষ্ট দেওয়া হচ্ছে তখন লোকেরা দাঁড়িয়ে দাঁড়িয়ে সেগুলো দেখে কেন? সেনারা তাদের এইসব করতে বারণ করে না কেন? আমি দেখেছি যেখানে সেনারা থাকে সেখানে তালিবানদের কেউ না কেউ থাকে কিন্তু যেখানে তালিবানদের দল থাকে সেখানে সেনাদের কাউকে কখনো দেখা যায়নি।

একাদশ পর্ব—শনিবার, ২৪ জানুয়ারি ২০০৯ : কবর তৈরির খেলা

স্বাতের এই যুদ্ধে কেবল একটাই লাভ হয়েছে যে বাবা আমাদের মিঙ্গোরা থেকে দূরে, বিভিন্ন শহরে নিয়ে নিয়ে গিয়েছেন। আমরা গতকাল ইসলামবাদ হয়ে পেশোয়ারে এসেছি। পেশোয়ারে গিয়ে আমরা আমাদের এক আত্মীয়ের বাড়িতে চা খেলাম আর তারপর বন্নুরের পথে রওনা দিলাম।

আমার পাঁচ বছরের ভাই বাগানে খেলা করছিল। যখন আমার ভাইকে আমার বাবা জিজ্ঞাসা করলেন যে কি খেলা করছে, সে উত্তর দিয়েছিল—"আমি একটা কবর বানাচ্ছি।"

তারপর আমরা বন্নুর যাবার বাসস্ট্যান্ডে এসে গেলাম। বাসটা খুব পুরানো ছিল আর বাসের ড্রাইভার বিনা কারণে হর্ন বাজিয়ে বিরক্তি উৎপাদন করছিল। রাস্তায় আমাদের বাস একটি হাইড্রেনের ঢাকনায় ধাক্কা খেয়ে এমন বিগড়ে গেল যে সেটার হর্ন আমরা গন্তব্য পৌঁছানো পর্যন্ত বেজেই চলল। আমার দশ বছরের ছোট ভাই ভয় পেয়ে ঘুম থেকে উঠে পড়ল।

ও ভয়ে ভয়ে মাকে জিজ্ঞাসা করল, 'কোথাও বোমা ফেটেছে নাকি?' বন্নুরে বাবার বন্ধু আমাদের জন্য অপেক্ষা করছিলেন। তিনিও একজন পাশতুন ছিলেন কিন্তু বান্নুরের ভাষায় কথা বলতেন। তাই তাঁদের কথা আমরা ঠিকমতো বুঝতে পারতাম না।

আমরা আগে বাজারে গেলাম আর তারপরে পার্কে গেলাম। এখানে মেয়েরা বাড়ির বাইরে গেলেই বোর্খা ব্যবহার করে। মাও পরলেন বোরখা, কিন্তু আমি এই বলে বারণ করলাম যে বোর্খা পরলে আমি হাঁটতে পারব না। স্বাতের তুলনায় বান্নুরে অনেক শান্তি ছিল। আমাদের আপ্যায়নকারীরা জানালেন যে এখানেও তালিবানরা আছে, কিন্তু স্বাতের মত খারাপ অবস্থা নয় এখানে। তাঁরা বললেন তালিবানরা এখানেও স্কুল বন্ধ করে দেবার জন্য হুমকি দিয়েছে কিন্তু স্কুলগুলি এখনও চালু আছে।

দ্বাদশ পর্ব—শনিবার, ২৪ জানুয়ারি, ২০০৯ : অনার্স বোর্ডে কোন নাম নেই

স্কুলের ছুটি ফুরিয়ে যাবার পর বার্ষিক পরীক্ষা হওয়ার কথা, কিন্তু সেটা তখনই হতে পারে যখন তালিবানরা আমাদের স্কুলগুলোর ওপর থেকে নিষেধাজ্ঞা প্রত্যাহার করে নেবে। আমাদের পরীক্ষার জন্য কিছু অধ্যায়ের কথা বলে দেওয়া হয়েছিল যাতে আমরা ছুটির সময় সেগুলি পড়ে পরীক্ষার জন্য তৈরি হতে পারি। কিন্তু পড়ায় কারোর মন বসছে না।

কাল থেকে সৈন্যবাহিনী শিক্ষাকেন্দ্রগুলিকে নিজেদের সুরক্ষাচক্রের মধ্যে নিয়ে নিয়েছিল। দেখেশুনে মনে হচ্ছে বেশ কিছু স্কুল ধ্বংস হয়ে যাওয়ার পর সৈন্যবাহিনীর হুঁশ ফিরেছে! যদি প্রথম থেকেই তারা এ ব্যাপারে সাবধান থাকত তাহলে তো আর এইদিন দেখতে হত না।

এক স্বাত উপত্যকার তালিবান সমর্থক বলেছিল যে যে স্কুলগুলিতে সৈন্যরা আশ্রয় নিয়েছে সেগুলিকেই নিশানা করা হবে। আমাদের সেই জন্য আমাদের স্কুলে সেনা এসে থাকাতে বেশি করে ভয় করতে শুরু করেছে। আমাদের স্কুলে একটা অনার্স বোর্ড আছে। সেই বোর্ডে সবচাইতে বেশি নম্বর পাওয়া মেয়ের নাম লেখা হয়। মনে হচ্ছে সেই বোর্ডে কোনো মেয়ের নাম লেখা হবে না।

ত্রয়োদশ পর্ব—সোমবার, ২৬ জানুয়ারি ২০০৯ : হেলিকপ্টার টফিজ

আমি আজ সকালে গুলির আওয়াজ শুনে জেগে উঠলাম। প্রথম প্রথম আমরা হেলিকপ্টারের আওয়াজ শুনে ভয় পেয়ে যেতাম। এখন আবার গোলাগুলিতে আমাদের প্রাণ ওষ্ঠাগত হয়েছে। আমার মনে আছে কোনো একটা সামরিক অপারেশনের জন্য প্রথমবার আমাদের ঘরের ওপর দিয়ে হেলিকপ্টার উড়ে গেছিল তখন আমরা ভয়ে লুকিয়ে পড়েছিলাম।

এখন তো সবাই সৈন্যদেরই দায়ী করছে যে তারা আমাদের স্কুলকে বাঁচানোর জন্য কোন গুরুত্বপূর্ণ পদক্ষেপ নেয়নি। আমাদের আশেপাশের বাড়িগুলোর সমস্ত বাচ্চারা খুব ভয় পেয়ে আছে।

একদিন হেলিকপ্টার থেকে অনেক টফি ফেলা হল। আর তারপর আর কয়েকদিন ধরে টফি ফেলা হতে লাগল। এরপর থেকে তো আমরা হেলিকপ্টারের আওয়াজ শুনলেই দৌড়ে বেরিয়ে আসতাম কিন্তু তখন আর টফি ফেলা হত না। কিছুদিন পরে বাবা আমাদের সবাইকে শুভসংবাদ দিলেন—তিনি আমাদের ইসলামবাদে নিয়ে যাচ্ছেন। আমরা সবাই খুব খুশি হয়ে গেলাম।

চতুর্দশ পর্ব—বুধবার, ২৮ জানুয়ারী ২০০৯ : আমার বাবা-মায়ের চোখে জল

আমার বাবা তাঁর ধেওয়া কথা রাখলেন। আমরা সকলে গতকাল ইসলামাবাদে এসে পৌঁছেছি। আমি স্বাত থেকে আসার সময় খুব ভয় ভয় ছিলাম, কারণ আমি শুনেছিলাম তালিবানরা তল্লাশি চালাচ্ছে। কিন্তু আমাদের সঙ্গে এমন কিছু ঘটেনি। তালিবানদের বদলে সৈন্যরা তল্লাশি চালাচ্ছিল। স্বাত থেকে বেরিয়ে আসার পর সমস্ত ভয় কোথায় ছুমন্তর হয়ে গেল।

অনেক লোক সন্ত্রাসবাসীদের এই স্কুল বন্ধ করার নীতির বিরুদ্ধে ছিল। আমরা ইসলামাবাদে বাবার এক বন্ধুর বাড়িতে রয়েছি। আমি এই শহরে প্রথমবার এসেছি। এখানকার বাংলোগুলি খুব সুন্দর আর রাস্তাগুলো

চওড়া। কিন্তু স্বাতের মতো সৌন্দর্য্য এখানে নেই। বাবা আমাদের লোকবিরসা সংগ্রহশালায় নিয়ে গেলেন আর সেখান থেকে অনেক কিছু শিখলাম। আমাদের স্বাতেই সংগ্রহশালা রয়েছে কিন্তু যুদ্ধের পর সেটা টিঁকে থাকবে তো?

আমার বাবা লোকবিরসা থেকে বেরিয়ে এসে একজন বৃদ্ধের থেকে পপকর্ন কিনলেন। যখন সে আমার বাবার সঙ্গে পাশতু ভাষায় কথা বলল তখন বাবা তাকে জিজ্ঞাসা করলেন, "তুমি কি ইসলামাদের লোক?" বৃদ্ধটি জবাব দিল "আপনার কি মনে হয় ইসলামাবাদের কখনো পাশতুনদের সম্বন্ধ থাকতে পারে?"

সে বলল সে মোমন্দ এজেন্সি ছিল, কিন্তু সেনা অপারেশন শুরু হয়ে যাওয়ায় তাকে নিজের ঘরবাড়ি ছেড়ে শেহরে চলে আসতে হয়। সেই সময় আমি আমার বাবা আর মায়ের চোখে জল দেখতে পেলাম।

পঞ্চদশ পর্ব—শনিবার, ২৪ জানুয়ারি ২০০৯ : সেই মৃত মানুষদের হয়ে কে বদলা নেবে?

যখন আমরা বন্নুর থেকে পেশোওয়ারে ফিরে আসছিলাম তখন আমার এক বন্ধুর ফোন এল যে স্বাতের উপর ইসলামিক সন্ত্রাসবাদের এক ভয়ংকর আক্রমণ হয়েছে। সে খুব পেয়েছিল আর একথাও জানাল যে পরিস্থিতি ক্রমশই খারাপ হচ্ছে। আমাদের ফিরে যাওয়া উচিত নয়। সে জানালা যে সৈনিক-কার্যকলাপ বৃদ্ধি পাচ্ছে আর শুধু আজকেই বোমাবর্ষণের ফলে ৩৭ জন মারা গিয়েছে।

আমরা সন্ধ্যাবেলায় পেশোওয়ারে পৌঁছলাম। আমরা সবাই খুব ক্লান্ত হয়ে পড়েছিলাম। আমি টিভি চালাতে দেখা গেল স্বাতের বিষয়ে খবর দেখানো হচ্ছে। চ্যানেলগুলিতে দেখানো হচ্ছিল লোকেরা খালি হাতেই পায়ে হেঁটে স্বাত থেকে পালিয়ে যাচ্ছে।

চ্যানেল বদলে দেখতে পেলাম একজন মহিলা বলছেন, "আমরা বেনজির ভুট্টোর হত্যার বদলা নেব।" আমি বাবাকে জিজ্ঞাসা করলাম স্বাতে যে হাজারে হাজারে লোক মারা যাচ্ছে তাদের হয়ে কে বদলা নেবে?

ষোড়শ পর্ব—ফেব্রুয়ারি, ২ জানুয়ারি ২০০৯ : তালিবানদের আদেশে স্কুল বন্ধ

আমি উদাস, কারণ স্বাতে এখনও স্কুল বন্ধ আছে।

আজ আমাদের স্কুল খোলার কথা ছিল। আমি ঘুম থেকে উঠে জানতে পারলাম স্কুল তো এখনও বন্ধ আছে আর একথা জানতে পেরে আমার মন উদাস হয়ে গেল। আগে স্কুল বন্ধ থাকার কথা শুনলে মনটা খুশিতে ভরে উঠত কিন্তু এবার সেটা হল না। কারণ আমার মনে ভয় ছিল যে, তালিবানি আদেশের ফলে স্কুল কখনো খুলতে পারা যাবে না।

আমার বাবা বললেন যে মেয়েদের স্কুলগুলি বন্ধ রাখতে হচ্ছে বলে সিদ্ধান্ত নেওয়া হয়েছে যে ছেলেদের স্কুলগুলিও ৮ ফেব্রুয়ারি পর্যন্ত বন্ধ রাখা হবে। স্কুলগুলির বাইরে নোটিস লাগিয়ে দেওয়া হয় স্কুল ৯ ফেব্রুয়ারি থেকে শুরু হবে। বাবা বললেন যে মেয়েদের স্কুলের বাইরে এরকম কোন নোটিস ঝোলানো হয়নি। তাই ধরে নেওয়া যায় যে মেয়েদের স্কুলগুলি এই মুহূর্তে খোলার কোনো আশা নেই।

সতেরো পর্ব—শনিবার, ৭ ফেব্রুয়ারি ২০০৯ : চারিদিকে নিস্তব্ধতা

আমি আমার ভাইকে নিয়ে মিঙ্গোরার দিকে রওনা দিলাম। মা আগেই চলে গিয়েছিলেন। কুড়ি দিন পরে বাড়িতে ফিরতে পারার আনন্দে মনটা বেশ খুশি-খুশি ছিল। কিন্তু একটু-একটু ভয়ও করছিল। মিঙ্গোরাতে ঢোকার মুখে কনবরে একটা থমথমে পরিবেশ লক্ষ্য করলাম।

কিছু লম্বা চুল-দাড়িওয়ালা লোক ছাড়া আর কাউকে দেখা যাচ্ছিল না। ওই লোকগুলোকে দেখে মনে হচ্ছিল ওরা তালিবান। গোলাবারুদের আঘাতে ভেঙে যাওয়া কয়েকটা ঘরবাড়িও দেখতে পেলাম।

মিঙ্গোরার গলিগুলো বড্ড সরু সরু। আমরা মায়ের জন্য কিছু কিনতে সুপার মার্কেটে গেলাম। কিন্তু সেটা বন্ধ ছিল, যদিও আগে অনেক রাত পর্যন্ত খোলা থাকত। অন্যান্য আরও অনেক দোকান বন্ধ ছিল। আমাদের আসার কথা মাকে কিছু বলা ছিল না, তাঁকে চমকে দেওয়ার জন্য। আর সত্যিই তিনি আমাদের দেখে চমকে গেলেন।

অষ্টাদশ পর্ব—রবিবাবর, ৮ ফেব্রুয়ারি ২০০৯ : স্কুলের স্মৃতিগুলো

আমি খুব উদাসমনে আমার ইউনিফর্ম, স্কুলের ব্যাগ আর জ্যামিত বক্স দেখছি। আলমারিটা খোলার সময় আমার খুব দুঃখ হয়। কারণ ওর মধ্যেই আমার এই জিনিসগুলো পড়ে আছে। ছেলেদের স্কুল তো কাল থেকে খুলে যাচ্ছে, কিন্তু তালিবানরা মেয়েদের শিক্ষাব্যবস্থায় তালা মেরে দিয়েছে।

আমার চোখের সামনে স্কুলের স্মৃতিগুলো ভেসে বেড়াচ্ছে। অন্যান্য মেয়েদের সাথে আমার তর্কবিতর্ক, গল্পগুজব মনে পড়ে যাচ্ছে।

আমার ভাইয়ের স্কুল কাল থেকে খুলবে। তার হোমওয়ার্ক শেষ হয়নি। সেই ভয়ে সে কাল স্কুলে যেতে চাইছিল না। আমার মা যখন তাকে কাল থেকে কার্ফু জারি হওয়ার কথা জানালেন তখন সে আনন্দে নাচতে লাগল।

উনিশ পর্ব—সোমবার, ৯ ফেব্রুয়ারি ২০০৯ : বিপদের আশঙ্কা

স্বাতে ছেলেদের স্কুল খুলে গেছে আর তালিবানরা মেয়েদেরও স্কুলে যাওয়ার ব্যাপারে তাদের সম্মতি জানিয়ে দিয়েছে, তাই সবাই স্কুলে যাচ্ছে। আমাদের স্কুলে প্রাথমিক স্তরে ছেলেমেয়েরা একসাথেই পড়াশোনা করে।

আমার ভাই বলল ৪৯ জনের মধ্যে মাত্র ৬ জন বাচ্চা স্কুলে এসেছে, তাদের মধ্যে একটি মেয়েও ছিল। আমার স্কুলের ৭০০ জনের মধ্যে মাত্র ৭০ জন স্কুলে উপস্থিত ছিল।

আজ আমাদের কাজের মেয়েটিও এসেছিল। সে সপ্তাহে একবার আমাদের কাপড়চোপড় কাচার জন্য আসে।

সে অটকের মেয়ে। কিন্তু আমাদের এই এলাকায় দীর্ঘকাল ধরে আছে। সে বলল স্বাতের পরিস্থিতি দিন-কে-দিন খারাপ হয়ে যাচ্ছে। তার স্বামী তাকে বলেছে তাদের এখন অটকে চলে যাওয়া উচিত। মানুষ তার জন্মভূমিকে স্বেচ্ছায় ছেড়ে যায় না—যখন কোন গুরুতর কারণ যেমন—দইরদ্র্য, প্রেমঘটিত সম্বন্ধ ইত্যাদি ঘটে তখনই সে বাধ্য হয় তার নিজের জন্মভূমি ছাড়তে।

বিংশপর্ব—বুধবার, ১১ ফেব্রুয়ারি ২০০৯ : বোমাবিস্ফোরণের হুমকি

আমি সারাটা দিন খুব ভয়ে ভয়ে ছিলাম। আমাদের ঘরে এখন আর কোনো টিভি নেই। আমরা যখন কুড়িদিনের জন্য মিঙ্গোরার বাইরে গিয়েছিলাম সেই সময়েই টিভিটা চুরি হয়ে যায়।

আগে কখনও এমনটা হয়নি, কিন্তু এখন তো মিঙ্গোরার অবস্থা খুবই খারাপ হয়ে পড়েছে, আরও খারাপ অবস্থার দিকে এগিয়ে চলেছে। ভাগ্য ভালো যে ঘরে নগদ টাকাপয়সা, গয়নগাঁটি কিছু ছিল না। আমার কড়া আর নুপুরগুলোও পাওয়া যাচ্ছিল না, কিন্তু পরে পাওয়া গেল। মনে হয় চোরেরা ওগুলো সোনার মনে করে নিয়েছিল পরে নকল বুঝতে পেরে সেখানেই ফেলে দিয়ে চলে যায়।

মৌলানা ফজলউল্লাহ কাল রাতে এফ. এম. চ্যানেলে তার ভাষণে বলল মিঙ্গোরার পুলিশ স্টেশনে যে বোমাবিস্ফোরণে হয়েছে তা একটি প্রেশার কুকার ফাটার মত। সে আরও জানাল যে এর পরের বিস্ফোরণটা কড়াইতে বিস্ফোরণে মত হবে আর তার পরে ট্যাঙ্কার ফেটে যাওয়ার মত বিস্ফোরণ ঘটানো হবে।

রাতে বাবা আমাদের স্বাতে পরিস্থিতির সম্বন্ধে জানালেন। এখন আমাদের কাছে সৈন্য, তালিবান, রকেট, গোলা-বারুদ, গুলিবৃষ্টি, মৌলানা ফজলউল্লাহ, মুস্লিম খান, পুলিস, হেলিকপ্টার, মৃত্যু, আহত ইত্যাদি শব্দ জলভাত হয়ে গেছে এবং আমাদের মুখে যখন তখন এই শব্দগুলি শোনা যায়।

একুশ পর্ব—বৃহস্পতিবার, ১২ ফেব্রুয়ারি, ২০০৯ : গুলিবৃষ্টি

গত রাতে ভয়ঙ্কর গোলাবর্ষণ হয়েছে। আমার দুই ভাই তো ঘুমিয়েছিল, কিন্তু আমি ঘুমোতে পারিনি। আমি আগে বাবার কাছে পরে মায়ের কাছে গেলাম, কিন্তু কিছুতেই ঘুম আসছিল না।

স্বাতে মেয়েদের স্কুল বন্ধ করে দেবার জন্য অনেক পাকিস্তানি ক্ষুব্ধ হয়েছিল। আমি দেরি করে ঘুম থেকে উঠলাম। দুপুরে টিউশন সেরে ওঠার পর আমার ধর্মশিক্ষক এলেন। বিকেলে ভাইদের সঙ্গে খেলা করলাম। আমরা খুব লড়াই আর তর্কাতর্কি করেছিলাম। তারপর কিছুক্ষণ কম্পিউটারে গেমও খেললাম

তালিবানরা কেবল বন্ধ করার আগে আমি স্টার প্লাস চ্যানেল দেখতাম আর 'রাজা কি আয়েগি বারাত' সিরিয়ালটা আমার খুব প্রিয় ছিল।

আজ বৃহস্পতিবার, আমি খুব ভয় পাচ্ছি। লোকমুখে শুনেছি যে আত্মঘাতী হামলা বেশিরভাগই শুক্রবার সকাল অথবা বিকেলবেলায় হয়েছে। হামলাকারীদের বোধহয় মনে এরকম ধারণা পোষণ করা হয় যে শুক্রবার বা জুম্মাবার ইসলাম ধর্মে বিশেষ গুরুত্বপূর্ণ আর তাই এই দিনে হামলা করলে আল্লাহ খুশি হবেন।

বাইশ পর্ব—শুক্রবার, ১৩ ফেব্রুয়ারি, ২০০৯ : ফজলউল্লাহর চোখে জল

আজ আবহাওয়াটা খুব ভাল। বৃষ্টি হবার পর আমাদের এই উপত্যকার রূপ যেন আরও খুলে যায়। আমি সকালে ওঠার পর মায়ের কাছে শুনলাম একজন রিক্সাচালক আর এক চৌকিদারকে খুন করা হয়েছে। প্রত্যেকটা দিন যেন নরকবাসের যন্ত্রণা হয়ে উঠছে।

মিঙ্গোরার আশেপাশের এলাকাগুলোর লোকজন প্রত্যেকদিন এখানে চলে আসছে আর মিঙ্গোরার লোকজন অন্য কোন সুরক্ষিত জায়গায় চলে যাচ্ছে। যারা অবস্থাপন্ন তারা তো আগেই এখান থেকে চলে গিয়েছিল, কিন্তু গরীবদের তো কোন উপায় নেই তাদের এখানেই থাকতে হচ্ছিল।

আমি এই সুন্দর আবহাওয়ায় শহরে বেড়াতে নিয়ে যাওয়ার জন্য আমার এক দূরসম্পর্কের ভাইকে বললাম। সে আমাদের নিয়ে গেল, কিন্তু বাজারে গিয়ে দেখি সব দোকান বন্ধ, চারিদিক জনশূন্য। আমরা কনবরের দিকে যেতে চাইলাম, কিন্তু শুনতে পেলাম সেখানে বড় মিছিল বেরিয়েছে।

সেই রাতে মৌলানা ফজলউল্লাহ রেডিওতে বলতে গিয়ে অনেকক্ষণ ধরে কান্নাকাটি করলেন। তিনি চাইছিলেন সৈন্য-কার্য্যাবলি বন্ধ করা হোক। তিনি সমস্ত লোকেদের মিঙ্গোরা ছেড়ে যেতে বারণ করলেন, তাদের বাড়ি ফিরে যেতে অনুরোধ করলেন।

তেইশ পর্ব—শনিবার, ১৪ ফেব্রুয়ারি ২০০৯ : ভয় পেও না

আজ পেশোয়ার এবং আমাদের গ্রামে কয়েকজন অতিথি এলেন। দুপুরে খাওয়াদাওয়ার সময় বাইরে গুলি চলছিল। আমি এর আগে কখনও এমন ফায়ারিং-এর আওয়াজ শুনিনি। আমরা ভয় পেয়ে গিয়েছিলাম। আমাদের মনে হল তালিবানরা এসে গেছে। আমি বাবার কাছে দৌড়ে যেতে তিনি অভয় দিয়ে বললেন, 'ভয় পেও না—শান্তির জন্য এই গুলিচালনা করা হচ্ছে।'

বাবা আমাকে বললেন যে তিনি কালকের খবরের কাগজে পড়েছেন যে সরকার এবং উগ্রপন্থীদের মধ্যে একটি শান্তিচুক্তি হবে আর সেইজন্য আনন্দে এইসব করা হচ্ছে। রাতের বেলায় তালিবানরা যখন রেডিওতে এই একই কথা জানাল তখন আবার গুলি ছোঁড়া হতে লাগল। মানুষ সরকারের থেকে সন্ত্রাসবাদীদের কথায় বেশি বিশ্বাস করতে শুরু করেছিল।

যখন আমি প্রথমবার এই ঘোষণা শুনলাম তখন বাবা-মা কেঁদে ফেললেন। আমার ভাইদের চোখেও জল দেখতে পেলাম।

চব্বিশ পর্ব—রবিবার, ১৫ ফেব্রুয়ারি ২০০৯ : স্কুলগুলো কি খুলছে?

আজ আমি খুব খুশি।। আজ সরকার এবং সন্ত্রাসবাদীদের মধ্যে শান্তিচুক্তি হস্তাক্ষর হচ্ছে। আজ হেলিকপ্টার অনেক নিচে নেমে উড়ছিল। আমার এক ভাই বলল শান্তিস্থাপন করতে পেরে হেলিকপ্টারগুলোরগুলো নীচে নেমে গেছে।

দুপুরে সবাই মিষ্টি বিতরণ করতে শুরু করল। আমার এক বন্ধু অভিনন্দন জানাতে ফোন করল। সে বলল সব খুব তাড়াতাড়িই ঠিক হয়ে গেলেই ভাল, কারণ বেচারি কয়েকমাস ধরে নিজের বাড়িতে নিজেই কয়েদি হয়েছিল। আমরাও আনন্দ পাচ্ছিলাম এই ভেবে যে এবার হয়ত মেয়েদের স্কুলগুলোও খুলে যাবে।

পঁচিশ পর্ব—মঙ্গলবার, ১৭ ফেব্রুয়ারি ২০০৯ : চারিদিকে হটোপাটি, বিশৃঙ্খলা

আমি পরীক্ষার জন্য তৈরি হতে শুরু করলাম। মনে হচ্ছে আমাদের স্কুল এবার খুলে যাবে। আজ আমার দিদিমণি পড়াতে আসেননি। তাঁর অন্য কোন কাজ আছে মনে হয়। স্বাতের মানুষজন এই হানাহানি মারামারিতে বিরক্ত হয়ে উঠেছে।

ঘরের মধ্যে ঢুকে আমার দুই ভাইকে খেলা করতে দেখলাম। একজনের হাতে খেলনা হেলিকপ্টার আর অন্যজনের হাতে কাগজের তৈরি একটা বন্দুক। একজন চেঁচায় 'ফায়ার', অন্যজন বলে 'টেক পজিশন'। আমার এক ভাই বাবাকে বলল যে সে এটম বোম বানাতে চায়।

মৌলানা সুফি মহম্মদ আজকাল স্বাতেই আছেন। মিডিয়াও এখানে আছে। শহরে দারুণ হট্টগোল, বিশৃঙ্খলা। অল্লাহ এইরকম পরিস্থিত বজায় রাখুন। আমিন!

ছাব্বিশ পর্ব—বুধবার, ১৮ ফেব্রুয়ারি ২০০৯ : আবার আশার প্রদীপ নিভে গেল

আমি আজ বাজারে গিয়েছিলাম। খুব ভিড় ছিল। লোকজন খুব আনন্দে আছে। আমি অনেকদিন বাদে যানবাহনের ভিড় দেখতে পেলাম। বিকেলে বাবা স্বাতের সাংবাদিক মুসা খনখেল-এর মৃত্যুর খবর দিলেন। মায়ের শরীরটা ভাল নেই। শান্তিস্থাপনের সমস্ত আশা ভেঙে চুরমার হয়ে যাচ্ছে।

সাতাশ পর্ব—বৃহস্পতিবার, ১৯ ফেব্রুয়ারি ২০০৯ : যুদ্ধ নয় শান্তি চাই

মায়ের শরীরটা ভাল নেই, তাই বাবাই জলখাবার তৈরি করলেন। তিনি বাবাকে বললেন সাংবাদিকের মৃত্যুর খবরটা কেন মাকে দিলেন? আমিও ভাইদের বলে দিলাম যে আর আমরা বাড়ির মধ্যে এই ধরনের কথা আলোচনা করব না। স্কুল থেকে আমাদের খবর পাঠানো হয়েছে যে মার্চ মাসে আমাদের পরীক্ষা হবে। আমি আমার পড়ার সময় আরও বাড়িয়ে দিয়েছি।

(একথা আগেও জানানো হয়েছে যে এই ডায়েরি বিবিসি অনলাইনের সৌজন্যে সবার আগে বিবিসি ওয়েবসাইটে প্রকাশ করা হয়েছিল।)

নিচের লাইনগুলি আরও নিখুঁতভাবে মালালার মনের গভীরে যে বেদনা তা আমাদের বুঝতে সাহায্য করে ঃ

(আজ আমি সেই জায়গাটা থেকে কত দূরে, যদি, আবার সেখানে আমি ফিরে যেতে পারতাম! যদি, স্বাত উপত্যকার আনন্দ উপভোগ করতে পারতাম! যদি, হিন্দুকুশের প্রান্তরে ঘুরে বেড়াতে পারতাম! যদি, আমার এই জীবন যেখান থেকে শুরু হয়েছিল সেখানেই সম্পূর্ণ করতে পারতাম! যদি, উপত্যকার ফুলগুলোয় হাত বুলিয়ে দিতে পারতাম! আমাকে ওইখানেই থাকতে দাও, যেখানে আমি নিজেকে খুঁজে পাই! তোমরা আমাকে মিঙ্গোরাতে যেতে দাও, আমি তোমাদের কাছে মিনতি করছি, সেখানে ফিরবার জন্য আমি মরতেও রাজি আছি।)

3

আমার নামে লেখা গুলিগুলো

কল্পনা করুন, একটি কিশোরী মেয়েকে তালিবানরা শুধু এইজন্য গুলি করল যে সে তাদের ভয় পায়নি, বরং সে তার শিক্ষার অধিকার পাওয়ার জন্য দাবি জানিয়েছিল। যে মেয়েটি এখনও কিশোরী, আর সে এখনও ঠিকমত নিজের সব সিদ্ধান্ত নিজে নিজে নিতে সক্ষম নয়, তাকে গুলি করার পেছনে ঠিক কি উদ্দেশ্য হতে পারে? একটি সুবৃহৎ সন্ত্রাসবাদী দল যারা এই দুনিয়ার তাবড় তাবড় শিক্ষাবিদ্‌দের মাথাব্যথার কারণ হয়ে দাঁড়িয়েছে তারা একটা মেয়ের আদর্শবাদ মানসিকতাকে কেন ভয় পাবে? সেই মেয়েটার ওপর কেন গুলি চালাতে হবে? পরবর্তী পৃষ্ঠাগুলিতে আপনারা সবিস্তারে সেই প্রশ্নগুলির উত্তর পাবেন।

একজন মানুষ হিসেবে, চোখের সামনে কারোর রক্তপাত হতে দেখা, আমার জন্য ভয়ঙ্কর দুঃস্বপ্নের চাইতে কিছু কম নয়। কিন্তু কিছু হতভাগ্য থাকে যারা তাদের চোখের সামনে একটি কিশোরী মেয়েকে জ্বলন্ত বুলেটবৃষ্টি হজম করতে দেখেছিল। কিন্তু যদি এই ঘটনাটির ভাল দিক দেখতে হয় তাহলে দেখতে পাবেন যে তার ফলেই ওই গুলিবিদ্ধ মেয়েটির জীবন রক্ষা পেয়েছিল। শুধু তাই নয় এই ঘটনার ফলে সারা দেশের মানুষ তালিবানদের বিরুদ্ধে একজোট হয়ে রুখে দাঁড়ায়। সন্ত্রাসবাদীরা এমন

একটি মেয়েকে ভয় পেতে শুরু করে, যে ছিল বয়সে কিশোরী আর চাইত অন্যান্য মেয়েরা তার মতোই পড়াশোনা করুক, নিজেদের জীবনের সমস্ত সিদ্ধান্ত নিজেরাই নিতে শুরু করুক এবং নিজেদের পছন্দমত জীবন যাপন করতে পারুক।

মালালা যেদিন গুলিবিদ্ধ হয়, সেদিনটা তার জন্য এক ভয়ঙ্কর দুঃস্বপ্নের মতো। এমন এক দুঃস্বপ্ন যা বাস্তবেও সত্যি হয়েছিল। এই ঘটনা ঘটার আগে মালালাকে সবাই এইভাবে চিনত যে সে একটা সাধারণ মেয়ে, যাকে তার পরিবার শিক্ষার অধিকার পেতে সমর্থন জোগাচ্ছে। মিঙ্গোরাকে তছনছ করে দেওয়া তালিবান বাহিনী তাদের তরফ থেকে চেষ্টার কোনো ত্রুটি রাখেনি। ভারতের লোকেরা বলাবলি করত যে ‘স্বাতে কারোর নজর লেগে গেছে’। আগে স্বাতের লোকেরা সবাই মিলেমিশে সুখেশান্তিতে বাস করছিল। তালিবানরা আসার পরেই নীচ ও কট্টরপন্থীরা মাথা তুলল আর উপত্যকার কোন কিছুই রক্ষা পেল না। তারা সুখশান্তির দফারফা করে দিয়ে তালিবানদের সমর্থন যোগালো। এই সমস্ত লোকেরা কারোর কথা শুনত না, শিশু ও মহিলাদের নিজেদের চাকর-বাকর ক্রীতদাস-দাসী মনে করত। তারা চাইত মেয়েরা ঘরের ভেতর বন্দি হয়েই চাকরানীদের মতন খাটতে খাটতে সারাজীবন কাটিয়ে দেয়। তারা ছোটোখাটো ব্যাপার নিয়েও ফতোয়া জারি করে দিত এবং সাধারণ মানুষদের তাদের ন্যায্য অধিকার থেকে বঞ্চিত করতে শুরু করেছিল। তারা চাইত লোকে ভালমন্দ কিছু প্রশ্ন না করে বিনা প্রতিবাদে তাদের সমস্ত আদেশ পালন করুক। তারা সবাইকে সঙ্গে নিয়ে চলতে চাইছিল না, তাদের ইচ্ছা ছিল যে বাকি সবাই তাদের পোষা জানোয়ারের মতন তাদের আজ্ঞাবহ হয়ে থাক। তাদের সম্প্রদায় উন্নতি করুক এটা তাদের ইচ্ছা ছিল না, বরং তারা চাইত মুখ থেকে কথা বের হবার সঙ্গে সঙ্গেই যেন তা পালিত হয়। তারা স্বাত-অধিবাসীদের মন-মস্তিষ্কে রাজত্ব করতে চাইছিল। যখন তাদের এই মনোবাসনা সফল হল না তখন বন্দুকের গুলি ছাড়া অন্য কোন রাস্তা তাদের কাছে আর ছিল না। যদি তারা বন্দুকের বদলে ক্যামেরা হাতে তুলে নিয়ে স্বাতের প্রাকৃতিক সৌন্দর্য্যের ছবি তুলতে শুরু করত তাহলে সেটাই হত সঠিক পদক্ষেপ।

কিন্তু এর বদলে তারা সারা উপত্যকায় মৃত্যুর হিমশীতল নৈশব্দ ছড়িয়ে দিল। সেখানে আহতদের যন্ত্রণাকাতর গোঙানি আর আর্তনাদ ছাড়া আর কিছু শোনা যাচ্ছিল না। মনে হচ্ছিল সবকিছুই যেন তালিবানদের ছায়া গ্রাস করে নিয়েছে। স্বাত ২০০৭ থেকে ২০০৯ পর্যন্ত তাদের অধীনে ছিল। তাদের কট্টরপন্থী এবং সংকীর্ণ মানসিকতার মেয়েদের শিক্ষার অধিকার তারা কখনই মেনে নিতে পারেনি। তারা সমস্ত মানুষের জন্মসিদ্ধ অধিকার কেড়ে নিতে চাইছিল। তারা চাইত সমস্ত নিয়ম-কানুনগুলিকে তারা নিজেদের মতো করে ভেঙেচুরে নতুন করে গড়ে নেবে। তারা খুব ভাল করেই জানত যে যদি সবার চেতনা জাগ্রত হয়ে ওঠে তাহলে তারা আর উপত্যকাকে নিজেদের নিয়ন্ত্রণে রাখতে পারবে না। তাই তারা টিভি দেখা, গান শোনা, মাঠে-ময়দানে খেলাধূলা করা, মেয়েদের দোকান-বাজারে যাওয়া ইত্যাদি এবং সর্বোপরি মেয়েদের পড়াশোনা, সমস্ত কিছুর ওপর নিষেধাজ্ঞা জারি করেছিল।

তিনটে গুলি

মালালার মনে আছে, সেই ৯ অক্টোবর, ২০১২ তারিখটা। সেই সময়টাতে তাদের স্কুলে যান্মাষিকী পরীক্ষা হত। মালালার মনে কোন ভয় ছিল না, কারণ সে তার পরীক্ষার জন্য সম্পূর্ণ তৈরি ছিল। সে যেমন আগে রিক্সা করে স্কুলে যেত এবারও তেমনি রিক্সা করেই স্কুলে গেল। রিক্সা তাকে নোংরাভর্তি গলির মধ্যে দিয়ে নিয়ে গিয়ে স্কুলে পৌঁছে দিল। মালালা তার বাবার স্কুলেই পড়াশোনা করত। মালালা স্কুলের বোর্ডে তার নাম পড়ে বেশ গর্ব অনুভব করত কারণ এই স্কুলটা তার বাবা প্রতিষ্ঠা করেছিলেন।

স্কুলটি মেয়েদের জন্য ছিল। সেখানে তাকে উর্দু, ইংরেজি, ব্যাকরণ, রাসায়নিক সূত্র এবং চিত্র ইত্যাদি পড়ানো হত। মালালার বাবাই তাকে বেশিরভাগ সময়ে ঘুম থেকে ওঠাতেন। তিনি এসে বলতেন, 'ওঠো জানীমুন' মালালা সকালবেলায় তার বাবার এই শব্দগুলো কানে গেলেই উঠে বসত। তার বয়সি বাচ্চাদের যেমন স্বভাব ঠিক তেমনি সেও আরও একটু ঘুমানোর জন্য বায়না করত। তারপর তার মা আসতেন, আর তাঁকে দেখলেই সে ঝট করে উঠে পড়ত, কারণ সে জানত তার মা তখনই আসেন যখন তার স্কুলে যাবার জন্য দেরি হতে শুরু করেছে। তাই সে যদি তখনি না উঠে

পড়ে তাহলে স্কুলে যেতে অনেক দেরি হয়ে যাবে। তার মা তাকে আদর করে 'পীশো' বলে ডাকতেন। সে তার মাকে আদর করে 'ভাবী' বলে ডাকত। আসলে সে যখন ছোট ছিল তখন তার মা 'খুশহাল স্কুলে যেতেন আর সেখানে তাঁকে ভাবী বলত। সেই তখন থেকেই মালালারও অভ্যাস হয়ে গিয়েছে তাঁকে ভাবী বলার।

ওঠার পর মালালা ঘরের মধ্যে একবার নজর বুলিয়ে নিত, যার মধ্যে কাঠ, পালঙ্ক আলমারি ছাড়া আর কিছু ছিল না। আলমারিটা সে নিজের জমানো পয়সা দিয়ে কিনেছিল। বিভিন্ন জায়গা থেকে পুরস্কার হিসেবে সে যা কিছু টাকাপয়সা পেয়েছে সেগুলোই সে জমিয়ে রেখেছিল। ঘরের মধ্যে তাকের ওপর তারি কিছু বিজয়স্বারক ট্রফিও রয়েছে। সে মাত্র একবার সেকেন্ড হয়েছে নচেৎ সে তার ক্লাসে প্রত্যেকবারই ফার্স্ট হয়। যখন সবাই মিলে প্রাতরাশ খেত তখন তার বাবা অটলকে খেলাচ্ছলে রাগিয়ে দেবার জন্য বলতেন যে মালালা যখন দেশের প্রদানমন্ত্রী হবে তখন অটলকে তার সহায়কের কাজ করতে হবে।

মালালা রিক্সা করে স্কুলে যেত, কিন্তু ফেরার সময় বাসে আসত। সেই সময় পরীক্ষা চলছিল, সেইজন্য স্কুলল আটটার জায়গায় নটায় শুরু হত। মালালার তো তাড়াতাড়ি উঠতে ভালই লাগত না।

এই পুরো গল্পটা তখন শুরু হয়েছিল যখন সে ঘরে ছিল আর সেই সময় তাদের জন্য একটা চিঠি এল। সব মেয়েরা মিলে একদিন আগেই স্কুলেরই একটা পিকনিকে গিয়েছিল। তারা তাদের স্কুল থেকে একটা বাসে করে পিকনিক করতে গিয়েছিল। তারা যাত্রাপথের আধঘন্টা সময়টা খুব আনন্দ করেছিল। তারা পৌঁছানোর সময় পর্যন্ত বাসের মধ্যে নাচগান করছিল। তারা হোয়াইট প্যালেস হোটেল দেখল, তারপর গ্রীন ফরেস্টে গেল, সেখানে ফটো তুলল। তারপরে তারা নদীতে নামল, আজ জল নিয়ে খেলা করতে করতে একে অন্যকে জল তুলে ভিজিয়ে দিতে লাগল। পরিষ্কার জলে তারা নিজেদের মুখ পর্যন্ত দেখতে পাচ্ছিল। চারপাশের নয়নাভিরাম দৃশ্য তাদের মুগ্ধ করে দিচ্ছিল। মালালা এবং তার বন্ধুরা এই পিকনিকের ভরপুর আনন্দ উপভোগ করছিল। মালালা তার বন্ধুদের জল নিয়ে খেলা করতে বারণ করল। কারণ এতে তাদের সকলের জামাকাপড়

ভিজে যেতে পারে। তারপর তারা সেই ছেলেটির কাছে গেল যে তাদের জন্য দুপুরের খাবার তৈরি করত। মালালা দেখল যে ছেলেটি তাদের জন্য যে ডাল রান্না করছে তার মধ্যে মাত্রাতিরিক্ত জল মেশাচ্ছে। মালালা এবং তার বন্ধুরা যখন তাকে ধরে ফেলল তখন ছেলেটি বলল যে যদি জল না মেশানো হয় তাহলে সবাই খেতে পাবে না। খাবার একদম বিস্বাদ ছিল। খাবার খেয়ে মেয়েরা বলল চাইলে ডালের মধ্যে আকাশ দেখা যেতে পারে। ডালে অতিরিক্ত জল মেশাবার ফলে বিস্বাদ হয়ে গিয়ে ডালটার এইরকম অবস্থা দাঁড়িয়েছিল। পরের দিনটা তাদের জন্য খুব অপয়া ছিল। সূর্য যতক্ষণে উঠেছে ততক্ষণে সারা মিঙ্গোরা শহর জেনে গিয়েছিল যে পিকনিকের সময় কি কি হয়েছিল, কিন্তু তার বর্ণনায় খুব বাজে ধরনের অর্থ দাঁড়িয়েছিল।

পিকনিকের পরের দিন স্কুলের এক কর্মচারী দুধ এবং পাঁউরুটির প্যাকেট দিতে এলে মালালার বাবা দরজা খুললেন। বাড়ির মেয়েবৌদের দরজা খোলার অনুমতি ছিল না। সেই কর্মচারী দুধ-পাঁউরুটির সঙ্গে মালালার বাবার হাতে একটা জেরক্স কপিও ধরিয়ে দিয়ে গেল। সে এও বলে গেল বাজারের প্রত্যেক দোকানদার খরিদ্দারদের সেই কাগজটি হাতে ধরিয়ে দিচ্ছে। তাতে লেখা ছিল ঃ

প্রিয় মুসলমান ভাইয়েরা

এখানে খুশহাল নামে একটি স্কুল আছে। একটি এন.জি.ও চালায়। এই স্কুলটি রীতিনীতিবিহীন এবং আজেবাজে কথাবার্তা এখানে চলে। কোরানে লেখা আছে যে, তুমি যদি তোমার আশেপাশে কোন খারাপ বা অন্যায় কাজ হতে দেখ, তাহলে তোমার সেই সময়ই সেটাকে নিজের হাতে নষ্ট করে দেওয়া উচিৎ। তুমি যদি এটা না করতে পার তাহলে এমন কোন মানুষ যার এই কাজ করার সামর্থ্য আছে তার করা উচিত। আমাদের ওই স্কুল বা তার প্রিন্সিপালের সাথে কোনো ব্যক্তিগত শত্রুতা নেই।

আমরা কেবল লোকেদের জানাতে চাই যে ইসলাম আমাদের কি শেখায়। এই স্কুলের মেয়েরা অশ্লীলতা, অসভ্যতা করে, স্কুলের শিক্ষকদের তাদের বারণ করা উচিত। যদি আপনারা এইসব বন্ধ করতে না পারেন তাহলে আল্লাহর সামনে আপনাদের জবাবদিহি করতে হবে। হোয়াইট হাউসের

ম্যানেজারের কাছে গিয়ে জিজ্ঞাসা করুন যে এই মেয়েগুলো যখন সেখানে পিকনিক করতে গিয়েছিল তখন তারা কিরকম আচরণ করছিল।

সেই চিঠিতে কারোর স্বাক্ষর করা ছিল না। মালালা তো চিঠিটা পড়ে হতবাক হয়ে গেল। তার বাবা তাকে সান্ত্বনা দিচ্ছিলেন, তিনি বলছিলেন যে কারোর খেয়েদেয়ে কাজ পড়েনি যে ম্যানেজারের কাছে ঘটনার সম্বন্ধে জিজ্ঞাসাবাদ করবে। মালালার মাও তার এবং তার বন্ধুদের তরফদারি করে বললেন যে ওখানে এমন কিছু হয়নি।

তিনিও তো ওদের সঙ্গেই ছিলেন। বাবা মালালার এক দূর সম্পর্কের ভাইকে এই রকম ন্যক্কারজনক কাজ কে করেছে জানবার জন্য পাঠালেন। সে ফিরে এসে বলল এই চিঠি মিঙ্গোরার প্রায় সব বাড়িতেই পৌঁছে গিয়েছে। দোকানদারে কড়া হুঁশিয়ারি দিয়ে বলে দেওয়া হয়েছিল যে তারা যেন চিঠিগুলো লোকেদের বাড়ি বাড়ি গিয়ে পৌঁছে দেয়। কিছু দোকানদার কাগজগুলো ডাস্টবিনে ফেলে দিয়েছিল কিন্তু কিছু দোকানদার ভয়ের চোটে এরকম করতে পারেনি বরং তারা তাদের খদ্দেরদের হাতে হাতে ধরিয়ে দিয়েছিল। বেশ কয়েকটি মসজিদের দেওয়ালেও এই পোস্টার লাগিয়ে দেওয়া হয়েছিল।

পরের দিন সমস্ত মেয়েরা ভীত ছিল। তারা বলাবলি করছিল সন্ত্রাসবাদীরা স্কুলের উপরে খুব খারাপ অপবাদ দিয়েছে, এতে করে স্কুলের সুনামে আঘাত লাগতে পারে। তাদের বাড়ির লোকেরা কি বলবে? মালালার বাবা একটি সভায় সমস্ত মেয়েদের বললেন ঃ

'তোমরা সবাই ভয় পাচ্ছ কেন? তোমরা কি এমন কোন্ কাজ করেছ যার অনুমতি ইসলাম ধর্ম বা শরীয়ত দেয় না? না, তোমরা তো কেবল পিকনিকের আনন্দ উপভোগ করছিলে। জলের মধ্যে খেলা করে নিজেরে আনন্দ প্রকাশ করছিলে। তোমরা যখন অন্যায় কিছু করনি তবে ভয় পাচ্ছ কেন? এ সবই মৌলানার সমর্থকদের কাজ। তার যা করতে চায়, তা তাদের করতে দাও। তোমাদেরও সেইসব কাজ করার সম্পূর্ণ অধিকার আছে যা ছেলেরা করে থাকে। তোমাদেরও জীবনে আনন্দ করার অধিকার আছে। তোমরা এমন কিচ্ছু করনি, যেগুলিকে অশ্লীলতা অথবা অসভ্যতা বলা যেতে পারে।'

মালালা বুঝতে পারছিল তার বাবা যতই তরজন-গরজন করুন না কেন তিনি যে মনে মনে তাদের নিয়ে খুবই দুশ্চিন্তায় আছেছন। তাদের পরিবারের জন্য এরকম হুমকি   তো এমনিতে জলভাত, কিন্তু এবার তো পুরো স্কুলটাকে জড়িয়ে দেওয়া হয়েছিল। প্রত্যেকদিন রাতের বেলায় মালালা ঘুমের মধ্যে ভয়ঙ্কর ভয়ঙ্কর সব দুঃস্বপ্ন দেখত। বাড়ি থেকে বের হলেই তার মনে হতো কেউ তার পিছু নিয়েছে। সেই পিছু নেওয়া লোকটা তালিবানি হতে পারে। ওরা যেমন আফগানিস্তানে নিরীহ লোকেদের ধরে ধরে গুলি করত তার ভয় হতো তাকেও অমনি গুলি করে ঝাঁঝরা করে দেবে। কখনও কখনও তার মনে হতো যে পিছন থেকে কেউ ডাকছে, তাই সে এখন যখন বাড়ির বাইরে যেত তখন খুব সতর্ক থাকতো। রাতের বেলায় মাঝে মাঝেই ঘুম থেকে উঠে দেখত ঘরের সব জানলা দরজা ঠিকমতো বন্ধ আছে কিনা। এই মৃত্যুভয়! যা তাকে রাতে শান্তিতে ঘুমোতেও দিত না।

সবাই যখন রাতে গভীরভাবে ঘুমিয়ে পড়ত তখন সে চুপি চুপি উঠে ঘরের সমস্ত জানালা-দরজার ছিটকিনিগুলো একটা একটা করে পরীক্ষা করে দেখত, সেগুলো সব বন্ধ আছে কিনা, কোনোটা খোলা নেই তো? তার বাবা তাকে সান্ত্বনা দিতেন সবসময়, তিনি বলতেন যে তালিবানরা যদি তোমাকে মারতে চাইত তবে কবেই মেরে ফেলত। তার মনে হত কেউ সিড়ি দিয়ে বাড়ির মধ্যে ঢুকে তাকে মেরে ফেলবে। তবে এটা তার জানা ছিল যে ওরা যদি মনে করে তাহলে পুরো বাড়িটাকেই বোমা মেরে উড়িয়ে দিতে পারে।

কখনও আবার সে আল্লাহর কাছে দোয়া করত। রাতের বেলায় দোয়া করলে খুব ভাল হয়। এটা একটা খুব শুভ প্রক্রিয়া। তালিবানরা ভাবত যে মালালারা সত্যিকারের মুসলমান নয়, কিন্তু আসলে তারা সত্যিই সত্যিকারের ভালো মুসলমান। তারা তাদের আল্লাহর ওপর তালিবানদের চেয়ে বেশি ভরসা করে। তারা মনেপ্রাণে বিশ্বাস করত আল্লাহ খুবই দয়াময় এবং সবসময় তাদের চোখেচোখে রেখেছেন। কোরান-এ-পাক-এ একটা আয়াত আছে, যেটি ভয় পাওয়ার সময় পাঠ করলে ভয় দূর হয়। মালালা রাতের বেলায় শোয়ার সময় কয়েকবার সেই আয়াত পাঠ করত।

সে আল্লাহর কাছে তার নিজের ঘর, পরিবার, পরিবারের সদস্য, পাড়া ও গলিরা লোকেদের, সম্পূর্ণ স্বাত উপত্যকার, এবং সারা দুনিয়ার মুসলমানদের রক্ষা করার জন্য দোয়া চাইত। সবশেষে সে কেবল মুসলমানদেরই নয়, সারা পৃথিবীর মঙ্গলের জন্য দোয়া চাইত।

যেদিনটাতে সে গুলিবিদ্ধ হয়, সেটা আর পাঁচটা সাধারণ দিনের মতোই আর একটা সাধারণ দিন ছিল। কিন্তু সেইদিনটাতে কিছুতো বিশেষত্ব ছিল। সেই দিনেই তার পাকিস্তান স্টাডি বিষয়ের পরীক্ষা ছিল। বাংলাদেশ যে একদিন পাকিস্তানেরই অংশ ছিল তা জানতে পেরে সে খুবই আশ্চর্য হয়ে গিয়েছিল। সমস্ত মেয়েরা পরীক্ষা শেষ হয়ে যাবার জন্য খুব খুশি ছিল আর সবাই মিলে কথা বলতে বলতে বাসে উঠল।

ওখানে দুবার বাস আসতো আর স্কুল থেকে বাড়ি ফেরতা মেয়েদের জন্য অপেক্ষা করত। মেয়েরা স্কার্ফে মুখ ঢেকে বাসে উঠত। মালালাই শুধু তার মাথা ঢাকা দিত না। আসলে ওটা বাস নয় একটা ট্রাক ছিল। ওই ট্রাকের মধ্যে মুখোমুখি আর সেগুলির মাঝখানে একটি করে মোট তিনটি বেঞ্চ ছিল। সেগুলোতে কুড়িজন ছাত্রী ও তাদের তিনজন অধ্যাপিকা খুব আরাম করে বসে যেতে পারতেন। সেই দিন সবাই বাসে ওঠার পর বাস চলা শুরু করল। বাসটা আর্মি চেক পয়েন্ট পার করে খেলার মাঠ পার হয়ে এগিয়ে চলল। আরও প্রায় ২০০ মিটার গিয়ে আচমকা ব্রেক মেরে দাঁড়িয়ে গেল বাসটা। একটা ভ্যান বাসটার সামনে এসে পড়েছিল! যদিও মেয়েরা কিছুই দেখতে পায়নি, তারা শুধু দেখল একটা দাড়িওয়ালা লোক বাসের ড্রাইভার ওসমান ভাইকে জিজ্ঞাসা করল যে এটা খুশহাল স্কুলের বাস কিনা। ওসমান ভাই মাথা নেড়ে সায় দিতে দিতে ভাবতে লাগল এটা আবার জিজ্ঞাসা করার কি দরকার! স্কুলের নাম তো বাসের সামনেই লেখা আছে। দাড়িওয়ালা লোকটি বলল সে স্কুলছাত্রীদের বিষয় কিছু জানতে চায়। তখন ড্রাইভার বলল তার জন্য তাকে স্কুলের অধিকারিদের কাছে যেতে হবে। ড্রাইভার বারণ করতে করতেই সে পিছনের দিক দিয়ে বাসের উঠে পড়ল আর রুক্ষ স্বরে বলল, “মালালা কে?” সমস্ত মেয়েদের হাতে প্রশ্নপত্র ছিল, তারা কেউ জবাব দিল না। মালালার বন্ধুদের মধ্যে মোনিবা এবং শাজিয়া তার কাছেই বসেছিল। যখন কেউ উত্তর দিল না

তখন মালালা নিজেই বলল, "আমিই মালালা, কি হয়েছে আমাকে বল?" সেই লোকটা জবাব শুনেই পকেট থেকে গুলিভরা বন্দুক টেনে বার করল। এক সেকেন্ডের মধ্যেই সে ট্রিগার টিপে দিল আর মালালার দিকে তিনটে গুলি চালিয়ে দিল। প্রথম গুলিটা বাঁচোখের দিকে এলে আর মস্তিষ্কের বাঁদিকটা খানিকটা ছুলে দিয়ে বাঁ কাঁধের ভিতরে ঢুকে গেল। মালালা মোনিষার কোলের ওপর পড়ে গেল আর তার কান দিয়ে গলগল করে রক্ত বের হচ্ছিল। দ্বিতীয় গুলিটা তার বন্ধু শাজিয়া এবং তৃতীয়টা অন্য বন্ধু কায়নাত রিয়াজের লেগেছিল। তার বন্ধুরা পরে তাকে জানায় যে তার দিকে গুলি চালানোর সময় লোকটার হাতটা কাঁপছিল। তারা যতক্ষণে হাসপাতালে পৌঁছালো ততক্ষণে মালালার পুরো চুল আর মোনিবার কোল রক্তে ভেসে গেছে।

মালালাকে কেন গুলি করা হলো?

আর এবার যখন মালালা যখন সত্যিই মালালা হল। যখন একজন সাংবাদিক মালালার বাবাকে জিজ্ঞাসা করল কোন বাচ্চা বা অধ্যাপক কি নিজের ইচ্ছায় সেদিনের ঘটনার বিবরণ দিতে চাইবে, কেউ এগিয়ে এল না—তখন মালালা নিজেই এগিয়ে এল। 'আমি ভাবলাম দারুণ একটা সুযোগ এসেছে।' সে এখন পর্যন্ত গুল মকই ছদ্মনামে তালিবানদের অত্যাচারের বর্ণনা দিয়ে আসছিল। অনেক লোক তাকে এরকমটা করতে বারণ করছিল অনেকে তো তার বাবাকে তার মেয়েকে এমন বিপদের মধ্যে ঠেলে দেওয়ার জন্য কথাও শোনালো, কিন্তু মালালার চোখের পাতা পর্যন্ত কাঁপল না।

২০০৮ সালের শেষের দিকে বিবিসি উর্দু ওয়েবসাইটের আমের আহমদ খান এবং তাঁর সহকর্মীরা আলোচনা করে ঠিক করেন যে স্বাতে তালিবানদের বেড়ে চলা প্রভাবের কথা জনসাধারণের কাছে পৌঁছানোর জন্য তাঁরা কোন একটি স্কুলছাত্রীর সাহায্য নেবেন, যে ছদ্মনামে সমস্ত ঘটনাগুলোর সত্যি বিবরণ দিয়ে যাবে। তাঁদের পেশোয়ারের সংবাদদাতা আব্দুল কাকর, জিয়াউদ্দিন ইউসুফজাইকে চিনতেন। আব্দুল জিয়াউদ্দিনের সাহায্য চাইলেন। কিন্তু এই কাজের জন্য কোন ছাত্রীই পাওয়া গেল না। শেষে ইউসুফজাই তাঁর নিজের মেয়েরই নাম বলে দিলেন, যে সেই সময় মাত্র এগারো

বছরের ছিল। সেই সময় মৌলানা ফজলউল্লাহর নেতৃত্বে তালিবান সন্ত্রাসবাদীরা টিভি, সঙ্গীত, মেয়েদের পড়াশোনা এবং তাদের বাজার দোকান করার উপর নিষেধাজ্ঞা জারি করে দিয়েছিল। প্রায়ই চৌমাথার উপর পুলিশের শব ঝুলতে দেখা যেত। সবার আগে আয়েশা নামের একটি মেয়ে ডায়রি লেখার জন্য রাজি হয়েছিল কিন্তু তালিবানদের ভয়ে তার বাড়ির লোকেরা বারণ করে দেয়। মালালা সেই সময় সপ্তম শ্রেণিতে পড়ত। বিবিসির সম্পাদকরা তাদের সম্মতি জানিয়ে দিলেন।

তার বিবিসির পোস্টে লেখা ছিল ঃ 'কাল রাতে আমি সৈন্যদের হেলিকপ্টার আর তালিবানদের নিয়ে ভয়ঙ্কর দুঃস্বপ্ন দেখেছি। যখন থেকে স্বাতে সৈন্যরা এসেছে, তখন থেকেই আমি এরকমই ভয়ের স্বপ্ন দেখে থাকি। মা জলখাবার দিলেন আর আমি স্কুল যাবার জন্য তৈরি হলাম। আমার স্কুলে যেতে ভয় লাগছে, কারণ তালিবানরা ফতোয়া জারি করেছে যে কোনো মেয়েই স্কুলে পড়তে যেতে পারবে না।'

'আজ ক্লাসে ২৭ জনের মধ্যে মাত্র ১১ জন মেয়ে এসেছিল। আমার তিন বন্ধু পেশোয়ার, লাহোর আর রাওয়ালপিন্ডিতে চলে গিয়েছে।' (মালালা ইউসুফজাই, ৩ জানুয়ারি ২০০৯, বিবিসি ব্লাগ এন্ট্রি)।

বিবিসি উর্দুর ভূতপূর্ব সম্পাদক মির্জ ওয়াহিদ বললেন, 'আমরা স্বাতে যে হিংসাত্মক এবং রাজনৈতিক ঘটনাগুলি ঘটছিল সেগুলি বিস্তারিত ভাবে কভার করেছিলাম, কিন্তু আমরা জানতাম না যে সাধারণ মানুষ তালিবানদের ভয়ের চাদরের মধ্যে কিভাবে বাস করছে।' বিবিসি মালালার সুরক্ষার জন্য চিন্তিত ছিল, তাই তারা তাকে ছদ্মনামে লিখতে বলেছিল। তার ব্লাগ গুল মকই নামে ছাপা হতে লাগল।

৩ জানুয়ারি, ২০০৯-এ মালালার ডায়রির প্রথম পর্ব প্রকাশিত হল। সে তার বক্তব্য নিজের হাতে লিখে সেগুলো সাংবাদিককে দিয়ে দিত, আর তিনি সেই পাতাগুলো স্ক্যান করে, ইমেল করে দিতেন। ডায়েরিতে প্রতিদিনের ছোটবড় ঘটনার কথা উল্লেখ করা হতো।

মিঙ্গোরাতে তালিবানরা ফরমান জারি করেছিল যে ১৫ জানুয়ারি ২০০৯-এর পরে কোনো মেয়েই পড়াশোনার জন্য স্কুলে যেতে পারবে না। এই দলটা একশোরও বেশি স্কুল ভেঙে গুঁড়িয়ে দিয়েছিল। যে দিন

থেকে স্কুলগুলোর উপর নিষেধাজ্ঞা শুরু হবার কথা, তার আগের রাতে, ফিজাঁতে গোলাগুলির আওয়াজ শোনা যাচ্ছিল, যার ফলে মালালা রাতে অনেকবার জেগে গিয়েছিল। পরের দিন সে স্থানীয় সংবাদপত্রে তার নিজের ডায়রির অংশ পড়ে।

স্কুলগুলির উপর নিষেধাজ্ঞা

স্কুলগুলির উপর নিষেধাজ্ঞা জারি করার পরেও তালিবানরা ওই এলাকার স্কুলগুলি নষ্ট করে দিতে চাইল। মালালা পাঁচ দিন পরের ডায়েরিতে লিখল কি সে এখন তার পরীক্ষার পড়াগুলি পড়ছে। 'আমাদের পরীক্ষাগুলো ছুটির পরে হবে, কিন্তু তা তখনই সম্ভব হবে, যখন তালিবানরা স্কুল খুলতে দেবে। আমাদের পরীক্ষার জন্য কিছু চ্যাপ্টার পড়ে রাখতে বলা হয়েছে কিন্তু পড়ায় যে মন বসে না।'

'মনে হচ্ছে যে অনেক স্কুল ধ্বংস হবার পর আর আরও অনেকগুলো বন্ধ হবার পরেই সৈন্যদের হুঁশ ফিরেছে। যদি তারা তাদের কাজ ঠিকভাবে করত তাহলে হয়তো এইরকম পরিস্থিতি আসত পারতো না।'

(মালালা ইউসুফজাই, ২৪ জানুয়ারি, ২০০৯, বিবিসি ব্লগ এন্ট্রি)

ফেব্রুয়ারি ২০০৯, মেয়েদের স্কুলগুলো এখনও বন্ধ আছে। ছেলেদের স্কুলগুলো ৯ ফেব্রুয়ারি পর্যন্ত বন্ধ করা হয়েছে আর সেই স্কুলগুলির বাইরে এই মর্মে নোটিসও ঝুলিয়ে দেওয়া হয়েছে। ৭ ফেব্রুয়ারিতে মালালা যখন তার ভাইয়ের সঙ্গে রাস্তায় বের হলো তখন চারিদিক নিস্তব্ধ আর রাস্তা জনমানব ও যানবাহনশূন্য ছিল। যে সুপারবাজার প্রায় মাঝরাত পর্যন্ত খোলা থাকত সেই বাজারও বন্ধ হয়ে গিয়েছিল। তাদের ঘরে চুরি হয়েছিল আর চোরেরা টিভিটা তুলে নিয়ে গিয়েছিল।

ছেলেদের স্কুল খোলার পর তালিবানরা মেয়েদের প্রাথমিক শিক্ষার উপর থেকে নিষেধাজ্ঞা তুলে নিয়েছিল। যেখানে যেখানে কো-এডুকেশন ছিল শুধু সেখান থেকেই তালিবানরা তাদের নিষেধাজ্ঞা তুলে নিয়েছিল। মালালাদের স্কুল শুধুমাত্র মেয়েদের জন্য ছিল তাই সেটি বন্ধই ছিল।

১৫ ফেব্রুয়ারিতে মিঙ্গোরার সড়কগুলিতে যে গোলাগুলির শব্দ শোনা গিয়েছিল, তার বাবা সেগুলির ব্যাপারে সান্ত্বনা দিয়ে বলেছিলেন ওই আওয়াজ শান্তিস্থাপনার উল্লাসে করা হচ্ছে। তার বাবা খবরের কাগজে পড়েছিলেন যে সরকার এবং সন্ত্রাসবাদীদের মধ্যে একটি সমঝোতাপত্র স্বাক্ষরিত হতে চলেছে। পরে সেই রাতেই তালিবানরাও রেডিওতে এই একই কথা ঘোষণা করেছিল। তখন আবার গুলির আওয়াজ শোনা গেছিল। মৌলানা রেডিওতে বললেন যে মেয়েদের পড়াশোনার ওপর থেকে নিষেধাজ্ঞা সরিয়ে নেওয়া হচ্ছে। তারা সকলে পরীক্ষা দিতে পারবে, কিন্তু তাদের বোরখা পরে যেতে হবে।

মেয়েদের স্কুল খুলে দেওয়া হল

২৫ ফেব্রুয়ারিতে মলালা তার ডায়েরিতে লিখেছিল যে সে নিজের বন্ধুদের সাথে খুব মজা করেছে। সেদিন ২৭ জনের মধ্যে ১৯ জন এসেছিল, কিন্তু তালিবানরা তখনও ওই এলাকায় সক্রিয় ছিল। গোলাগুলি চলছিল, নিরাশ্রয়দের জন্য পাঠানো জিনিসপত্র লুঠপাট চলছিল। মাত্র দুদিন পরেই, সৈন্য এবং তালিবানদের মধ্যে সংঘর্ষ হল, সেই মোর্টার বোমা ফাটার আওয়াজ শোনা যেত। 'মানুষ আশঙ্কা করছে যে এই শান্তি বেশিদিন টিঁকবে না। কিছু লোক তো একথাও বলছে যে এই শান্তিচুক্তি কেবল তামাশা।'

৯ মার্চে মালালা লিখল যে বিজ্ঞানের পরীক্ষা ভাল হয়েছে আর আজকাল তালিবানরা গাড়িঘোড়ার তল্লাশি আর আঁগের মতন করছে না।' তার ব্লগ ১২ মার্চ ২০০৯-এ শেষ হল।

এর ফলে উৎসাহিত হয়ে মালালা পুরো পাকিস্তানের মেয়েদের পড়াশোনার পক্ষে সওয়াল করতে শুরু করল। এস এই বিষয়ে ভাষণও দিতে আরম্ভ করল। সে তার দেশের রাষ্ট্রীয় নোবেল শান্তি পুরস্কার পেল। প্রধানমন্ত্রীর সঙ্গে তার সাক্ষাৎ হল। সে ওনাকে সমস্ত শিশুদের দাবীসংবলিত এক দাবিদাওয়ার সূচী পেশ করে, যার মধ্যে ছিল স্কুলগুলির পুনর্নির্মাণ, মেয়েদের জন্য একটি কলেজ ইত্যাদি বিষয়গুলি। কিন্তু এর সাথে সাথেই সে নিজের মনে মনে বলল, 'আমি কোনো প্রধানমন্ত্রীর জন্য প্রতীক্ষা করব না। যখন আমি নেত্রী হয়ে যাব তখন আমি নিজেই এই সব কাজগুলো সেরে নেব।

এইভাবে মালালা তার দ্বিমুখী জীবনযাপন করছিল। একদিকে তো সে একটি সাধারণ ঘরোয়া মেয়ের সবার মাঝখানে বাস করছিল আর অন্যদিকে, সুযোগ পেলেই সন্ত্রাসের বিরুদ্ধে গর্জনকারী একটা মেয়েতে পরিণত হয়ে যাচ্ছিল। সে অনুভব করতে পারছিল যে সে আগুন নিয়ে খেলা করছে আর তার কাজ ভয়ানক হয়ে যেতে পারে। সে সবসময় ভাবত যে কখনো যদি কোনো তালিবান তাকে মারতে আসে তাহলে তখন সে কি করবে, আর তারপর সে নিজেই নিজেকে বলত যে খুব বাহাদুরি দেখাবে। তার কাউকে ভয় পাওয়ার নেই। সে কোন অপরাধ করছে না। সে কেবল এইটুকুই চায় যে সমস্ত মেয়েদের শিক্ষার অধিকার দেওয়া হোক। সে তো তালিবানদের একথাও বলতে চায় সে তাদের বাচ্চাদের শিক্ষা নিয়েও চিন্তিত। মালালার মাও ঠিক করেছিলেন যে এবার তিনিও লেখাপড়া শিখবেন আর তাঁর নিজের ওপর নিরক্ষরতা যে অভিশাপ লেগে আছে তা দূর করবেন।

বিবিসির ডায়রি সমাপ্ত হবার পরে নিউইয়র্ক টাইমসের রিপোর্টার এডম বি. এলিক মালালা ও তার বাবাকে বললেন যে তাঁরা মালালাদের ওপর একটি ডকুমেন্টারি ফিল্ম তৈরি করতে চান। মে মাসে পাকিস্তানি সৈন্যরা স্বাতউপত্যকায় পৌঁছে গিয়েছিল যাতে তারা দ্বিতীয় যুদ্ধের সময় সীমান্ত সুরক্ষিত করতে পারে। মিঙ্গোরাকে খালি করে দেওয়া হয়েছিল এবং ইউসুফজাই পরিবারকেও সেখান সরে যেতে হয়। মালালার বাবা পেশোয়ারে চলে গেলেন আর মালালাকে তাদের এক আত্মীয়ের কাছে গ্রামের দিকে পাঠিয়ে দেওয়া হয়েছিল। 'আমি হাঁপিয়ে উঠেছি, কারণ আমার পড়ার জন্য কোনো বই ছিল না।' ইউসুফজাই ওই ফিল্মটি তৈরি হবার সময় বলেছিলেন। সেই মাসেই মিঃ ইউসুফজাই এক প্রেস কনফারেন্সে তালিবানদের নিন্দা করলে রেডিওতে একজন তালিবান কমান্ডার তাঁকে হত্যা করার হুমকি দেয়। মালালা তার বাবার এই ধরনের সাহসিক কাজকর্মে খুব প্রভাবিত হয়েছিল। সে তখনই ঠিক করে নিয়েছিল যেডাক্তার হবার বদলে সে একজন নেতা হবে যাতে করে উপত্যকার যে খুশি হারিয়ে গেছে তা ফিরিয়ে আনতে পারে।

ক্লাস শেষ হল

জুলাইয়ের শুরুতেই শরণার্থী ক্যাম্পগুলি ভরে উঠেছিল। তারপর প্রধানমন্ত্রী সেই বহু প্রতীক্ষিত ঘোষণাটি করলেন যে সবাই স্বাত উপত্যকাতে ফিরে যেতে পারে। পাকিস্তানি সেনারা তালিবানদের শহরের বাইরে সীমান্তবর্তী এলাকায় ঠেলে নিয়ে যেতে পেরেছে। মালালার পরিবারের সবাই একত্র হল আর তারা ২৪ জুলাই, ২০০৯-এ তারা তাদের বাড়ি ফিরে এল। এই সময়েই মালালা আর তার বাবা আফগানিস্তান এবং পাকিস্তানে বারাক ওবামার পাঠানো বিশেষ রাষ্ট্রদূত রিচার্ড হলব্রুকের সঙ্গে সাক্ষাত করল।

মালালা তাঁর কাছে আগ্রহ প্রকাশ করল যে তিনি এ ব্যাপারে হস্তক্ষেপ করেন। 'আদরণীয় রাজদুত মহাশয়! যদি আপনারা আমাদের শিক্ষা সম্বন্ধে কোনো সহায়তা করতে পারেন তাহলে দয়া করে সহায়তা করুন।' যখন তাদের পরিবার বাড়ি ফিরে এল তখন তারা দেখল যে আশ্চর্যজনকবাবে তাদের স্কুলের খুব বেশি ক্ষতি হয়নি। স্কুলটি তালিবানদের কোপ থেকে রক্ষা পেয়েছেল।

মালালা মেয়েদের শিক্ষা পাবার জন্য যে সংগ্রাম চালাচ্ছিল তা এক কঠোর বাস্তব আমাদের চোখের সামনে তুলে ধরেছে। সারা দুনিয়ায় ৬১ মিলিয়ন শিশু এমনও আছে, যারা স্কুলে যেতে পারে না। আবার তাদের মধ্যে বেশিরভাগ কন্যাসন্তান। তাদের ছেলেদের মতো প্রাথমিক স্কুলে পাঠানো হয় না। ছোটো বয়সেই বিবাহ, হিংসা, বৈষম্যতা ইত্যাদি নীতির কারণে তারা স্কুলপর্যন্ত পৌঁছাতে পারেনা। শিক্ষার ক্ষেত্রে এই বৈষম্য ছোটবেলা থেকে আরম্ভ হয়ে নিরন্তর চলতে থাকে। সারা পৃথিবীতে ৭৭৫ মিলিয়ন নিরক্ষরের মধ্যে দুই তৃতীয়াংশ মহিলা। উচ্চশিক্ষা ক্ষেত্রে প্রচুর নাম করা সত্ত্বেও মাত্র ২৯ শতাংশ মহিলাই গবেষণার কাজে লিপ্ত। মালালা তার নিজের একটি ব্লগে তালিবানদের স্কুলগুলো নষ্ট করে দেওয়ার সম্বন্ধে দুঃখপ্রকাশ করে বলেছিল ঃ

'আরও পাঁচটি স্কুল ধ্বংস করে দেওয়া হল, তার মধ্যে একটি আমাদের ঘরের পাশে ছিল। আমার তো আশ্চর্য্য লাগে যে যখন এই স্কুলগুলি

বন্ধই ছিল তখন এগুলোকে নষ্ট করার কি দরকরা ছিল। সেগুলো তো তাদের কথামতো বন্ধ করে দেওয়া হয়েছিল।'

ওই মেয়েটি জানত যে যদি কেউ নিজের অধিকারের জন্য রুখে দাঁড়ায় কিম্বা প্রতিবাদ করে তাহলে তালিবানদের সেটা সহ্য হবে না, তারা ভয় পেয়ে যাবে। ঠিক সেটাই হল। তালিবানরা এমন একটি মেয়ের কথা জানতে পারল, যে তাদের বিরুদ্ধে কথা বলছিল আর সে কথা মেয়েটির পরিবারও জানত। তালিবানরা জানত সেই মেয়েটি মিঙ্গোরার কণ্ঠস্বর হয়ে উঠতে যাচ্ছিল আর সবাইকে তাদের অধিকার সম্বন্ধে সচেতন করছিল। তখন তারা ঠিক করল তারা এই গল্পটাকে এইখানেই শেষ করে দেবে আর এখান থেকেই এই কাহিনীর শুরু।

4

জীবন-মৃত্যুর মাঝখানে

মালালার বাবা প্রেসকে বললেন যেই সেই বাস চালক উসমান মালালা এবং আরো দুটি মেয়ের ওপর গুলি চালানোর কথা জানতে পারল সে সঙ্গে সঙ্গেই ঠিক করে নিল যে সে গুলি চালানো লোকটির পিছু নেওয়ার বদলে বাচ্চাদের চিকিৎসার জন্য নিয়ে যাবে। ততক্ষণে সেই গুলিছোঁড়া লোকটা সেখান থেকে পালিয়ে গিয়েছিল। উসমানের এই সিদ্ধান্তই মালালার প্রাণ বাঁচিয়েছিল কারণ মালালার অবস্থা খুব খারাপ ছিল।

উসমান পাগলের মতো চেঁচাতে চেঁচাতে বাসটাকে প্রচণ্ড গতিতে চালিয়ে দিল। সে চিৎকার করে আল্লাহর কাচে দোয়া চাইছিল সেই তিনটি আহত আর রক্তে ভেসে যাওয়া মেয়েগুলোর জীবন ভিক্ষা দিয়ে দিন। উসমান বাসে বসা বাকি মেয়েদের কথা ভুলে গিয়ে এত জোরে বাস চালাচ্ছিল যে তারা একে অন্যের উপরে হুমড়ি খেয়ে পড়ে যাচ্ছিল।

চালককে এরকম উলটোপালটাভাবে বাস চালাতে দেখে একজন স্থানীয় পুলিস তাকে আটকে দিল আর জানতে চাইল সে এমনভাবে বাস চালাচ্ছে কেন? উসমান কিছু বলার আগেই বাসের মেয়েরা মিনতি করতে লাগল, 'ও পুলিস সাহেব! দয়া করে আমাদের সময় নষ্ট করবেন না। আপনারা

কি দেখতে পাচ্ছেন না যে এরা এখনও বেঁচে আছে। দয়া করে আমাদের তাড়াতাড়ি হাসপাতালে পৌঁছে দিতে সাহায্য করুন। যদি কাউকে ধরতেই হয় তাহলে গিয়ে সেই অপরাধীকে ধরুন যে এই ঘৃণ্য কাজ করেছে।' পুলিস সরে গেল আর বাস দ্বিগুণ গতিতে সেন্ট্রাল হাসপাতালের দিকে ছুটে চলল। বাসে বসা সমস্ত মেয়েরা প্রার্থনা করছিল যে আহত মেয়েগুলি যেন প্রাণে বেঁচে যায়। তারা কোরান-এ-পাক থেকে আয়াত পড়ছিল যাতে ওই তিনটি মেয়েরা যাতে সুরক্ষিত থাকে। তারা যাতে ভাল হয়ে বাড়ি ফিরে যেতে পারে। উসমান হাসপাতালে ঢুকেই চেঁচাতে চেঁচাতে ভেতরের দিকে দৌড়ে গেল। কয়েক মিনিটের মধ্যেই মেয়েদেরকে আই সি ইউতে নিয়ে যাওয়া হল। সেই সময় মালালা মোনিবার কোলে অজ্ঞান হয়ে পড়েছিল। অন্য মেয়েরা কেউ জোরে জোরে কাঁদছিল, আবার কেউ চুপচাপ প্রার্থনা করছিল। অন্য দুই মেয়ের বেশি চোট লাগেনি, কিন্তু মালালার অবস্থা খুব খারাপ ছিল।

যদিও মিঙ্গোরা একটি বড় জেলা ছিল। কিন্তু তবুও সেখানকার লোকেরা একে অন্যাকে চিনতে পারতেন। তোরা জানতেন যে কে কোন গ্রাম অথবা পাড়ায় থাকেন, কোন বাড়িতে থাকেন। এই ঘটনা দাবানলের মত চারিদিকে ছড়িয়ে পড়ল। মালালার বাবা সেই সময় স্বাতের প্রেস ক্লাবে উপস্থিত ছিলেন। সেখানে স্বাতের সমস্ত পাব্লিক স্কুলগুলোর একটা কনফারেন্স আয়োজন করা হয়েছিল, সেখানে বাচ্চাদের ভবিষ্যতের কথা আলোচনা করার কথা ছিল। মালালার ববাও বক্তাদের মধ্যে একজন ছিলেন, তিনি নিজের বক্তব্য রাখার জন্য উঠে দাঁড়ানোর সময়ই তাঁর ফোন বেজে ওঠে। তিনি দেখলেন ফোনের স্ক্রীনে খুশহাল স্কুল নাম ফুটে উঠেছিল। তিনি ফোনটা তাঁর বন্ধু আহমেদ শাহকে ধরিয়ে দিলেন। তাঁর মনে হয়েছিল যে স্কুল থেকে কোন ফোন এসেছে আর আহমেদ তাদের জবাব দিয়ে দেবেন। ভাষণের জন্য মঞ্চের কাছে পৌঁছানোর সঙ্গে সঙ্গেই আহমেদ শাহ তাঁর কাছে দৌড়ে এসে চেঁচাতে লাগলেন, "হায় মেরে আল্লাহ্! আমি আপনাকে কি করে বলব যে এখুনি আমাদের স্কুল বাসে হামলা করেছে, তিনটি মেয়েকে গুলি করেছে যার মধ্যে একটি আপনার মেয়ে।' মালালার বাবার মুখ ফ্যাকাসে হয়ে গেল। তিনি এই আচমকা দুঃসংবাদের ধাক্কায় খানিকক্ষণ

পাথরের মূর্তির মত দাঁড়িয়ে রইলেন। তারপর একটু সামলে নিজের মনেই কথার বলার মতো করে বললেন, 'আরে কোন ছেলে তার বন্ধুকে ওস্তাদি দেখাতে গিয়ে বোধহয় হাওয়ায় ফায়ার করে দিয়েছে।' যদিও মনে মনে তিনি খুবই আতঙ্কিত হয়ে পড়েছিলেন।

সেই সময় প্রেস ক্লাবে বহু লোক উপস্থিত ছিল। পাকিস্তানের প্রায় চারশো প্রাইভেট স্কুলের লোকজন, যারা সেন্ট্রাল রেগুলেটিরি অথরিটির নিয়মের বিরোধিতা করার জন্য জমায়েত হয়েছিল। মি. ইউসুফজাই কাউন্সিলের প্রধান ছিলেন। যদিও মালালা এবং অন্যান্য মেয়েদের নিয়ে তিনি উদ্বিগ্ন ছিলেন, কিন্তু তিনি এও জানতেন যে একজন দায়িত্বপ্রাপ্ত মানুষ হিসেবে তিনি মিটিং মাঝখানে ছেড়ে দিয়ে চলে যেতে পারেন না। তাই তিনি ঠিক করলেন যে তিনি তাঁর ভাষণ দেবেন। যদিও টেনশনের চোটে তাঁর প্রচণ্ড ঘাম হচ্ছিল, কিন্তু তিনি উপস্থিত সবাইকে কিছু বুঝতে দিতে চাইছিলেন না। তাঁর নিজের ভাষণ শেষ হবার পরে তিনি আর দাঁড়ালেন না। কারোরা কোনো প্রশ্নের উত্তরও দিলেন না। রিয়াজ নামে তাঁর এক বন্ধুর নিজের গাড়ি ছিল, তাকে সঙ্গে নিয়ে তিনি সেখানে বেরিয়ে গেলেন।

যখন তাঁরা হাসপাতালে পৌঁছে দেখতে পেলেন যে সেখানে টিভি, মিডিয়া, ফটোগ্রাফারা এবং অন্যান্য অনেক স্থানীয় লোকেরা ভিড় করে দাঁড়িয়ে আছে, যাঁরা হাসপাতালের তরফ থেকে মালালার ব্যাপারে খবরাখবর জানার জন্য দাঁড়িয়ে আছে। মালালার বাবা বুঝতে পেরেছিলেন যে তাঁরা মেয়ের প্রাণনাশের ভয় রয়েছে। তার নিয়মিতভাবে লেখা বিবিসি ডায়েরি জনপ্রিয় হয়েছিল। যত দিন যাচ্ছিল ততই খারাপ হবার একটা কিছু পূর্বাভাস তিনি পাচ্ছিলেন। তিনি ফটোগ্রাফারদের ভীড় পার হয়ে এগিয়ে গিয়ে দেখলেন মালালা একটা স্ট্রেচারে অজ্ঞান অবস্থায় পড়ে আছে। তিনি তাঁর মেয়ের এইরকম অবস্থা দেখে ভাবুক হয়ে উঠলেন, তার কানে আস্তে আস্তে বললেন, "আমার আদরের জানীমুন! আমার আদরের মেয়েটা! ওঠো, লড়ো, তোমার হৃদয়ের স্পন্দন আর নিঃশ্বাসকে নিয়ন্ত্রণ করার চেষ্টা করো। এই মেয়েটো! তুমি তো খুব বাহাদুর, তুমি আমার কত্ত সাহসী মেয়ে। আমাকে একলা ছেড়ে দিয়ে চলে যেও না।'

যাঁরা সেখানে ছিলেন তাঁরা চমকে গিয়েছিলেন তাঁকে তাঁর অজ্ঞান মেয়ের সঙ্গে কথা বলতে দেখে, কিন্তু তাঁরা পরে এও জানিয়েছেন যে তাঁদের মনে হয়েছিল তাঁর মেয়ে তাঁর কথাগুলি শুনতে শুনতে প্রতিক্রিয়া করছিল। কারোর কারোর তো এমনও মনে হয়েছিল যে সে হাসছিল। এটা ঠিক যে সব বাবামায়ের কাছেই তাদের বাচ্চারা আদরের ধন হয়, কিন্তু ইউসুফজাইয়ের কাছে তাঁর মেয়েই ছিল সারা পৃথিবী। তাঁর মনে হতো তালিবানরা চাইলে সব্বাইকে মেরে ফেলতে পারে কিন্তু তারা কখনো তাঁর মেয়েকে, তাঁর আদরের জানীমুনের কোন ক্ষতি করতে পারবে না। তাঁর মনে হল তালিবানরা এক তীরে দুই শিকার করতে চায়। তারা মালালা এবং তার বাবা দুজনকেই শেষ করে দিতে চায়। মালালার বাবাকে তারা মারেনি ঠিকই, কিন্তু তাঁর কণ্ঠ চিরকালের মত স্তব্ধ করে দিতে চেয়েছে। তারা চাইছিল ইউসুফজাই তাদের যে বিরোধিতা করছিলেন তা বন্ধ করে দিন। মালালার বাবা বুঝতে পেরেছিলেন যে মালালার বাঁচার আশা খুবই কম, কিন্তু তিনি কাঁদতেও পারছিলেন না। চারপাশে প্রচণ্ড ভীড়। ততক্ষণে সারা পাশতুন সম্প্রদায় সেখানে হাজির হয়ে গিয়েছিল। আর সকলেই মালালা যাতে বেঁচে যায় তার জন্য প্রার্থনা করছিল।

ডাক্তারার জানাল যে সিটি স্ক্যান করে জানা গেছে যে গুলি মালালার মস্তিষ্কের কোনো গুরুতর ক্ষতি করতে পারেনি। তাই সে খুব তাড়াতাড়িই ভাল হয়ে উঠবে। ততক্ষণে তাঁরা মালালার ক্ষতস্থানগুলি পরিষ্কার করে ব্যাণ্ডেজ করে দিয়েছিলেন। মালালার প্রিন্সিপাল ম্যাডাম মরিয়ম হাঁপাতে হাঁপাতে সেখানে এসে পৌঁছালেন আর মিঃ ইউসুফজাইয়ের কাছে কি হয়েছে জানতে চাইলেন। ঘটনা ঘটার সময় তিনি স্কুলে ছিলেন না। খবরটা শুনতে পেয়েই তিনি দৌড়ে চলে এসেছিলেন। মালালা সঙ্গে সঙ্গে অন্য মেয়েদুটিরও জন্যও তাঁর দুশ্চিন্তা হচ্ছিল। মালালার বাবারও ওই মেয়েদুটির খোঁজখবর করা উচিত ছিল কিন্তু তিনি তাঁরা মেয়েকে একমুহূর্তের জন্য একলা ছাড়তে চাইছিলেন না। তাঁর ফোন ক্রমাগত বেজেই যাচ্ছিল। সবার প্রথমে পাখতুনের মুখ্যমন্ত্রীর ফোন এল এবং তিনি জানালেন তাঁর সরকারের তরফ থেকে সবরকমের সাহায্য করা হবে। তিনি এও জানালেন যে পেশোয়ারের লেডি রিডিং হাসপাতালে মালালার চিকিৎসার সবরকম ব্যবস্থা করা হয়েছে।

সেই সময়েই সেখানে একটি ছোট সেনাদল পৌঁছাল আর পুরো এলাকাটার চেহারাই বদলে গেল। একজন কমান্ডার এসে জানালেন যে চপার যে কোন সময়েই পৌঁছে যাবে আর মালালা ও তার বাবাকে পেশোয়ারে নিয়ে চলে যাবে। তারা একমূহূর্তও সময় নষ্ট করতে রাজি ছিল না তাই মালালার মাকে ডাকার সময় পাওয়া গেল না। প্রিন্সিপাল মরিয়ম মালালার কাছে কাছে ছিলেন আর তিনিও পেশোয়ারে যেতে ইচ্ছা প্রকাশ করলেন। যদিও মরিয়মের পরিবার এই ধরনের ব্যাপারস্যাপার ভাল চোখে দেখত না কিন্তু এখন তারাও বারণ করল না। মরিয়ম তাঁর ছাত্রীর দেখাশোনা করতে লাগলেন। যখন মালালাকে নিয়ে যাওয়া হচ্ছিল তখন তার বাবার মনে হচ্ছিল যে তালিবানরা হয়তো চপারটাকেই আক্রমণ করে বসবে; তাঁর মনে হচ্ছিল সবাই জেনে গেছে যে সেই চপারে করে আহত মালালাকে পেশোয়ারে নিয়ে যাওয়া হচ্ছে।

হাসপাতাল থেকে হেলিপ্যাডের দুরত্ব মাত্র পাঁচমিনিটের ছিল। ওইটুকু যেতেও তাঁদের ভয় করছিল। তাঁরা হেলিপ্যাডে পৌঁছানোর পর চপারের আসতে আরও কিছুক্ষণ লাগল। তাঁদের মনে হচ্ছিল যে তাঁরা বহু যুগ ধরে সেখানে দাঁড়িয়ে আছেন আর মিছিমিছি সময় নষ্ট করছেন। চপারে গিয়েছিলেন ম্যাডাম মরিয়ম, মালালার এক দূর সম্পর্কের বোন কনীজ এবং আহমেদ শাহ। এঁরা কেউই এর আগে বিমান যাত্রা করেননি। চপার উড়ে যাবার সময় নীচে কোথাও থেকে দেশভক্তিমূলক গান শোনা যাচ্ছিল। কিন্তু প্রাণ ওষ্ঠাগত একটি মেয়ের বাবা সেদিন আর অন্য কিছু শুনতে পাচ্ছিলেন না।

মালালার মা তাঁদের বাড়ির ওপর দিয়ে উড়ে যাওয়া চপারগুলো দেখছিলেন। তিনি যখন তাঁর নতুন দিদিমণি মিস উল্‌ফতের কাছে বসে আপেল, বই ইত্যাদি শব্দগুলি লিখতে শিখছিলেন তখনই এই দুর্ঘটনার কথা তাঁকে জানানো হয়। তবে তাঁর মনে হয়েছিল মালালার পায়ে কোন চোট লেগেছে, কিন্তু আসল ঘটনাটা তো সম্পূর্ণ অন্যরকম। সত্যিটা জানার পরে তিনি দৌড়তে দৌড়তে মালালার ঠাকুরমার কাছে গেলেন আর তাঁকে অনুরোধ করলেন যেন ঠাকুরমা মালালাকে ভালো রাখার জন্য ওপরওয়ালার কাছে প্রার্থনা করেন। ততক্ষণে লোকজন মালালার ছবি হাতে নিয়ে রাস্তায়

বেরিয়ে পড়তে শুরু করেছে। অল্পকিছুক্ষণের মধ্যেই মালালার বাড়িতে প্রতিবেশীরা মহিলারা এসে জড়ো হলেন। পাশতুনদের রীতি অনুযায়ী কারোর মৃত্যু হলে ছেলেরা শবযাত্রায় শামিল হন আর মহিলারা মৃতব্যক্তিরা বাড়িতে সান্ত্বনা দিতে চলে আসেন। এই সময় শুধু নিকট আত্মীয়স্বজনরাই নয় তাঁদের পাড়াপ্রতিবেশী সবই এই রীতি মেনে চলেন। মালালার মা এত লোকজনদের আফসোস করতে দেখে বিস্ময়ে স্তব্ধ হয়ে গেলেন। নিজেকে একটু সামলে নিয়ে তিনি সবাইকে আফসোস না করে মালালার সেরে ওঠার জন্য প্রার্থনা করতে অনুরোধ করলেন।

তিনি নিজেও কুরানের আয়াত পাঠ আরম্ভ করলেন। তখনই মালালার ভাই স্কুল থেকে বাড়ি ফিরে এল। অটল টিভি থেকে খবরটা জানতে পেরেছিল। সে তার ভাই খুশহালকে ফোন করে বাড়িতে আসতে বলে দিয়েছিল আর বাড়িতে উপস্থিত লোকজনদের মধ্যে গিয়ে বসল। বাড়িতে ফোন বারবার বেজে উঠছিল। সবাই মালালার মাকে সান্ত্বনা দিচ্ছিলেন এই বলে যে মালালার কিছু হবে না, যেহেতু সৌভাগ্যবশতঃ গুলির চোট মাথার ভেতর কোন ক্ষতি করেনি।

এই সময়েই কখনও গুজব উঠল যে মালালার পায়ে চোট লেগেছে, আবার কখনও শোনা গেল মাথায় চোট লেগেছে। মালালার মাও সেইজন্য বিভ্রান্ত হয়ে পড়ছিলেন আর ভাবছিলেন এইরকম গুরুতর পরিস্থিতিতে মালালা তার মাকে দেখতে না পেয়ে কি ভাবছে। তাঁর আশেপাশের লোকেরা তাঁকে বলছিল তাঁর কোথাও যাবার দরকার নেই, কারণ মালালা তো মারা গেছে আর তাকে নিয়ে যাওয়াও হয়ে গেছে। কিছুক্ষণ পরে তাঁর স্বামীর এক বন্ধু ফোন করলেন।

তিনি জানালেন মালালাকে পেশোয়ারে উড়িয়ে নিয়ে যাওয়া হয়েছে। মালালার মায়ের তাঁর ছেলেদের নিয়ে গাড়ি করে সড়কপথে তখনই বেরিয়ে পড়া দরকার। আচমকাই সেই সময়ে কেউ একজন এসে বাড়ির চাবির গোছাটা ধরিয়ে দিল। মালালাকে যেখানে গুলি করা হয়েছিল সেখানেই এই চাবিগুলো কুড়িয়ে পাওয়া যায়। মর্মান্তিক পরিস্থিতি; মালালার মা চিৎকার করে কেঁদে উঠে বললেন যে তাঁর তখন কোনো চাবির দরকার নেই। তাঁকে তো তখন তাঁর মেয়ের কাছে পৌঁছাতে হবে, সেই মেয়ের

কাছে যে মৃত্যুর দিকে ধীরে ধীরে এগিয়ে যাচ্ছিল, তাই তিনি বলে ফেললেন মালালা না থাকলে বাড়ির চাবি নিয়ে তিনি কি করবেন!

হেলিকপ্টারের মধ্যে মালালা রক্তবমি করছিল দেখে তার বাবা বুঝতে পারলেন তার শরীরের মধ্যে কোথাও ইন্টারনাল ব্লিডিং শুরু হয়ে গেছে। এক একটা মূহূর্ত কেটে যাচ্ছিল আর তাঁর মনের মধ্যে হতাশা চেপে বসছিল। মরিয়ম মালালার মুখ মুছিয়ে দিতে গিয়ে দেখলেন মালালা একটু একটু নড়াচড়া করছে। তিনি তখন মালালার বাবাকে সেকথা জানিয়ে বললেন এটা কিন্তু ভাল লক্ষ্মণ। মালালা একদম ঠিক হয়ে যাবে। তার কিচ্ছু হবে না। তাঁর মনে হয়েছিল পেসোয়ারে পৌঁছে তাঁদের লেডি রিডিং হাসপাতালে নিয়ে যাওয়া হবে; সেখানে বিখ্যাত নিউরো সার্জন মুমতাজ অপেক্ষা করছিলেন। কিন্তু তাঁদের সেখানে না নিয়ে সোজা কম্বাইন্ড মিলিটারি হাসপাতাল এস.এইচ.এম.-এ নিয়ে যাওয়া হল। ইংরেজ আমলে তৈরি ৬০০ শয্যাবিশিষ্ট এই বিশাল হাসপাতালে তখন নতুন বিল্ডিং তৈরির কাজ চলছিল। যখন থেকে সৈনিক কার্যকলাপ বেড়েছিল তখন থেকে সেখানে রোগীর সংখ্যাও বৃদ্ধি পেয়েছিল। শহর এবং তার আশেপাশের এলাকাগুলি আত্মঘাতী হামলার কারণে এমন হচ্ছিল। আহতদের চিকিৎসা সেখানেই করা হচ্ছিল। মালালাকে একটা আলাদা বিল্ডিং গোপন ঘরে নিয়ে গিয়ে আই.সি.ইউ-তে ভর্তি করা হলো। আই.সি.ইউ কাঁচে ঢাকা। একজন নার্স তার ড্রিপ চালু করে দিল। তারপরের ঘরটাতেই ভীষণভাবে পুড়ে যাওয়া একজন সৈন্য ছিল, যে একটা বিস্ফোরণে তার এক পা খুইয়েছিল। তখনই সেখানে একজন যুবক এলেন এবং তিনি নিজেকে কর্নেল জুনেইদ বলে পরিচয় দিলেন। তিনি আর্মির নিউরোসার্জন ছিলেন। তার বয়স দেখে ইউসুফজাই মনে করলেন যে তিনি মোটামুটি মানের একজন সাধারণ ডাক্তার। তিনি মরিয়মের কাছে জানতে চাইলেন যে তিনি মরিয়মের মা কি না। মরিয়ম মিথ্যা কথা বলে ভেতরে যাওয়ার অনুমতি পেলেন। কর্নেল জুনেইদ মালালাকে পরীক্ষা করলেন। ততক্ষণে মালালার একটু একটু জ্ঞান ফিরে এসেছিল। সে খুব ছটফট করছিল, কিন্তু কিছু বলতে পারছিল না। তার জানা ছিল না সে এইসময় কোথায় আছে, তার চারপাশে কি ঘটে চলেছে। কর্নেল তার বাঁদিকের ভুরুর গর্তটা সিল করে

দিলেন যেখান দিয়ে গুলি ঢুকে গিয়েছিল। কিন্তু স্ক্যান করে গুলিটা কোথাও খুঁজে পাওয়া গেল না, এটা খুব আশ্চর্য ব্যাপার! তিনি নিজের মনেই বললেন, গুলি যদি শরীরের ভেতরে গিয়ে থাকে তাহলে সেটাকে বাইরে তো বার করতেই হবে! তারপর তিনি যখন মালালার গোটা শরীর পরীক্ষা করলেন তখন দেখতে পেলেন যে গুলিটা বাঁকাঁধের নিচে ঢুকে আছে। তখন তিনি বললেন যে মালালাকে যখন গুলি করা হয়, তখন সে নিশ্চয়ই উবু হয়ে বসেছিল, তাই এরকম হয়েছে। মালালার আরও একটি সিটি স্ক্যান করা হলো। কর্নেল মালালার বাবার সঙ্গে একান্তে কথা বলার জন্য তাঁকে নিজের অফিসঘরে ডেকে পাঠালেন। সেখানে তিনি মালালার বাবাকে সিটি স্ক্যানের রিপোর্ট দেখালেন। তারপর তিনি বললেন যে স্বাতে একদিক থেকেই স্ক্যান করা হয়েছিল, কিন্তু এইবার অন্য দিক থেকে স্ক্যান করে দেখা যাচ্ছে যে পরিস্থিতি খুবই ভয়ানক। দেখা যাচ্ছে গুলিটা মস্তিষ্কের খুব কাছে পৌঁছেছিল, আর তার ফলে হাড়ের টুকরো মালালার মস্তিষ্কের মেমব্রেনেরও ক্ষতি করেছে। সেইজন্য তিনি মালালার অপারেশন করতে রাজি হলেন না, কারণ এতবড় ঝুঁকি তিনি নিতে চাইছিলেন না। ততক্ষণে মালালার বাবা ধৈর্য্য হারিয়ে ফেলেছিলেন। তাঁকে স্বাতে বলা হয়েছিল যে চিন্তা ককার কিছু ছিল না। সবকিছু আয়ত্ত্বের মধ্যে ছিল আর এখন সম্পূর্ণ নতুন এক গল্প বলা হচ্ছে। তিনি জুনেইদকে বললেন যে পরিস্থিতি যদি এতই গুরুতর হয়ে থাকে তাহলে অপারেশন করতে এত দেরি করা হচ্ছে কেন? আসলে সৈন্যবাহিনী দীর্ঘদিন ধরে স্বাত উপত্যকায় উপস্থিথ ছিল আর তার ফলে মানুষজন তাদের ব্যাপারে খুব সজাগ থাকতে অভ্যস্ত হয়ে গিয়েছিল। তারা সৈন্যদের উপরে ভরসা করত না। সেই সময়েই মালালার বাবার এক বন্ধুর ফোন এল, যিনি মালালাকে সৈনিক হাসপাতালে রাখার ঘোরতর বিরোধী ছিলেন। তিনি বললেন, মালালাকে তক্ষুনি ওখান থেকে সরিয়ে অন্য কোনো হাসপাতালে নিয়ে যাওয়া উচিত।

এই পরিস্থিতি ইউসুফজাইকে আরও বিভ্রান্ত করে তুলল। তাঁর হিতৈষিরা চাইছিলেন না যে মালালার নামটাও দেশের শহীদদের তালিকায় ঢুকে যাক। তিনি তখন সব কথা জুনেইদকে খুলে বললেন আর তাঁকে জানালেন যে তিনি যেন সিভিল হাসপাতালের ডা. মুমতাজকে ডেকে এনে তাঁরও

নিজেব পরিবারের লোকজনেদেব সাথে আনন্দিত এবং
প্রসন্ন ভঙ্গিমায় মালালা

মালালা নিজের ছোটো ভাইয়ের সঙ্গে

তার চোখের জ্যোতি কিছু বলছে

রাষ্ট্রসংঘের সম্মেলনে মালালা

স্বাত উপত্যকায় অবস্থিত নিজের স্কুলে মালালা

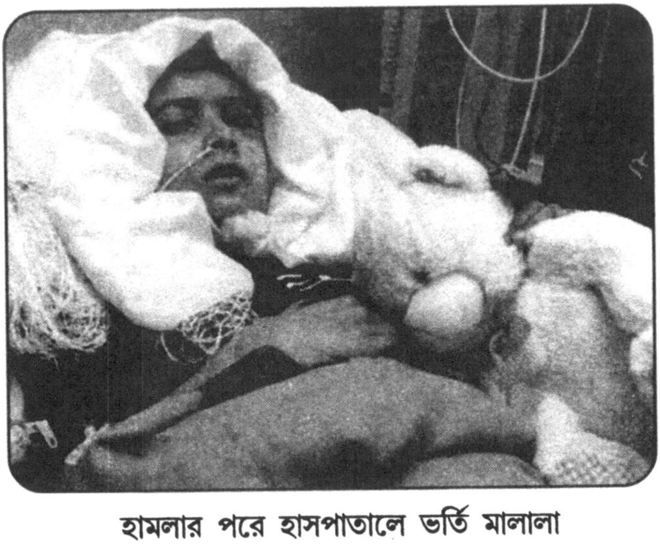

হামলার পরে হাসপাতালে ভর্তি মালালা

এক বক্তার ভূমিকায়

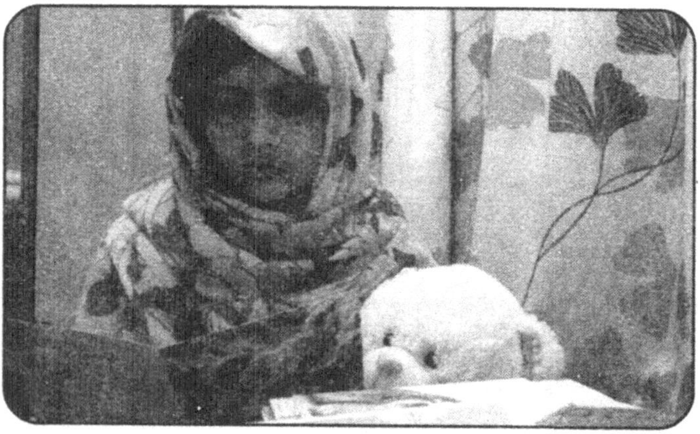

হাসপাতালে মালালার চেক-আপ

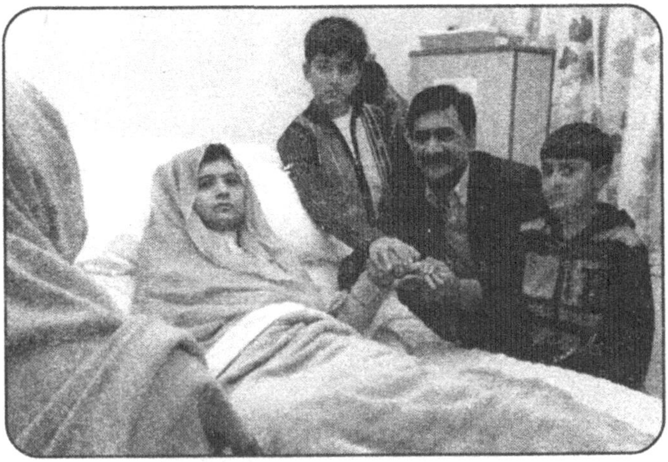

মালালার নিজের আত্মীয়দের সঙ্গে

মালালার নিজের আত্মীয়দের সঙ্গে

বিশ্ববিখ্যাত টাইমস ম্যাগাজিনের প্রচ্ছদপটে মালালা

সাখারোভ পুরস্কার নেবার সময় মালালা

একজন সুন্দরী এবং বাহাদুর মেয়ে

বাবা জিয়াউদ্দিন ইউসুফজাইয়ের সঙ্গে মালালা

পিকনিকে সময় পরিবারের সাথে আনন্দিত মালালা

কিড্‌স রাইট্‌স এক্টিভিস্ট অ্যাওয়ার্ড পাওয়ার আনন্দ

সাহায্য নেন। জুনেইদ এই কথা শুনে আশ্চর্য্য হয়ে গিয়ে তাঁকে জিজ্ঞাসা করল এরকম করলে মালালার কি লাভ হবে? তারপর জুনেইদ তাঁকে বুঝিয়ে বললেন যে তাঁকে অর্থাৎ জুনেইদকে দেখলে ছোট মনে হতে পারে কিন্তু তেরো বছর ধরে নিউরোসার্জন রূপে কাজ করার অভিজ্ঞতা তাঁর রয়েছে। তিনি পাকিস্তান সৈন্যবাহিনীর সবথেকে অভিজ্ঞ সার্জনদের মধ্যে একজন আর তাঁদের সৈন্যদেরদের জন্য সবচাইতে ভালোভাবে চিকিৎসা করার এবং তাঁর নিজের আঙ্কলের আদর্শ পালন করার প্রতিজ্ঞা করেছেন। পেশোয়ারের এই সি.এইচ.এম-এ গুলি ও বোমায় আঘাতপ্রাপ্ত আহতদের সবসময়ই আনা হচ্ছে বলে তিনি একটু ভারী গলায় জানালেন যে এর আগে তিনি অনেক মালালার প্রাণরক্ষা করতে সমর্থ হয়েছেন। মি. ইউসুফজাই কিন্তু কিছু না বলে চুপ করে থাকলেন। শেষে তিনি বললেন জুনেইদ তাহলে যা ঠিক মনে করবেন তাই করতে পারেন। এর পর বহুক্ষণ তিনি ঘড়ির কাঁটা সরে যাওয়া দেখা ছাড়া আর কিছুই করতে পারলেন না। হাসপাতালে মালালার শরীরের অঙ্গপ্রত্যঙ্গের প্রত্যেকটির গতিবিধি মনিটর করা হচ্ছিল যাতে করে তার অপারেশনে কোনো ত্রুটি না থেকে যায়। মাঝে মাঝে তার গোঙানি শোনা যাচ্ছিল। সে তার হাতটা নাড়াচ্ছিল। মাঝে দুএকবার চোখের পাতাও খুলল। একবার মরিয়ম তার কাছে ছিলেন। তিনি পরে বলেছিলেন মালালার চোখ কত সুন্দর আগে তিনি কখনও বুঝতে পারেননি। সে খুব নাজেহাল ছিল আর হাতের আঙুল দিয়ে মনিটর সরিয়ে দিতে চাইছিল। মরিয়ম হাতের ইশারায় তাকে ঠিক স্কুলে থাকার সময়কার কড়া প্রিন্সিপালের মতো করেই বারণ করলেন। সেইদিন বিকেলাবেলায় মালালার মা আর অটলও পৌঁছে গেল। তাঁরা সড়কপথে দীর্ঘ চারঘন্টার জার্নি করে এসে পৌঁছেছিলেন। মালালার বাবার এক বন্ধু মহম্মদ ফারুখ তাঁদেরকে সঙ্গে করে নিয়ে এসেছিলেন। মালালার কাছে যাবার আগে মরিয়ম তার মাকে বলে দিলেন যে তিনি যেন মালালার সামনে শক্ত থাকেন এবং তাঁর চোখে যেন জল না থাকে, কারণ মালালা সব কিছু শুনতে পাচ্ছিল আর বুঝতে পারছিল। তিনি সব বুঝতে পারলেন এবং মনকে শক্ত করে এগিয়ে গেলেন। তাঁর স্বামীও তাঁকে ফোন করে দিয়েছিলেন এবং তাঁকে ভালভাবে বুঝিয়ে দিতে পেরেছিলেন যে তাঁদের

সবচাইতে খারাপ অবস্থার জন্য তৈরি থাকতে হবে। মালালার মা তাঁর ছোটো মেয়েটির কাছে পৌঁছে তাকে বুকের মধ্যে চেপে জড়িয়ে ধরলেন কিন্তু চোখে জল আসতে দিলেন না। তিনি প্রমাণ করে দিলেন যে পাশতুন মহিলারা প্রয়োজনে কতটা সাহসীনি ও শক্ত হতে পারেন। তিনি মালালাকে বললেন যে তার ভাই তার সঙ্গে দেখা করতে এসেছে। মালালার ভাই কিন্তু তার কান্না আটকাতে পারছিল। আর বার বার একই কথা বলছিল যে মালালা কত ব্যথা পেয়েছে। কোনো ভাই তার চোখের সামনে তার বোনকে হাসপাতালের বেডে শুয়ে থাকতে দেখলে, সেই বোনকে জীবনমৃত্যুর মাঝখানে দোদুল্যমান অবস্থায় দেখতে চায় না। কিন্তু হতভাগ্য অটলকে সেইরকম মর্মান্তিক পরিস্থিতির মোকাবিলা করতে হচ্ছিল। মালালার মা বুঝতে পারছিলেন না যে মালালার অপারেশন করতে এত দেরি করা হচ্ছে কেন? তিনি চাইছিলেন যত তাড়াতাড়ি সম্ভব মালালার শরীর থেকে গুলি বের করে নেওয়া হোক। তিনি জোরে জোরে কাঁদতে কাঁদতে বলে উঠলেন, 'ওহ্ মালালা! আমার বাহাদুর সোনা মেয়ে!" অটল তো এতটাই ঘাবড়ে গিয়েছিল যে তাকে হাসপাতাল থেকে হোস্টেলে নিয়ে যেতে হল, তাদেরকে সেখানেই থাকতে দেওয়া হয়েছিল। এই রকম চলাকালীন মালালার বাবা সেখানে বিভিন্ন নেতা, আমলা, সরকারি আধিকারিক, মন্ত্রী প্রভৃতি উচ্চস্তরীদের লোকেদের আসতে দেখে খুব অবাক হয়ে গিয়েছিলেন। তাঁরা মালালার পরিবারের কাছে তাঁদের সহানুভূতি জানাতে এসেছিলেন। এমনকি গভর্নর পর্যন্ত এসেছিলেন এবং তিনি মালালার চিকিৎসার জন্য একলক্ষ টাকা সাহায্য দান করলেন। আমাদের মধ্যবিত্ত সমাজে কেউ মারা গেলে তাঁর মৃত্যুর জন্য যখন কোন প্রভাবশালী ব্যক্তি সান্ত্বনা দিতে আসেন তখন সেই পরিবার খুবই সম্মানিত বোধ করে। কিন্তু এক্ষেত্রে একবারের জন্য মালালার বাবার অবস্থাটা চিন্তা করে দেখুন, তাঁর পনেরো বছরের মেয়ে মৃত্যুর সঙ্গে পাঞ্জা কষছে, সেই সময় তাঁর মনের অবস্থাটা একবার কল্পনা করার চেষ্টা করে দেখুন। কোনো সন্দেহ নেই, তাঁর খুব খারাপ লেগেছিল। তিনি ভীষণভাবে বিরক্ত হলেন এবং নিজেকে গুটিয়ে নিয়েছিলেন। তাঁর মনে তখন একটাই ইচ্ছে যে তাঁর পাখির মত কিচিরমিচির করা তাঁর আদরের মেয়েটিকে কত তাড়াতাড়ি তিনি এই পরিবেশ থেকে

সরিয়ে নিয়ে তাঁর বাড়িতে নিয়ে যেতে পারেন।

হোস্টেলে খাবার সময় অটল টিভি চালিয়ে দিল। তার বাবা সঙ্গে সঙ্গে সেটা বন্ধ করে দিলেন। তিনি বারবার মালালার গুলি লাগার খবর আর শুনতে পারছিলেন না। খবরের ধরন শুনে মনে হচ্ছিল যে প্রত্যেকটি খবরের সাথে সে একেকবার মারা যাচ্ছিল। এরপর তো তাঁরও ধৈর্য্যের বাঁধ ভেঙে গেল আর তিনিও তাঁর স্ত্রীর সঙ্গে বিলাপ করতে শুরু করে দিলেন। প্রায় মাঝরাতে জুনেইদ খবর পাঠালেন যে তিনি মালালার বাবার সঙ্গে তখনি আই.সি.ইউ-এর সামনে দেখা করতে চাইছেন। ইউসুফজাইয়ের বুকের ধড়ফড়ানি বেড়ে গেল। তাঁর মনে আশা জাগল যে মালালার শারীরিক অবস্থা হয়তো আগের চেয়ে একটু ভাল হয়েছে। কিন্তু সে খবর এখনও অনেক দূরে! ডা. জুনেইদ তাঁকে জানালেন যে মালালার মস্তিষ্ক ফুলে উটছে। মালালার বাবা আর কিছু না বুঝলেও এটুকু বুঝে গেলেন যে পরিস্থিতি আরও খারাপের দিকে। ডাক্তার তাঁকে সহজ করে বুঝিয়ে বললেন যে, মালালা বারবার অজ্ঞান হয়ে যাচ্ছে আর মাঝে মাঝেই রক্তবমি করছে। তখন আর একটি স্ক্যান করে দেখা গেছে যে তার ফলে মস্তিষ্ক ফুলে যাচ্ছে। আর ফুলে যাওয়ার ফলে পরিস্থিতি আরও জটিল হয়ে যাচ্ছে। আসলে হাড়ের কিছু গুঁড়ো তার মস্তিষ্কের মধ্যে ঢুকে গিয়েছিল আর তার ফলেই এই ফোলার সমস্যা দেখা দিয়েছে। ডাক্তারবাবু আরও জানালেন যে মালালার মস্তিষ্কের মধ্যে কিছুটা খালি জায়গা তৈরি করতে হবে তাহলে ফুলে গিয়ে মস্তিষ্কের আয়তনের যে বৃদ্দি ঘটছে সেই বাড়ন্ত অবস্থাটা ধরানো যাবে। যদি এমনটা না করা হয় তাহলে মস্তিষ্কের চাপ বেড়ে অসহনয়ী হয়ে যাবে। তাই যদি তখনই অপারেশন না করা যায় তাহলে মালালার জীবনহানিও ঘটতে পারে। ডাক্তারবাবুদের দিক থেকে এটা একটা অত্যন্ত সাহসী সিদ্ধান্ত ছিল। তিনি তাঁর সাধ্যমতো ভীষণভাবে চেষ্টা করছিলেন। জুনেইদের সিনিয়ার ডাক্তাররাও এই পরামর্শ দিয়েছিলেন যে ঝুঁকি না নিয়ে মালালাকে বিদেশে পাঠিয়ে দেওয়া হোক,। মি. ইউসুফজাই জিজ্ঞাসা করলেন তাঁর বেঁচে যাবে তো। কিন্তু কর্নেল জুনেইদ তাঁকে একটু সান্ত্বনাও দিতে পারলেন না, কারণ তাঁর নিজেরও জানা ছিল না মালালার ভাগ্যে কি লেখা আছে? তাঁর এই সাহসী সিদ্ধান্তই মালালার জীবন রক্ষা

করল। জুনেইদ মালালার বাবার সম্মতি পাওয়ার পর জানালেন যে তিনি ডা. মুমতাজকে সহায়তার জন্য ডাকবেন। মি. ইউসুফজাই একজন দারুণ শক্তমনের মানুষ, কিন্তু অপারেশনের আগে যখন তাঁকে একটি ফর্মে হস্তাক্ষর করতে বলা হল তখন তাঁরও হাত কেঁপে গিয়েছিল। ওই ফর্মে স্পষ্টভাষায় লেখা ছিল অপারেশন করতে গিয়ে রোগীর মৃত্যুও হতে পারে, তার জন্য হাসপাতাস কর্তৃপক্ষ কোনোভাবেই দায়ী থাকবে না। তিনি শুধু ভালটাই চিন্তা করতে চাইছিলেন কিন্তু করতে পারছিলেন না। রাত প্রায় দেড়টার সময় অপারেশন শুরু হল। মালালার মা-বাবা-ম্যাডাম মরিয়ম অপারেশন থিয়েটারের বাইরে অপেক্ষা করছিলেন। মি. ইউসুফজাই আল্লাহ্‌র কাছে প্রার্থনা করলেন মালালার প্রাণরক্ষার জন্য, মালালা যদি ভাল হয়ে যায়, ভালভাবে বাড়ি ফিরে যেতে পারে তাহলে তিনি তখন মরুভূমিতেও গিয়ে থাকতে রাজি হয়ে যাবেন। কিন্তু যদি মালালার কিছু হয়ে যায় তাহলে তিনিও হয়তো আর বাঁচতে পারবেন না। অর্থাৎ একজন হতভাগ্য পিতা তাঁর আদরের দুলালির জন্য যে কোন মূল্য দিতে রাজি ছিলেন। মালালার মা তাঁর স্বামীকে সান্ত্বনা দিয়ে বললেন, আল্লাহ নিশ্চয়ই করুণ করবেন কারণ তিনি সব দেখতে পাচ্ছেন। তাঁদের মেয়ে নিশ্চয়ই সুস্থ হয়ে বহাল তবিয়তে বাড়ি ফিরে যাবে। তারপরে তিনি দেওয়ালের দিকে মুখ কুরান-এ-পাক-এর আয়াত পাঠ করতে শুরু করলেন। ম্যাডাম মরিয়ম তাঁর ভক্তি আর বিশ্বাস দেখে অবাক হয়ে গেলেন। তিনি কখনও কাউকে এত মন দিয়ে প্রার্থনা করতে দেখেননি আর তখন তাঁর মনে হল যে মালালার বাবা-মা এবং অগণিত দেশবাসীর এই প্রার্থনা করুণাময় আল্লাহ্‌ কখনও উপেক্ষা করতে পারবেন না।

মালালার বাবা তাঁর তোঁর মেয়েকে তার নিজের বিচারভাবনা প্রকাশের জন্য যে দিনগুলোতে উৎসাহ যুগিয়ে যাচ্ছিলেন সেইদিনগুলোর কথা তিনি প্রাণপণে ভুলে যাবার চেষ্টা করছিলেন কিন্তু বারবার সেই কথাগুলোই মনে পড়ে যাচ্ছিল। তিনি নিজেই যে সময়ে সবাইকে একথা জানিয়েছিলেন যে বিবিসির ডায়েরি লেখিকা আর কেউ নয় তাঁর নিজেরই মেয়ে মালালা। তিনি এইসব কথাই ভুলতে চাইছিলেন। কিন্তু ব্যাপারটা ততো সহজ ছিল না। আসলে তিনি নিজেকেই তাঁর মেয়ের এই অবস্থায় জন্য দায়ী করছিলেন

আর সেই সময় তাঁর জীবনের একটিমাত্র ইচ্ছাই ছিল যে তিনি যে কোন মূল্যে তাঁর মেয়েটিকে ঘরে ফিরিয়ে নিয়ে যান। তিনি সেই সময় ওপরওয়ালার কাছে খালি এই প্রার্থনাই করছিলেন যে তিনি যেন তাঁর হাসিখুশি-প্রাণচঞ্চল মেয়ে মালালাকে তাঁর কোলে ফিরিয়ে দেন। অপারেশন থিয়েটারের ভিতরের দৃশ্যও কোনো সিনেমার অপারেশনের দৃশ্যের মতোই দেখতে লাগছিল। সেখানেও ডাক্তাররা অত্যন্ত মনোযোগের সঙ্গে অপারেশন করছিলেন। সিনেমার সঙ্গে তফাতটা শুধু এই যে সিনেমায় যেখানে সবকিছু নকল সেখানে এই অপারেশন থিয়েটারের সবকিছুই আসল। মালালা দাঁতে দাঁত চেপে সব কিছু সহ্য করছিল যাতে তার শরীর থেকে গুলিটা বের করা যায়, যেটা তালিবানরা কোনো কিছু না ভেবেই তার শরীরে ঢুকিয়ে দিয়েছিল। জুনেইদ তার মাথার ভেতর থেকে একটা হাড়ের মত অংশ বের করে দিল যাতে মগজের ফোলাটা বেড়ে গিয়ে ছড়িয়ে পড়লেও কিছুটা জায়গা পায় আর মাথার ওপর অতিরিক্ত চাপ না পড়ে। তাঁরা মালালার করোটির কিছুটা অংশ কেটে নিয়ে মালালার পেটে একটুখানি কেটে নিয়ে সেই কেটে নেওয়া অংশটা সেখানে রেখে দিলেন যাতে সেটি সুরক্ষিত থাকে। তারপর একটি ট্র্যাকিয়াটোমি করা হল, কারণ তাঁদের ভয় ছিল ফোলার দরুণ নিঃশ্বাসে কষ্ট হতে পারে। তারপর তাঁরা মালালার কাঁধ থেকে গুলি বার করে দিলেন আর মস্তিষ্কের চারপাশের জমা রক্তের কণাগুলি পরিষ্কার করে দিলেন। অপারেশনের পর সাহসীনি মালালাকে তার সাহসী হৃদয়টিসমেত ভেন্টিলেটর অর্থাৎ কৃত্রিম শ্বাসযন্ত্রে রেখে দেওয়া হল। এই গোটা প্রক্রিয়াটি পাঁচ ঘন্টা ধরে চলল আর এই পাঁচ ঘন্টা মালালার বাবা-মা জীবন্মৃত অবস্থায় কাটাচ্ছিলেন। তাঁরা কেবল এটাই শুনতে চাইছিলেন যে মালালা এখন ঠিক আছে, কিন্তু এই খবরটাই আসতে অনেক দেরি ছিল। আর এই দেরিটাই তাঁদের অস্থির করে তুলছিল। মালালার মার মনে প্রত্যাশা ছিল আর তার বাবার মনে হচ্ছিল সিঁড়ির নিচে দাঁড়িয়ে থাকা লোকেরা তাঁর মেয়ের শবযাত্রায় শামিল হবার জন্য প্রতীক্ষা করছে। তাঁর কিছু বন্ধুবান্ধবও তাঁর সাথেই ছিলেন যাঁদের মধ্যে কেউ কেউ সত্যিই সমব্যথী ছিলেন আর কিছু লোক ঈর্ষান্বিত ছিলেন যে এই পরিবারটি এত মানুষের মনোযোগের কেন্দ্রবিন্দু হয়ে উঠেছিল। তাঁরা

মালালার জন্য এই হাইপ্রোফাইল বন্দোবস্ত দেখেহিংসায় জলে পুড়ে খাক হয়ে যাচ্ছিলেন।

মি. ইউসুফজাই অধীরভাবে পায়চারি করছিলেন আর তখনি একজন নার্সকে বেরিয়ে আসতে দেখা গেল। তাঁর কাছে জিজ্ঞাসা করল যে তিনি কি মালালার বাবা। হ্যাঁ শুনে নার্স তাঁকে একটা ঘরে নিয়ে গেল। মালালার বাবার মনটা ভেঙে গেল। তাঁর মনে হল তাঁকে একান্তে নিয়ে গিয়ে, ক্ষমা চেয়ে নিয়ে বলা হবে যে সর্বাত্মক চেষ্টা করেও মালালার প্রাণ বাঁচানো গেল না। কিন্তু নার্স তাঁকে জানালেন যে তাঁকে ব্লাডব্যাঙ্ক থেকে রক্ত নিয়ে আসতে হবে। তিনি স্বস্তির নিঃশ্বাস ফেললেন, কিন্তু একই সঙ্গে তাঁর সবকিছু গুলিয়ে গেল, কারণ ওইরকম সময়ে তিনি কি করে অন্য কোথাও যেতে পারেন? তাঁর এক বন্ধু তখন এগিয়ে এলেন এবং মালালার জন্য ব্লাডব্যাঙ্ক থেকে রক্ত নিয়ে এলেন। সকাল সাড়ে পাঁচটায় সার্জনরা বেরিয়ে এলেন। তাঁরা মি. ইউসুফজায়ীকে জানালেন যে তাঁরা গুলি বের করে দিয়েছেন আর মস্তিষ্কের কিছুটা অংশও যাতে মাথার ভিতরের ফোলা অংশটা আরও ফুলে গেলেও কোন অসুবিধা না হয়।

মালালার বাবা ডা. জুনেইদকে বললেন, তিনি একটি বোকা-বোকা প্রশ্ন করতে চান। জুনেইদ সম্মতি দিলে মালালার বাবা জিজ্ঞাসা করলেন তাঁর মেয়ের জীবন কি রক্ষা পেয়েছে? ডাক্তার তখন বললেন, "আমরা যে পেশায় আছি, সেখানে কিছুই হলফ করে বলা যায় না। আমরা সর্বাত্মক চেষ্টা করেছি আমাদের জ্ঞানবুদ্ধি অনুযায়ী, কিন্তু এখন অপেক্ষা করতে হবে। অপেক্ষা করতে এটা দেখতে যে মালালার শরীর এই অপারেশনের ধকল সামলাতে পারবে কি না।" এর পরে তাঁর বাবা না জিজ্ঞেস করে পারলেন না যে তার মাথার ভেতর থেকে যে হাড়ের টুকরোটা বার করা হয়েছে সেটা দিয়ে তাঁরা কি করবেন। ডাক্তার বললেন, তিন মাসে আবার ঠিক জায়গা মতন লাগিয়ে দেওয়া হবে। সেইদিন সকালবেলায় মালালা তার হাতটা একটুখানি নাড়াল, যেটা খুবই ভাল লক্ষণ ছিল। ওই অঞ্চলের গন্যমাণ্য ডাক্তরারা এসে মালালাকে পরীক্ষা করলেন, আর তারপর জুনেইদ এবং মুমতাজকে অভিনন্দন জানালেন। তাঁরা সত্যিই খুব ভালভাবে কাজটা করতে পেরেছিলেন। সেই রাতে যদি অতবড় একটা অপারেশন না করা

হতো তাহলে মালালার প্রাণ বাঁচানো খুবই মুশকিল হয়ে পড়ত। তাঁরা এও পরামর্শ দিয়েছিলেন যে মালালাকে কোমায় নিয়ে যাওয়া হোক, কারণ যদি তার জ্ঞান ফিরে আসত আর তার মস্তিষ্কের ওপর চাপ পড়ত তাহলেও তার জীবনের আশঙ্কা ছিল। মালালা যখন এইরকম একটা অবস্থার মধ্যে দিয়ে যাচ্ছিল তখন তালিবানরা একটা বিজ্ঞপিত জারি করে এই হামলার দায়িত্ব স্বীকার করে কিন্তু তারা এটা মানতে চায়নি যে মালালা যেহেতু নারীশিক্ষার অধিকারের জন্য লড়াই করছিল সেইজন্য তারা এটা করেছে। তারা জানিায় যে কেউ যদি তাদের বিরুদ্ধে কথা বলে তাহলে তাকে এইভাবেই শেষ করে দেওয়া হবে। এইসব কথা পাকিস্তানে তালিবানদের মুখপাত্র এহসানউল্লা এহসান বলেছিল। তারা একথাও জানায় যে মালালাকে এইজন্য নিশানা করা হয়েছিল কারণ সে নিরপেক্ষতাবাদের কথা প্রচার করছিল। তার বয়স কম হলেও সে উপত্যকায় পশ্চিমী সভ্যতার বিস্তার ঘটাতে চাইছিল। মালালা পশ্চিমী দুনিয়ার পক্ষপাতী ছিল আর ওবামাকে তার আদর্শ বলে প্রচার করেছিল। মালালার বাবা খুব ভাল করেই জানতেন যে তালিবানরা কি বলতে চাইছিল। আগের বছর যখন মালালা 'ন্যাশনাল পীস প্রাইজ' পায় তখন সে বিভিন্ন টিভিতে অনেক সাক্ষাৎ কার দিয়েছিল। সেগুলোর মধ্যেই একটাতে তার প্রিয় নেতা রূপে খান আব্দুল গফ্‌ফর খান, বেনজির ভুট্টো এবং বারাক ওবামার নাম করেছিল। সে আরও বলেছিল যে বারাক ওবামা একজন অশ্বেতকায় নবযুবক হয়েও বহু কষ্ট-সংঘর্ষের মধ্যে দিয়ে তাঁর নিজের লক্ষ্যে সফল হয়েছেন। কিন্তু পাকিস্তানের মগজে আমেরিকার নাম শুনঢেই অন্যরকম ছবি ভেসে ওঠে।

পাকিস্তান আমেরিকার গোপন তল্লাসির ফলে মারা যাওয়া বহু লোকের কথা এবং বিশেষ করে রেমন্ড ডেভিসের কথা ভুলতে পারেনি। ডেভিস একজন অবসরপ্রাপ্ত ইউ. এস সৈন্য ছিল। সি.আই.এস-এর সঙ্গে চুক্তিবদ্ধ ছিল। ২০১১ সালের জানুয়ারি মাসে সে দুজন সশস্ত্র লোককে মেরে ফেলেছিল। আমেরিকা সরকার নিশ্চিন্ত ছিল যে তার কিছু হবে না কারণ সে দূতাবাসের সঙ্গে যুক্ত ছিল। সেইজন্য আইন তার কিছু করতে পারবে না। কিন্তু তার ওপর হত্যা এবং বেআইনিভাবে অস্ত্র রাখার অপরাধ প্রমাণ করে তাকে জেলে পাঠিয়ে দেওয়া হয়। ডেভিসের সাহায্যের জন্য যে

গাড়িটি আসছিল তার তলায় চাপা পড়ে এক তৃতীয় ব্যক্তিও মারা যায়, কারণ গাড়িটি খুব জোরে চালানো হচ্ছিল। মার্চ মাসে ডেভিস দুই পরিবারকে কিছু টাকাপয়সা দিয়ে হাত করে নেয় তার ফলে ওই দুই পরিবার স্বেচ্ছায় হত্যাকারীকে মাফ করে দেয় তার ফলে আইনও তাকে মুক্তি দিতে বাধ্য হয়। ডেভিস মুক্তি পেয়ে পাকিস্তান ছেড়ে চলে যায়। এর ফলে পাকিস্তান এবং আমেরিকার মধ্যে কূটনৈতিক তিক্ততার সৃষ্টি হয়। পরস্পর দোষারোপের ফলে পরিস্থিতি আরও খারাপ হয়ে পড়ে। পাকিস্তান লোকেরা রাস্তায় বেরিয়ে ডেভিসের শাস্তির দাবি করতে থাকে।

এর মধ্যেই পাকিস্তানে আধিকারিকরা ডেভিসের মামলার ব্যাপারে আরও কিছু খোঁজখবর নেয় এবং শেষপর্যন্ত তাকে দোষী সাব্যস্ত করে, সব মিলিয়ে এই ঘটনার ফলে দুই দেশের মধ্যে তিক্ততার সৃষ্টি হয়।

দুমাস আগেই মালালাকে হত্যার আদেশ দেওয়া হয়েছিল। তালিবানরা জানিয়ে দিয়েছিল যে কেউ সরকারের সঙ্গে সহযোগিতা করবে, পক্ষ নেবে, তাকেই গুলি করে উড়িয়ে দেওয়া হবে। তালিবানরা জানিয়ে দিয়েছিল যে দুজন স্থানীয় যুবকের মাধ্যমে জেনে নেয় যে মালালা কোন পথে স্কুলে যাতায়াত করে, সে ঘর থেকে কখন বের হয়, কখন বাড়ি ফিরে আসে। তারা ইচ্ছে করে সীমান্ত চৌকির কাছে এই হত্যার পরিকল্পনা করে, যাতে করে তারা সরকারকে দেখাতে পারে যে তারা একটুও ভয় পায় না, যখন তাদের ইচ্ছে হবে যেখানে তাদের ইচ্ছে হবে সেখানেই তারা যে কাউকে মেরে ফেলতে পারে।

আর্মি চীফ জেনারেল কায়ানিও মালালার অবস্থার খোঁজখবর নিচ্ছিলেন। কর্নেল জুনেইদ জেনারেল কায়ানিকে জানিয়ে দিয়েছিলেন তাঁরা তখন পর্যন্ত কি কি করতে পেরেছিলেন এবং পরবর্তী সময়ে তাঁরা কি কি ব্যবস্থা নিতে চলেছিলেন। জেনারেল তাঁকে বললেন সিটি স্ক্যানের রিপোর্ট বিশেষজ্ঞদের কাছে সুপরামর্শ পাবার জন্য পাঠানো উচিত ছিল। জেনারেল ঘুরে যাবার পরে মালালার ঘরে আর কাউকে যেতে দেওয়া হচ্ছিল না। যদিও তাকে দেখতে অনেক বড় বড় মানুষরা এসেছিলেন, যেমন ক্রিকেটার ইমরান খান, সীমান্ত সূচনা বিষয়ক মন্ত্রী মিঞা ইফতেকার হুসেন (যিনি তালিবানদের কট্টর সমালোচক ছিলেন, আর সেইজন্য তালিবানরা তাঁর

একমাত্র পুত্রকে হত্যা করেছিল), মালালার প্রদেশের মুখ্যমন্ত্রী হায়দার হোতি (যাঁর সাথে মালালা আগেও কথা বলেছিল)। হায়দর হোতি মিডিয়াকে জানালেন যে মালালা মরতে পারে না, আর এ কথা তিনি গ্যারান্টি দিয়ে বলতে পারেন। পরে সেই দিনেই, রাওয়ালপিন্ডি থেকে দুজন ব্রিটিশ ডাক্তার হেলিকপ্টারে করে মালালাকে দেখতে এলেন। ডা. জাভেদ কায়ানি এবং ডা. ফিওনা রেনল্ডস, লন্ডনের বার্মিংহাম হাসপাতালের ডাক্তার ছিলেন। তাঁরা পাকিস্তানে এসেছিলেন কারণ এই প্রথমবার সৈন্যদের লিভার ট্রান্সপ্লান্ট সেটআপের সম্বন্ধে তথ্য দিতে পারেন। এই ব্যাপারে ব্রিটিশ ডাক্তাররা নিরাশ হয়েছিলেন কারণ সেনাবাহিনী এগিয়ে এসে আন্তর্জাতিক মোর্চাতে দেশের সম্মান বাঁচিয়ে নিয়েছিল। জেনারেল কায়ানি এই ধরনের ব্যাপারগুলি বদলাতে চাইছিলেন। তিনি ওই ডাক্তারদের বললেন তাঁরা যদি বিদেশে চলে যাবার আগে মালালার শরীরের একটু খোঁজখবর নিয়ে যান। ডাক্তারদের পরের দিন সকালে চলে যাবার কথা ছিল। যদিও হাসপাতালের অধ্যক্ষ এবং অন্য কর্নেলদের এই ব্যাপারটা পছন্দ হয়নি কিন্তু যখন তাঁরা জানতে পারলেন যে ওই বিদেশি ডাক্তারদের কে পাঠিয়েছেন তখন সবাই থেমে গেল। ব্রিটিশ ডাক্তাররা চিকিৎসার সরঞ্জামগুলি পরীক্ষা করতে শুরু করে সেগুলি নিয়ে খুঁতখুঁত করতে লাগল যে ব্যাপারটা তাদের একটুও ভাল লাগল না। তখন অল্প-স্বল্প তর্কাতর্কি হল, চুপ করে গেল যেমন বেলুন থেকে হাওয়া বের করে দিলে হয়। ডা. ফিওনা পরীক্ষানিরীক্ষাগুলির মেশিনগুলি দেখতে দেখতে একজন স্টাফের কাছে জানতে চাইলেন মালালার রক্তচাপ কবে মাপা হয়েছে। তারা জানাল দু ঘন্টা আগেই দেখা হয়েছে। তখন ব্রিটিশরা বললেন যে রক্তচাপের ওপর ২৪ ঘন্টা নজর রাখতে হবে। তাঁরা নার্সের কাছে এও জানতে চাইলেন যে হাসপাতালে কোনো আর্টারিয়াল লাইন নেই কেন আর কার্বন ডাই অক্সাইডের স্তর এত কম কেন। মালালার বাবা এইসব শুনে সংশয়ে পড়লেন। ডাক্তাররা আরও বললেন যে নিউরোসার্জারির পর বিপি, পাল্‌স এবং এর স্তর স্বাভাবিক রাখা অত্যন্ত জরুরী। দুই ডাক্তারই জানালেন যে অপারেশন করার সিদ্ধান্ত একদম সঠিক কিন্তু অপারেশনের পর যেভাবে চিকিৎসা হওয়া দরকার রোগীকে সারিয়ে তোলার জন্য তা সঠিকভাবে

হচ্ছে না। তারপরে তাঁরা হেলিকপ্টারে করে ফিরে গেলেন কারণ সন্ধ্যার পরে পেশোয়ারে থাকাটা তাঁদের সুরক্ষার দিক থেকে ঠিক ছিল না। এরপরে পাকিস্তানে আভ্যন্তরীণ বিষয়ক দপ্তরের মন্ত্রী রহমান মালিক এলেন এবং মালালার বাবাকে পাসপোর্ট দিলেন, কারণ অপারেশনের পরের চিকিৎসাজনিত সুবিধার জন্য বিদেশে নিয়ে যাওয়ার দরকার হয়ে পড়েছিল। মালালার বাবা পাসপোর্ট পেয়ে ভীষণ ঘাবড়ে গেলেন আর নিজের স্ত্রীকে সেগুলো দিয়ে বললেন তিনি বুঝতে পারছেন না যে এইসব ব্যাপারস্যাপার মালালার ভালোর জন্য করা হচ্ছে না কি তাকে চিরকালের জন্য তাঁদের কাছ থেকে সরিয়ে নিয়ে যাওয়ার জন্য করা হচ্ছে। তাঁরা দুজনে কাঁদতে লাগলেন, আসলে তাঁরা তখনও জানতে পারেননি যে তাঁদের বাহাদুর মেয়ের কথা পৃথিবীর কোনায় কোনায় ছড়িয়ে পড়েছে। সারা পৃথিবীর মানুষ তাকে সমর্থনা জানাচ্ছিল আর তার সঙ্গে দাবি জানাচ্ছিল যে তার চিকিৎসায় যেন কোন ত্রুটি না থাকে। সে যেন সুস্থ হয়ে তারা বাবা-মায়ের কাছে ফিরে যেতে পারে। মালালার শারীরিক পরিস্থিতি সংকটজনক হয়ে উঠছিল আর তার বাবা এখন আর সব ফোন ধরতেন না। কিছু সময় পরে তাঁর কাছে আরফা করিম নামের এক কিশোরীর বাড়ির লোকের ফোন এল, যে পাকিস্তানি পাঞ্জাবের একজন কম্পিউটার জিনিয়াস ছিল সে মালালার সঙ্গে অনেক ফোরামে কথা বলেছে আর কম্পিউটারের বিষয় দুর্দান্ত জ্ঞান ছিল তার। মাত্র নবছর বয়সেই সে পৃথিবীর সবচেয়ে কমবয়সের স্যাটিফায়েজ প্রোফেশনাল রূপে স্বীকৃতি পেয়েছিল, সিলিকন ভ্যালিতেও তার কলাকৌশলের প্রশংসা করা হয়েছিল। দুঃখের কথা এই যে, সেই বছরেই সে মৃগীরোগে আক্রান্ত হয় এবং তারপরে হৃদরোগে তার মৃত্যু হয়। সে সময় তার বয়স ছিল মাত্র ষোল বছর। মালালার থেকে মাত্র একবছরের বড়। আরফার বাবা মালালার বাবাকে ফোন করে ফোনের মধ্যেই কেঁদে ফেললেন আর বললেন মেয়েরা ছেড়ে চলে গেলে মা-বাবাদের জীবন ধারণ আর আগের মতন থাকে না।

মালালাকে মঙ্গলবার গুলি করা হয়েছিল আর তার বাবা তার বাঁচার আর কোনো আশা দেখতে পাচ্ছিলেন। তিনি মালালার মামাকে দিয়ে গ্রামে খবর পাঠিয়ে দিয়েছিলেন মালালাকে কবর দেবার বন্দোবস্ত করার

জন্য। মালালাকে কোমায় রাখা হয়েছিল, কিন্তু তা সত্ত্বেও তার শরীর ও মুখ ফুলে যাচ্ছিল। শরীরের গুরুত্বপূর্ণ অঙ্গগুলি ধীরে ধীরে কাজ করা বন্ধ করে দিয়েছিল। তার কিডনি এবং ফুসফুস প্রায় থেমে গিয়েছিল। তার পরিবারের মেডিকেল টার্ম অনুযায়ী সে মৃত ছিল। তার বাবা সম্পূর্ণভাবে ভেঙে পড়েছিলেন আর তাঁর ইষ্টের কাছে বারবার জানতে চাইছিলেন যে তাঁর মেয়েটা কি এইটুকু আয়ু নিয়েই এই পৃথিবীতে এসেছিল আর যদি তা না হয় তাহলে মাত্র পনেরো বছর বয়সেই তাকে এই পৃথিবী ছেড়ে চলে হচ্ছে কেন। সে তো এখনও এই পৃথিবীটাকে ভালো করে চোখ ভরে দেখেইনি। ডাক্তার রেনাল্ডস মিডিয়াকে জানালেন 'মালালার অবস্থা খুবই সংকটজনক। বলা যেতে পারে সে প্রায় মৃত্যুর মুখে দাঁড়িয়ে আছে।' পেশোয়ারে যখন ডাক্তাররা মালালার বাবাকে তার জন্য প্রার্থনা করতে বললেন তখন তাঁরা ধরে নিলেন যে সে আর বাঁচবে না। তাই তাকে কবর দেবার সমস্ত বন্দোবস্ত করতে লাগলেন। কিন্তু ডাক্তাররা জোর দিলেন মালালাকে লন্ডনে নিয়ে যাওয়ার জন্য জোর করতে লাগলেন। যদিও মালালার প্রাথমিক সার্জারি সফল হয়েছিল, কিন্তু সেখানে আই সি ইউতে প্রয়োজন অনুযায়ী সমস্ত সুবিধা ছিল না। মালালার মস্তিষ্ক চিরকালের জন্য কাজ করা বন্ধ করে দিতে পারত অথবা তার মৃত্যু হতে পারত। ডাক্তারদের বক্তব্য ছিল যদি তাঁরা অর্থাৎ মালালার গুরুজনরা মালালাকে দ্রুত সুস্থ-চাঙ্গা করে তুলতে চান তাহলে তাকে যত তাড়াতাড়ি সম্ভব বিদেশের কোনো হাসপাতালে ভর্তি করতে হবে। তাঁরা মালালাকে বার্মিহাম নিয়ে যাবার পরামর্শ দিলেন। কিন্তু পাকিস্তানের আধিকারিকরা চাইছিলেন যে তাঁরা পৃথিবীর অন্যান্য সেরা হাসপাতালগুলির সাথে তুলনা করে তারপর তাঁদের রায় দিন। কিন্তু মুশকিল হল এই যে ততটা সময় ছিল না। তাই তাঁদের বক্তব্য ছিল মালালার চিকিৎসার জন্য প্রয়োজনীয় সবরকম বন্দোবস্ত বার্মিংহাম হাসপাতালে পাওয়া যাবে। ডা. রেনাল্ডস মালালার প্রাণ রক্ষায় গুরুত্বপূর্ণ ভূমিকা পালন করেছিলেন। কিন্তু সুরক্ষার তাগিদে তাঁর নাম গোপন রাখা হয়েছিল। মালালা নিজে যতক্ষণ সম্পূর্ণ সুস্থ হয়ে তাঁর এই অবদানের কথা নিজের মুখে স্বীকার না করেছে ততক্ষণ এই ডাক্তারের সহকর্মী এবং বন্ধুরাও জানতে পারেননি যে তিনি মালালার

চিকিৎসায় কতটা গুরুত্বপূর্ণ ভুমিকা নীরবে পালন করে যাচ্ছিলেন। ডাক্তার রেনল্ডস মালালার অন্ধ ভক্তদের সঙ্গে মুখোমুখি দেখা করার সুযোগ নিতে পারতেন, কিন্তু তিনি স্পটলাইটে আসতে অস্বীকার করেন। তাঁকে ইউ. এন-এর কার্যকলাপে তাঁর বিশেষ গুরুত্বপূর্ণ অবদানের জন্য অ্যাঞ্জেলিনা জোলির সাথে ডিনার করার আমন্ত্রণ জানানো হয়, কিন্তু সেই বিশেষ দিনটাতে ডাক্তার রেনল্ডসের স্বামীর জন্মদিন থাকায় তিনি সেই আমন্ত্রণ গ্রহণ করেননি। উনি একটি ইন্টারভিউতে বললেন, "এই সমস্ত মানুষরা যা কিছু করেছেন সেগুলি সবই কোনো না কোনভাবে গুরুত্বপূর্ণ, কিন্তু আমি এখানে একটা কাজের জন্য এসেছি, তার বাইরে আর কোন কিছু আমার দুনিয়ার নয়। আর সেইজন্য আমি সেই মহান মানুষদের সঙ্গে দেখা করতে পারব না।"

আর মালালার অবস্থা আরও সঙ্গীন থেকে সঙ্গীনতর হয়ে উঠতে লাগল। তার নিজের ডাক্তাররা পর্যন্ত বলতে পারছিলেন না যে সে বাঁচতে পারবে কিনা? যদি পনেরো বছরের মালালা বেঁচে যেত তাহলে সে সাহস, বিশ্বজনীনতার প্রতীক এবং নারীশিক্ষার আন্তর্জাতিক রাষ্ট্রদূত রূপে সবার সামনে এসে দাঁড়াতে পারত। তার উল্লেখযোগ্য জীবনীর একটি পর্ব তো সবার জানা ছিল কিন্তু কখনই জানানো হয়নি যে সে হাসপাতালের মধ্যে মৃত্যুর কতটা কাছে পৌঁছে গিয়েছিল। ডাক্তারদের একটি দল এবং পাকিস্তানের প্রভুত্ববাদী গোষ্ঠী কিভাবে তাকে মৃত্যুর থাবা থেকে ছিনিয়ে নিয়ে এসেছিল। মালালার ডাক্তাররা প্রথমবার স্বীকার করলেন যে সে কিভাবে বড় সংক্রমণে আক্রান্ত হয়ে পড়েছে আর কিভাবে সঠিক পরিচর্যার অভাবে তার অঙ্গপ্রত্যঙ্গগুলি এক এক করে কাজ করা বন্ধ করে দিয়েছে। তাঁরা একথাও জানিয়ে দিয়েছিলেন যে মালালার অপারেশনের পরের কয়েকঘন্টা কতটা গুরুত্বপূর্ণ ছিল। কেমন করে স্টাফ জেনারেল আশরাফ পারভেজ কিয়ানি (সেনা স্টাফের চিফ) তাঁর নিজের মত করে পাকিস্তানি সেনার গুরুত্বপূর্ণ ভূমিকা সদর্থকভাবে পালন করছিলেন। তিনি একথাও জানিয়েছিলেন যে এই মরণবাঁচান লড়াইয়ে বার্মিংহামের এই দুই ডাক্তারেরা ঢুকে এসে তার প্রাণ বাঁচিয়ে নিয়েছিলেন। অন্যথায় তাকে পেশোয়ারের মিলিটারি হাসপাতালের বেডে পড়ে পড়েই মারা যেতে হতো। জেনারেল

কায়ানি মালালার সঙ্গে আগেই স্বাত উপত্যকায় মিলিত হয়েছিলেন আর সঙ্গে সঙ্গেই তাঁর অনুভব হয়ে গিয়েছিল যে এই ঘটনা জেলার আর পাঁচটা হামলার মতো নয়। তিনি বুঝতে পেরেছিলেন যে মালালাকে যদি কোনভাবে বাঁচানো যায় তাহলে এই মেয়েটি একটি জ্বলন্ত প্রদীপ শিখা হয়ে জ্বলে উঠবে অন্ধকারের মধ্যে। সে হয়ে উঠবে বহু লোকের প্রেরণার উৎস। মালালার জন্য বায়ুসেনার বিমান পাঠানো হয়েছিল। অথচ এরকম কত দুর্ঘটনাই তো রোজ ঘটে থাকে। হাসপাতালে কর্নেল জুনেইদও মালালার দিকে খুবই খেয়াল রেখেছিলেন। যদিও চার ঘন্টা পরেই আচমকা তার অবস্থা সংকটজনক হয়ে পড়ে। তার মগজ ফুলে উঠছিল আর তাৎক্ষণিক সার্জারি করার দরকার হয়ে পড়েছিল।

ডাক্তার জুনেইদের সামনে সার্জারি করা ছাড়া আর কোন উপায় ছিল না, আর তিনি সেই ঝুঁকি নিতে রাজি হলেন। তিনি একটি ইন্টারভিউতে বলেছিলেন, "মগজের একটি অংশ এই প্রক্রিয়ার ফলে ক্ষতিগ্রস্ত হতে পারে, তার ফলে মালালা কথা বলার ক্ষমতা, হাত ও পায়ের শক্তি হারিয়েও ফেলতে পারে। এইধরনের ঝুঁকি নেওয়ার অর্থ হল যদি অপারেশন সফল না হয় তাহলে রোগীন চিরকালের জন্য পক্ষাঘাতগ্রস্ত হয়ে পড়তে পারে।" তিনি মালালার বাবার কাছ থেকে অপারেশনের সম্মতি নিলেন এবং তাঁকে বুঝিয়েও দিলেন যে এমনিও তার জীবনের ঝুঁকি আছে কিন্তু অপারেশন করা হলে সে ভাল হয়ে যেতেই পারে। ডাক্তার জুনেইদ অপারেশন করলেন আর সেইজন্য জেনারেল কায়ানি এবং ডাক্তার রেনল্ডস বলতে পারেন যে যদি সেইদিন ডা. জুনেইদ যদি ওই পদক্ষেপ না নিতেন তাহলে মালালা তাঁদের মধ্যে থাকতে পারত না। 'ওই প্রথম সার্জারিটাই মালালার প্রাণ বাঁচিয়ে দিয়েছিল। জুনেইদ সাহস করে সার্জারি করেন এবং সাফল্য পান। সঠিক সময়ে সঠিক অপারেশন একজনের প্রাণ বাঁচিয়ে দিতে পারে আর জুনেইদ ঠিক সেটাই করে দেখিয়েছিলেন। তিনিও আমদের কাছে একজন নায়কের চেয়ে কোনো অংশে কম নন।' এটা ওই দুজন ডাক্তারের বক্তব্য। কায়ানি একটি সাক্ষাৎকারে জানিয়েছিলেন, 'মালালা যে আজ বেঁচে আছে তার কৃতিত্ব দুজন দাবি করতে পারেন। তাঁরা হলেন ঃ বুধবার মধ্যরাতে সার্জারি করেছেন যে ডাক্তার আর দ্বিতীয় আর্মি স্টাফের চিফ।

যদি তাঁরা ব্যক্তিগতভাবে এই ব্যাপারটা না দেখতেন তাহলে মালালা স্বাতউপত্যাকাতেই সমাহিত হয়ে যেত।' সার্জারি মালালার প্রাণ বাঁচিয়ে দিয়েছিল, কিন্তু বিপদ তখনও কাটেনি আর এখান থেকেই কায়ানি এবং রেনল্ডসের কাহিনী শুরু হয়।

তখনই সেখানেই সিদ্ধান্ত নিয়ে নেওয়া হল যে মালালাকে পেশোয়ার থেকে বার্মিংহাম (লন্ডন) নিয়ে যাওয়া হবে। সেখানে তাকে খুব ভালভাবে দেখাশোনা করা হল, তার নিজের পরিবারকেও তার থেকে কিছুদিন দূরে রাখা হল। সে হাসপাতালে একলা ছিল। আপনি একজন পনেরো বছরের মেয়ের কথা ভাবুন, যে তার জীবনের সবথেকে কষ্টকর দিনগুলোতেই তার বাড়ির লোকজনেদেরে দূরে ছিল যখন তাদেরকেই তার সবচাইতে বেশি দরকার ছিল।

মালালার যখন গুলি লেগেছিল তখন পাকিস্তানে তার নাম অজানা ছিল এমন নয়, কিন্তু সেই মর্মান্তিক ঘটনা তাকে আন্তর্জাতিক সংবাদপত্রগুলির হেডলাইন করে তুলল। তাকে গুলি করার ঘটনা, পাকিস্তানের হাসপাতালে সার্জারি, লন্ডনের হাসপাতালে আরোগ্যলাভ এবং তার পরে তার বিশ্বব্যাপী অভিযানের বিশ্বজনীন রূপ লাভ করার প্রক্রিয়াকে সারা পৃথিবীর মিডিয়া কভার করেছিল। তাকে জানুয়ারি ২০১৩-এ হাসপাতাল থেকে বাড়ি ফিরে যাবার জন্য ছেড়ে দেওয়া হয়। তারপরে মালালার জীবনের মোড় এমন ঘুরে গেল যার সম্বন্ধে কেউ কল্পনাও করতে পারেনি। গুল মকই ছদ্মনামে তালিবানদের বিরুদ্ধে ডায়েরি লেখিকা মালালা নিজেও কল্পনা করতে পারেনি। তার নাম টাইমস পত্রিকায় পৃথিবীর সবথেকে প্রভাবশালী লোকেদের তালিকায় ছাপা হয়েছিল। ২০১৩-এ মালালার নাম 'নোবেল শান্তি পুরস্কার'-এর জন্য দেওয়া হল আর সে তার মৌলিক চিন্তাভাবনার জন্য ইউরোপীয় সংসদের 'শাকারোভ পুরস্কার' পায়। 'ম্যায় মালালা হু' নামে নবীন পাঠকদের জন্য তার জীবনীর একটি আলাদা সংস্করণ প্রকাশ করা হয়। মালালা যখন একটি ছদ্মনামে বিবিসির জন্য ডায়েরি লিখতে শুরু করে সেই সময় সে এগারো বছরের ছিল। তার ডায়েরি ২০০৯ সালের জানুয়ারি থেকে মার্চ মাসের মধ্যে প্রকাশিত হয়। আর তার ফলে এই ডায়েরির পাঠকরা অবাক হয়ে গেলেন তালিবান নিয়ন্ত্রিত স্বাত

উপত্যকায় মেয়েদের শিক্ষার করুণ দশার কথা জানতে পেরে। সন্ত্রাসবাদীরা হাজারে হাজারে স্কুল জ্বালিয়ে দিয়েছিল। তারা মেয়েদের শিক্ষাক্ষেত্রে অত্যন্ত বেশি রকমের কুপ্রভাব ফেলেছিল আর এটাই ছিল মালালার চিন্তার বিষয়। মালালাকে গুলি এইজন্য করা হয়েছিল, কারণ তালিবানরা ওই সাদামাটা সরল মেয়েটার কাছে হেরে গিয়েছিল যে তার নিজের শিক্ষার অধিকার পেতে চেয়েছিল। মালালা তো কেবল এটাই চেয়েছিল যে তাকে পড়তে দেওয়া হোক যাতে করে সে লেখাপড়া শিখে ডাক্তার হতে পারে। সেও দেশের সমস্ত বাচ্চাদের মত একটি সাধারণ জীবন যাপন করতে চেয়েছিল, কিন্তু তার বদলে সে যা পেল, সেগুলো তার পাওনা ছিল না। তার সাথে যা কিছু ঘটেছিল, তা এককথায় অমানবীয় ছিল, খুব খারাপ হয়েছিল। আজও মালালার গুলিবিদ্ধ হবার সেই ঘটনাটা মনে পড়লে তার গায়ের রোঁয়া দাঁড়িয়ে যায়। সন্ত্রাসবাদীরা কতখানি নির্মমতার সাথে একটি কিশোরীকে গুলি করে দিতে পারল আর তার পরে, তার মা-বাবার উপর দিয়ে কি ধরনের ঝড় বয়ে গিয়েছিল। সে তো একটি সাধারণ কিশোরী মেয়ের মতোই থাকতে চেয়েছিল। সে কখনও খবরের কাগজের হেডলাইন হতে চায়নি। সে চেয়েছিল স্কুল আর কলেজের পড়াশোনা শেষ করে একজন সফল ডাক্তার হয়ে দেশের এবং সমাজের সেবা করতে।

5
খ্যাতি আর শৌর্যে ভরা জীবন

মালালা ইউসুফজাই বড়ো হয়ে এক নেতা হতে চায়। সে শপথ নিয়েছে যে সে পাকিস্তানে অবশ্যই ফিরে যাবে। সে সেই ভয়ংকর দুর্ঘটনার পর এক বছর কাটিয়ে নিজেকে এমন ভাবে গড়ে নিয়েছে যে সে আবার সমস্ত চ্যালেঞ্জের মুখোমুখি হতে পারবে। সে আগের মতোই সমস্ত রকমের ভয়, দুঃখ এবং বেদনা পার হয়ে যেতে পারে আর সে প্রায় সমস্ত রকমের মেডিকেল চিকিৎসার যন্ত্রণাকে সহ্য করেছে। সে চিকিৎসার সমস্ত রকমের অনুশাসন সম্বন্ধে শিক্ষালাভ করেছে নিজেকে ভাল রাখার জন্য। সে মৃত্যুর সেই সমস্ত হুমকিগুলোকে হারিয়ে দিয়েছিল। যেগুলো নতুন করে তার সামনে আসছিল।

মালালা ইউসুফজাই একজন বাহাদুর, সাহসী, লড়াকু চরিত্রের মেয়ে ছিল। তার যখন গুলি লাগে তখন সে মাত্র চোদ্দ বছরের একটি ছোট মেয়ে। তাকে বিপদমুক্ত অনেক দেশে পড়াশোনার জন্য আমন্ত্রণ জানানো হয়। 'ভ্যানিটি ফেয়ার' নামে একটি পত্রিকাতে প্রকাশিত একটি বড় প্রোফাইলে স্বাতের একজন অধ্যাপক বলেছিলেন 'মালালার বাবা তাকে তার মত করে বলার জন্য উৎসাহিত করেছিলেন। একই সঙ্গে সে যা কিছু

শিখতে চাইত তাতেও কোন বাধাদান করেননি।' মালালার উপর একটি ডকুমেন্টারি ফিল্ম তৈরি হয়। তাকে বহু পুরস্কারে ভূষিত করা হয়।আমেরিকার বিশেষ রাষ্ট্রদুত রিচার্ড হলব্রকু-এর সঙ্গে তার সৌজন্য সাক্ষাৎকার হয় আর সেই সাক্ষাৎকারে সে মি. হলব্রুককে তার নিজের এলাকার পড়াশোনা করতে ইচ্ছুক এমন মহিলাদের এবং ছোটো ছোটো মেয়েদের জন্য কিছু করার জন্য অনুরোধ জানায়। মালালা যখন স্বাতে ফিরে আসে তখন সেখানে তালিবানদের অধিপত্য কমে এসেছিল আর সেই জন্য স্কুলগুলি খোলা হয়েছিল, কিন্তু মালালা এবং তার পরিবারের হুমকি আসা বন্ধ হয়নি। ৯ অক্টোবর, ২০১২-এর দিনটাতে তালিবানরা তাদের হুমকিকে কার্যকর করে দেখায়। তারা নির্দ্বিধায়া নিরপরাধ মালালা আর তার দুই বন্ধুর উপর গুলি চালিয়ে দেয়। তালিবানরা জানিয়েছিল যে মালালা ধর্মনিরপেক্ষতার প্রচার করছিল। তারা এও জানিয়েছিল তারা আবার হামলা করবে। গুলি মালালার বাঁভুরু চিরে কাঁধে গিয়ে লেগেছিল। মালালা পুরো বিশ্বের সমর্থন পেল পাকিস্তান মিলিটারি হাসপাতালে চিকিৎসার পরে তাকে ব্রিটেনের 'কুইন এলিজাবেথ হাসপাতালে' ভর্তি করা হয়। সেখানে তার দেখাশোনার বিশেষ ব্যবস্থা করা হয়। তার শরীরের ভেতর টাইটেনিয়াম ফিট করা হয় এবং করোটিতে কোকলিয়ার ইম্পল্যান্ট করা হয় যাতে সে ভাল করে শুনতে পায়। সে মার্চ মাসে এজবাস্টন হাইস্কুলে যেতে লাগল আর তার বাবা বার্মিংহামে পাকিস্তানের বাণিজ্য দূতাবাসে তিনবছরের জন্য চাকরি পেলেন। কিন্তু মালালা তার অভিযান চালু রাখল এবং তা সারা পৃথিবীতে ছড়িয়ে দিল।

তার নামে একটি ফান্ড তৈরি করা হল, যা সারা দুনিয়ার পড়াশোনার জন্য উৎসুক মহিলা এবং ছোটো ছোটো মেয়েদের সাহায্য করবে। মালালা নাইজেরিয়াতে প্রেসিডেন্ট গুডলাক জোনাথনের সঙ্গে দেখা করে এবং বোকো হারাম ইসলামিক সন্ত্রাসবাদীদের কবলে থেকে দুশো মেয়েদের মুক্তির জন্য াবি জানায়। এই মেয়েটি একদম অন্যরকম, যে চার বছর আগে তার ডায়েরিতে লিখেছিল, 'আজ আমি বিবিসি উর্দুর জন্য লেখা নিজের ডায়রি পড়েছি।' আমার মায়ের আমার গুল মকই ছদ্মনামটি পছন্দ

হয়েছে। আমার নিজেরও এই নামটাই বেশি পছন্দ, কারণ আমার নিজের নামের আসল মানে তো 'দুঃখে কাতর'। মালালা যেদিন থেকে বিদেশে অবস্থিত স্কুলে যাতায়াত শুরু করে তার কাছে সেইদিনটা তার কাছে জীবনের অত্যন্ত স্মরণীয় দিনগুলোর একটা। সে বলেছিল, 'মনে হয় এই সময়টাই আমার জীবনের সবচাইতে খুশির সময়, আমি আবার স্কুলে যেতে পারছি আমি এই স্বপ্নই তো দেখেছিলাম। সমস্ত ছোটো ছোটো বাচ্চারাই যেন স্কুলে যেতে পারে, কারণ এটা তাদের জন্মসিদ্ধ অধিকার। এই ইউনিফর্মটা পরার সময় আমার খুব গর্ব অনুভব হচ্ছে। এই ইউনিফর্মটা প্রমাণ করছে যে আমি একজন শিক্ষার্থী, আর আমি আমার জীবনের পথে এগিয়ে চলার জন্য কিছু শিখতে যাচ্ছি।" মালালা ক্লাস নাইনে আছে আর সামনের বছর থেকে জিসিএসই পাঠ্যক্রম শুরু করবে। সে বলেছিল যে রাজনীতি এবং আইন নিয়ে পড়াশোনা করতে চায়।

এক সামান্য কিশোরী

হেডমিস্ট্রেস ডা. রুথ উইক্স বলেন যে মালালার স্কুলে এসে থিতু হওয়া দরকার। সে একজন সাধারণ কিশোরী মেয়ের মত জীবনযাপন করতে চায় আর এ ব্যাপারে সে তার আশেপাশের সব মেয়েদের কাছ থেকেও সাহায্য পাচ্ছে।

পাকিস্তানে তালিবানরা মি. ইউসুফজাই এবং মালালাকে আবার প্রাণে মারার হুমকি দিয়েছে। মালালার সঙ্গে সারা পৃথিবী আছে। যখন তাকে নোবেল শান্তি পুরস্কার দেওয়ার চিন্তা করা হয় তখন গোটা পৃথিবীর বিভিন্ন জায়গার বহু মানুষ অনলাইন প্রার্থনাপত্রের উপর স্বাক্ষর করেন এবং তাকে সমর্থন করে তাঁরা জানানা যে তাকে অবশ্যই নোবেল শান্তি পুরস্কার দেওয়া উচিত।

মালালার যখন জন্ম হয় তখন তার বাবা অন্যান্য পাশতুন পরিবারগুলির মতো কন্যাসন্তানের জন্ম হওয়ায় কোনো আফশোষ করেননি। তিনি তাঁর পরিবার এবং বন্ধুবান্ধবদের আনন্দ করতে বললেন এবং তাঁদের বংশতালিকার বইতে তার নাম লিপিবদ্ধ করেন। এটা একটা বড় পদক্ষেপ

কারণ ঐ বংশতালিকা বইতে কেবল ছেলেদের নামই লেখা হয়। মালালা অত্যন্ত অল্প বয়স থেকে ন্যায়-অন্যায় বিচার করতে শিখে গিয়েছিল। সে যখন আরও ছোটো ছিল তখন সে কয়েকজন শিশুকে জঞ্জালের স্তূপের মধ্যে থাকতে দেখেছিল। তখন সে আল্লাহর কাছে একটা চিঠি লিখল 'আল্লাহ, আমাকে সাহস এবং শক্তি দেবেন। আমি এই পৃথিবীটাকে সবার জন্য বাসযোগ্য করতে চাই।'

মালালার উপত্যকার বাসিন্দারা চরমভাবাপন্ন মানসিকতার। তার মনে আছে তার মুখ ঢেকে রাস্তায় বার হতে ভাল লাগত না। সে দেখত ছেলেরা দিব্যি তাদের মর্জিমতো দিব্যি রাস্তায় রাস্তায় ঘুরে বেড়াচ্ছে, অথচ তার মা কোনো পুরুষমানুষের সঙ্গছাড়া একা বাড়ির বাইরে যেতে পারেন না। তাঁর সঙ্গে একটি পাঁচ বছরের বাচ্চা থাকলেও কোনো প্রাপ্তবয়স্ক পুরুষকে সঙ্গে নিতেই হত। এইসব দেখে তার খুব রাগ হতো। কিন্তু তাদের শান্তিপ্রিয় উপত্যকায় আসল বিপদ তো তখন এলো যখন তার বয়স দশ বছর হয়েছে। আর সেই বিপদ হল তালিবানরা। তখন মালালা বলল, 'তালিবানদের আমি ভয় পাই না। আমি ভয় পাই এই ভেবে যে মেয়েদের স্কুলগুলি একটার পর একটা বন্ধ করে দেওয়া হচ্ছে। মেয়েদের শিক্ষার উপর নিষেধাজ্ঞা জারী করা হচ্ছে।' স্কুল বন্ধ করে দেওয়া হল, বেশ কিছু স্কুলকে তো বোমা মেরে উড়িয়েই দেওয়া হল। মারা যাওয়া লোকেদের মৃতদেহগুলো এনে জড়ো করে চারমাথার মোড়ে রেখে দেওয়া হল। যে সমস্ত মেয়েরা স্কুল থেকে তাদের নাম কাটিয়ে দিচ্ছিল তালিবানদের উচ্চস্তরের নেতারা রেডিওতে তাদেরকে সাধুবাদ জানাচ্ছেন। মালালার বাবা যে স্কুলটি চালাতেন সেটি খোলা ছিল, কিন্তু সেটিকে সুরক্ষিত রাখার জন্য তার সাইনবোর্ড সরিয়ে দেওয়া হয়েছিল এবং মেয়েদের স্কুলড্রেসে না আসার জন্য নির্দেশ দেওয়া হয়েছিল। কারণ স্কুলড্রেসে আসলে তারা তালিবানদের কোপে পড়তে পারে।

তারপরে এমন একটা সময় এল, যখন মালালা আক্ষরিক ভাবেই আফগানিস্তানের লোককথার বীরাঙ্গনা মালালাই এর মতেই মালালা হয়ে উঠল। যখন তার গুলি লেগেছিল তখন কোন সাংবাদিকের সাহস হয়নি

যে সেই ঘটনার বিবরণ প্রকাশ করে। সেই সময় মালালা নিজেই এগিয়ে আসে কারণ তার নিজের মনে হয়েছিল এই সুযোগ ছাড়া উচিত হবে না। যদি সন্ত্রাসবাদের বিরুদ্ধে সে মুখ না খোলে তাহলে আর কে বলবে। তার বক্তব্য ছিল এই যে যদি আমরা চুপ করে অত্যাচার সহ্য করতে থাকি তাহলে একদিন এই অত্যাচারীরা আমাদের ওপর রাজত্ব চাপিয়ে দেবে আর আমরা আমাদের সবকিছু হারিয়ে ফেলব। মালালা গুল মকই ছদ্মনামে সরাসরি সন্ত্রাসবাদকে চ্যালেঞ্জ জানাল। যদি কিছু লোক তাকে এমন করতে বারণ করেছিল আবার কেউ কেউ তার বাবার সমালোচনা করতেও ছাড়েনি যে তিনি নিজের মেয়েকে এমন বিপজ্জনক কাজে এগিয়ে দিলেন কেন, কিন্তু মালালা এগুলোতে কানই দেয়নি। তার মনে হয়েছিল যে তালিবানরা একটি মেয়েকে আঘাত করবে না।

মালালা যখন হাসপাতালে ছিল তখন সারা পৃথিবীর লোকেরা তার সুস্থতার জন্য প্রার্থনা করছিল। তার নামে হাজার হাজার চিঠি আসছিল। একটা চিঠিতে এরকমও লেখা ছিল, 'সেই মেয়েটির নামে, যার মাথায় গুলি করা হয়েছে, বার্মিংহাম'। সবার খালি একটাই প্রশ্ন, সব জায়গায় একই প্রশ্ন, 'ও কি ঠিক হয়ে উঠবে? ও কি আবার আগের মতই স্বাভাবিক জীবন ফিরে পাবে?'

শোনা গেল যে আর পাঁচজনের মত সামান্য হয়ে থাকাটা মালালার জীবনের লক্ষ্য নয়। যে বছর তার ওপর হামলা করা হয়, সে মেয়েদের পড়াশোনার পক্ষে ভাষণ দিচ্ছিল, লেখালেখি করছিল আর ভীষণ রকমের এক লড়াই চালিয়ে যাচ্ছিল, আর এইভাবে সে মেয়েদের শিক্ষার এক প্রধান সমর্থক রূপে সামনের সারিতে এসে পড়ল। এর পরেই তাকে আর সামান্য বলা যায় কি, মনে হয় সে অসাধারণই হয়ে উঠেছিল।

জুলাই মাসে রাষ্ট্রসংঘের সাধারণ সভায় তার বক্তব্য শোনার পর গোটা সভা উঠে দাঁড়িয়ে অভিনন্দন জানায়। সে বলেছিল, 'একটি বাচ্চা, একজন অধ্যাপক, একটি কলম আর একটি বই, এই গোটা পৃথিবীটাকে বদলে দিতে পারে।" এর পরে সে সিরিয়ার শিশুদের সঙ্গে স্কাইপিতে কথা বলে, 'ম্যায় মালালা হুঁ' নামে একটি বই লেখে। জন স্টুয়ার্ট এবং

বারাক ওবামার সঙ্গে দেখা করে আর নোবেল পুরস্কারের জন্য বিশ্বের সবচেয়ে কমবয়সী মনোনীত কিশোর রূপে গণ্য হয়। এই সবের মধ্যেও তার মনোযোগ কেন্দ্রীভূত ছিল মাত্র একটাই বিষয়ে আর সেটা হল 'মেয়েদের স্কুলে যেতে দাও'।

সারা পৃথিবীতে প্রায় ৬৬ মিলিয়ন মেয়েরা পড়াশোনা করার অধিকার থেকে বঞ্চিত রয়েছে। পণ্ডিত ব্যক্তিরা বলছেন যদি এই পরিস্থিতির বদলানো যায় তাহলে সত্যিই মানুষের ইতিহাস পরিবর্তন করা যাবে। 'হাফ দি স্কাই'-এর সহলেখক শোরিল বুডুনএর কথায় 'যখন আপনি ছেলেদেরকে পড়ান তখন শুধুমাত্র সেই ছেলেটিকেই পড়ান কিন্তু যখন একটি মেয়েকে পড়ান তখন আপনি গোটা গ্রামটাকে শিক্ষিত করে তোলেন।' শিক্ষিত মেয়েরা যৌন শোষণ এবং বাল্যবিবাহ-এর মত কুরীতিগুলোর কবল থেকে রক্ষা পায়; তারা নিজেদের শিশুদের পড়াশোনার দিকে নজর রাখতে পারে। মালালা এব্যাপারে ইসলাম ধর্মের মতামত ব্যক্ত করতে গিয়ে পরিষ্কার করে বলে, 'ইসলাম আমাদের বলছে যে প্রত্যেক ছেলে এবং মেয়ের পড়াশোনা করা উচিত। আমি জানি না তালিবানর এটা কি করে ভুলে গেল?'

মালালা তার এই জেদ আর পৃথিবীকে বদলে দেওয়ার সংকল্পের জন্যই 'গ্ল্যামার্স ২০১৩ উইমেন্স অফ দি ইয়ার' রূপে মনোনীত হয়। মালালা ফাণ্ডের জন্য আসতে থাকা অর্থ, পৃথিবীর সেই সমস্ত বাচ্চাদের অধিকার পাইয়ে দেওয়ার জন্য ব্যবহার করা হচ্ছে, যারা এই সুযোগ থেকে এখনও বঞ্চিত রয়েছে। এই ফান্ডের সাহায্যে স্বাত উপত্যকার ৪০টি মেয়ের শিক্ষার জন্য অনুদান দেওয়া হয়েছে। এই উপলব্ধি মালালাকে খুব রোমাঞ্চিত করে, সে চায় যে সে যেন এইভাবে তার সাহায্য সারা পৃথিবীর কোনায় কোনায় পৌঁছে দিতে পারে। সে আরও বলেছে যে, যদি পৃথিবীর অর্দ্ধেক জনসংখ্যা প্রস্তরযুগে বাস করে তাহলে কিছুই করা যাবে না। যদি মেয়েরা সবাই শিক্ষিত হয়ে ওঠে তাহলে এই পৃথিবীর ভোলই বদলে দেওয়া যেতে পারে।

মালালার নিজস্ব পৃথিবাটা তো বদলেই গেল। সে একটি ছোট্ট সীমান্তবর্তী এলাকা থেকে বেরিয়ে একটি বিশ্বব্যাপী মঞ্চে এসে দাঁড়িয়েছে। সে কোনো

একটি ভাল কলেজে পড়াশোনা করতে চায় যেমন অক্সফোর্ড, কেম্ব্রিজ, হার্ভার্ড-এর মতো কলেজে। সে পাকিস্তানে প্রাক্তন প্রধানমন্ত্রী বেনজির ভুট্টোকে নিজের অন্যতম আদর্শ বলে মনে করে। সেই জন্য সে রাষ্ট্রসংঘের অধিবেশনে তাঁর স্কার্ফই পরেছিল।

ডকুমেন্টারি সিনেমার পর মালালা ইউসুফজাইয়ের সাক্ষাৎকার রাষ্ট্রীয় পাশতু ভাষার স্টেশন 'এবিটি খাইবার', উর্দু ভাষার দৈনিক 'আজ' এবং কানাডার 'টরোন্টো স্টার'-এ উল্লেখ করা হয়। ১৯ আগস্ট, ২০০৯-এ তাকে "ক্যাপিটাল টক"-এ দেখা গেল। ২০০৯ এর ডিসেম্বর মাস পর্যন্ত তার বিবিসি ডায়েরি সংবাদপত্রেও প্রকাশিত হয়েছিল। সে টিভিতে সার্বজনিকভাবে উপস্থিত হয়ে মেয়েদের শিক্ষার অধিকারকে সমর্থন করে।

অক্টোবর ২০১১তে দক্ষিণ আফ্রিকার এক্টিভিস্ট আর্কবিশপ ডেসমন্ড টুটু ডাচ ইন্টারন্যাশনাল অ্যাডভোকেসি গ্রুপ কিডস রাইট ফাউন্ডেশনের 'ইন্টারন্যাশনাল চিল্ড্রেন পিস প্রাইজ'-এর জন্য মালালার নাম বেছে নেন। সে ছিল প্রথম পাকিস্তানি মেয়ে যাকে এই পুরস্কারের জন্য মনোনীত করা হয়েছিল। ঘোষণা করা হল, 'মালালা তার নিজের এবং অন্য মেয়েদের জন্য রুখে দাঁড়াবার যে সাহস দেখিয়েছে এবং জাতীয় ও আন্তর্জাতিক মিডিয়ার সাহায্যে সারা পৃথিবীকে ভাবতে বাধ্য করেছে যে মেয়েদেরকেও স্কুলে যাওয়ার অধিকার দিতে হবে।' এই পুরস্কার দক্ষিণ আফ্রিকার মাইকলা মাইক্রফট পেয়েছিল।

এর দুমাস পরে ডিসেম্বর মাসে তাকে পাকিস্তানে প্রথম 'রাষ্ট্রীয় যুব পুরস্কার'-এ ভূষিত করা হয়। এর ফলে সে জনসাধারণের কাছে জনপ্রিয় হয়ে ওঠে। ১৯ ডিসেম্বর, ২০১১ তারিখে প্রধানমন্ত্রী ইউসুফ রাজা গিলানী তাকে এই পুরস্কারটি প্রদান করেন। মালালা তার সম্মানে আয়োজিত অনুষ্ঠানে বলে যে কোনো রাজনৈতিক দলের সঙ্গে যুক্ত নয়, কিন্তু ভবিষ্যতে সে অবশ্য একটি রাষ্ট্রীয় দল গঠন করবে, যারা শিক্ষার প্রচার-প্রসারের দায়িত্ব গ্রহণ করবে। ২০১২ অবধি মালালা, 'মালালা এডুকেশন ফাউন্ডেশন' স্থাপন করার পরিকল্পনা করছিল, যার মাধ্যমে গরীব মেয়েদের শিক্ষাদানের জন্য সাহায্য করা যাবে। সেই বছরেই জুলাই মাসে, সে ন্যাশনাল মার্কেট

সামার স্কুলে অংশ নিয়ে পাকিস্তানের আইএমটির ৩২তম কনফারেন্সে ভাষণ দেয়। উপস্থিত সবাইকে এবং সংগঠনের সদস্যদের ও কার্যকর্তাদের ধন্যবাদ জানিয়ে বলে এইভাবেই মার্কসবাদ এবং সমাজবাদকে স্পষ্টভাবে বুঝতে পারা যাবে।

মালালার জনপ্রিয়তা বেড়ে গিয়েছিল যা তার জন্য বিপদের মাত্রা বাড়িয়ে দিয়েছিল। খবরের কাগজে কিংবা তার বাড়িতে তাকে মেরে ফেলার হুমকি দেওয়া হচ্ছিল। সে ফেসবুকের সঙ্গে জড়িত ছিল। ফেসবুকেও তার প্রাণনাশের হুমকি দেওয়া হল। তার নামে বেশ কিছু ভুয়ো প্রোফাইল তৈরি হয়ে গেল। যখন কোন কিছুই কাজে এল না তখন একজন তালিবান মুখপাত্র বলল তাদের বাধ্য হয়েই এরকম একটা কাজ করতে হয়েছে। ২০১২-এর গরমকালে তালিবানদের একটি সভায় সর্বসম্মতভাবে তাকে একেবারে মেরে ফেলার এই সিদ্ধান্ত নেওয়া হয়েছিল। ৯ অক্টোবর, ২০১২ তারিখে তারা নিজেদের সিদ্ধান্ত কার্যকর করার জন্য মালালাকে স্কুল থেকে বাড়ি ফেরার পথে গুলি করে। মুখোশ পরা বন্দুকধারী চেঁচিয়ে উঠেছিল, ‘‘তামাদের মধ্যে মালালা কে? বলো নয়তো সবাইকেই মেরে ফেলব।’ তারপর মালালাকে চিনতে পেরে তাকে গুলি করে দেয়। মালালার একটি গুলি লেগেছিল, যেটা তার মাথা থেকে গলার মধ্যে গিয়ে কাঁধের মধ্যে আটকে গিয়েছিল। তার সঙ্গে থাকা আরও দুটি মেয়েরও গুলিতে আহত হয়েছিল।

ওই দুজন প্রাথমিক চিকিৎসার পর সাংবাদিকদের কাছে প্রত্যক্ষদর্শনের বিবরণ দেয়। মালালাকে বিমানে করে বিদেশে নিয়ে যাওয়া হয় আর সেখানে চিকিৎসা করার পর মালালা ১৭ অক্টোবর, ২০১২ তারিখে তার জ্ঞান ফিরে আসে। সে তার চিকিৎসায় ঠিকমতো সাড়া দিচ্ছিল সেইজন্য ডাক্তাররা আশ্বস্ত করেছিলেন যে তার মস্তিষ্কের কোন ক্ষতি হয়নি। ২০ এবং ২১ অক্টোবর জানানো হয় যে তার অবস্থা আগের থেকে ভাল হয়েছে, কিন্তু তার সংক্রমণজনিত সমস্যা হয়েছে। ৮ নভেম্বরে তার একটি ছবি মিডিয়াতে দেওয়া হয় যেখানে দেখা যাচ্ছিল সে তার বিছানায় আত্মীয়স্বজনদের সঙ্গে বসে আছে।

৩ জানুয়ারি, ২০১৩ তারিখে মালালাকে হাসপাতাল থেকে ছেড়ে দেওয়া হয়। সে তার পরিবারদের সঙ্গে অস্থায়ীরূপে ওয়েস্ট মিডল্যান্ডসে বাস করতে শুরু করে। ২ ফেব্রুয়ারি তার পাঁচ ঘন্টার ধীর্গ অপারেশন করা হয়। এই অপারেশনের মাধ্যমে তার করোটি ঠিক করে দেওয়া সঙ্গে সঙ্গে তার শ্রবণক্ষমতা বাড়ানোর জন্যও চেষ্টা করা হয়।

প্রতিক্রিয়া

এই হত্যার প্রচেষ্টা মিডিয়া দেখানোর পরে জনসাধারণের মধ্যে একইসঙ্গে রাগ এবং সহানুভূতির এক প্রবল ঢেউ বয়ে যায়। পাকিস্তানের অনেক শহরে এই হামলার একদিন পরে এই হামলার বিরোধিতা করে মিছিল বার করা হয় এবং ২ মিলিয়নেরও বেশি মানুষ শিক্ষার অধিকার অভিযানের আবেদনপত্রে স্বাক্ষর করেন, যার ফলে পাকিস্তানে প্রথম শিক্ষার অধিকার বিল পাস করা হয়। পাকিস্তানের আধিকারিকরা বলেন হামলাকারীদের খবর দিতে পারা ব্যক্তিকে দশ মিলিয়ন টাকা পুরস্কাররূপে দেওয়া হবে। মালালার সুরক্ষার ব্যাপারে বলতে গিয়ে তার বাবা বলেন 'আমার মেয়ে জীবিত থাকুক না থাকুক আমার দেশ ছেড়ে যাব না। আমরা শান্তির সমর্থক। তালিবান তাদের বন্দুকের জোরে সমস্ত স্বাধীনতাকামী কণ্ঠস্বরকে স্তব্ধ করতে পারবে না।'

পাকিস্তানের প্রেসিডেন্ট আসিফ আলি জারদারি এই নিন্দনীয় ঘটনা নিয়ে বলতে গিয়ে বলেন, এটা সমস্ত সভ্যলোকেদের ওপর করা একটি আক্রমণ। রাষ্ট্রসংঘের মহাসচিব জেনারেল বান কি মুন একে একটি ঘৃণিত এবং কাপুরুষোচিত ঘটনা বলেন। আমেরিকার প্রেসিডেন্ট ওবামা এই ঘটনাকে দুঃখজনক, ঘৃণিত এবং নিন্দনীয় বলে ব্যাখ্যা করেন। আর রাজ্যসচিব হিলেরি ক্লিন্টন বলেন যে মালালা অত্যন্ত বীরত্বের সঙ্গে মেয়েদের অধিকারের জন্য দাবী জানিয়েছিল আর হামলাকারীর তার কাছে হেরে গিয়েছিল। ব্রিটিশ বিদেশসচিব উইলিয়াম হগ এই ঘটনাকে বর্বরতাপূর্ণ বলে দেন এবং তিনি আরও বলেন যে এই ঘটনা পাকিস্তান তথা সারা পৃথিবীকে স্তব্ধ করে দিয়েছে।

যেদিন মালালা গুলিবিদ্ধি হয়, সেই দিনেই আমেরিকার বিখ্যাত গায়িকা ম্যাডোনা তাঁর লস অ্যাঞ্জেলসের কন্সার্টে 'হিউম্যান নেচার' নামের গানটি মালালাকে উৎসর্গ করেন আর নিজের পিঠে অস্থায়ীভাবে মালালার একটি ট্যাটু বানিয়ে নেন। আমেরিকার নায়িকা অ্যাঞ্জেলিনা জোলি একটি প্রবন্ধ লেখেন, সেখানে তিনি তাঁর সন্তানদের উদ্দেশ্য করে একটি প্রশ্ন রাখেন, 'তাদের এমন কেন মনে হলো যে মালালাকে হত্যা করা উচিৎ?' পরে জোলি মালালা ফান্ডের জন্য ২০০, ০০০ ডলার দান করেছিলেন। আমেরিকার প্রাক্তন ফার্স্ট লেডি লারা বুশ 'ওয়াশিংটন পোস্ট'-এ তাঁর একটি লেখায় মালালাকে এনি ফ্রাঙ্কের সঙ্গে তুলনা করেন। ভারতীয় পরিচালক আমজাদ খান ঘোষণা করেন যে তিনি মালালা ইউসুফজাইয়ের জীবনী নিয়ে একটি চলচ্চিএ নির্মাণ করেন। পাকিস্তানে তালিবানদের মুখপাত্র এহসানউল্লা এহসান এই হামলার দায়িত্ব স্বীকার করে নিয়ে বলে যে মালালা বিধর্মী, সে হল নির্লজ্জতার জ্বলন্ত উদাহরণ। সে আরও বলেছিল যদি মালালা জীবিত থাকে তাহলে তাকে আবার নিশানা করা হবে। তালিবানরা এই ঘটনায় বলে মালালার বাবা তার মাথা খারাপ করে দিয়েছে। তারা আত্মপক্ষ সমর্থন করে আরও বলে 'আমরা অনেকবার মালালার বাবাকে সাবধান করেছিলাম যাতে তিনি তাঁর মেয়েকে আমাদের বিরুদ্ধে ভুলভাল কথা আর খারাপ ভাষা ব্যবহার করতে বারণ করেন, কিন্তু তিনি আমাদের কথায় কর্ণপাতও করেননি আর তার ফলে আমাদের বাধ্য হয়ে এই কঠোর পদক্ষেপ গ্রহণ করতে হয়েছে।' তালিবানরা তাদের সাফাই দিতে গিয়ে কুরানের উদাহরণ দেয় আর বলে যে ইসলাম এবং ইসলামের শক্তির বিরোধিতা যারা করবে তাদের প্রাণে মেরে ফেলা উচিত। শরীয়তের বক্তব্য এই যে যদি একটি শিশুও ইসলামের বিরুদ্ধে প্রচার করে তাহলে তাকেও জীবিত অবস্থায় ছেড়ে দেওয়া উচিত নয়।'

১২ অক্টোবর, ২০১২ তারিখে পাকিস্তানে পঞ্চাশজন মৌলবিরা সেই তালিবানের বিরুদ্ধে ফতোয়া জারি করেন যে মালালাকে হত্যা করার চেষ্টা করেছিল। সুন্নি ইত্তেহাদ কাউন্সিলের বিদ্বান মানুষরা সার্বজনিক ভাবে পাকিস্তানের তালিবানদের নিন্দা করেন, যারা তাদের এই বর্বর নৃশংস

আচরণকে ধর্ম এবং আল্লাহ্-এর আড়াল নিয়ে সমর্থন পেতে চাইছিল।

যদি পুরো পাকিস্তানে এই হামলার ভরপুর নিন্দা হয়, কিন্তু কিছু সীমান্ত রাজনৈতিক দল এবং কট্টরপন্থী নেতারা নানাধরনের গুজব ছড়িয়ে দিয়েছিল। যেমন এই হামলা আমেরিকার সি.আই.এ এজেন্সি করিয়েছিল। এরকম গুজব ছড়ানোর উদ্দেশ্য ছিল এই হামলার একটা অজুহাত খাড়া করা। 'তহরিক-এ-তালিবান' পাকিস্তান এবং কিছু অন্যান্য তালিবান সমর্থকরা মালালাকে আমেরিকার গুপ্তচর বলতেও ছাড়েনি।

মালালা সবার জন্য শিক্ষার উপর জোর দিয়েছিল। কিন্তু সে তালিবানদের এবং অন্যান্য সন্ত্রাসবাদীদের বাচ্চাদের উপর বিশেষ নজর দিতে বলেছে। সে তার আধ্যাত্মিক এবং সামাজিক পথপ্রদর্শক রূপে মহম্মদ, যীশুখ্রিস্ট, বুদ্ধ, মার্টিন লুথার কিং, গান্ধি এবং মাদার টেরেসার কথা বলেছে। এঁদের সবাইকে অনুসরণ করে সে অহিংস নীতির পথে চলতে শিখেছে। 'আমি তো সেই তালিবান সমর্থককেও ঘৃণা করি না যে আমার ওপর গুলি চালিয়েছে। যদি আমার হাতে একটা বন্দুক থাকত আর ওই লোকটিকে আমার সামনে দাঁড় করিয়ে দেওয়া হত, আমি তাহলেও কখনই গুলি চালাতাম না।' মালালা যে ডায়েরিটি লিখেছিল সেটাই তালিবানদের রাগের কারণ হয়েছিল। তাদের বক্তব্য ছিল যে তারা স্বাতে ইসলামি আইনের শাসন চালু করতে চাইছিল আর মালালা সেই পথে বাধা হয়ে দাঁড়িয়েছিল। মালালার যখন গুলি লাগে তারপরে একটি তালিবানপন্থী সন্ত্রাসবাদী সর্বসমক্ষে একটি চিঠি প্রকাশ করে। এই সন্ত্রাসসবাদী ছিল পাকিস্তানের সবচাইতে কুখ্যাত বর্বরদের একজন। সে পারভেজ মুশাররফকে হত্যা করার পরিকল্পনার সঙ্গে যুক্ত ছিল বলে তাকে বন্দি করা হয়। ধরা পড়ার আগে সে পাকিস্তানের বায়ুসেনাতে নিযুক্ত ছিল। সে গত বছর জেল থেকে সেই সময় পালিয়ে যায়, যখন অনেক কয়েদিরা মিলে এই প্রচেষ্টা কার্যকর করতে পেরেছিল। এখন তার নিজের লেখা চিঠিতে বড় বড় মনীষি, পণ্ডিতদের উদাহরণ পাওয়া যেত। সে তার চিঠিতে রাসেল, ম্যাকালে প্রভৃতির উদ্ধৃতি যোগ করত। সে লিখল, 'ওরা সবাইকে ইংরেজ বানাতে চায় কেন? কারণ ইংরেজরা ইহুদিদের সমর্থক এবং ক্রীতদাস।' রশীদ তার

পত্রে জোর দিয়ে বলে তালিবানরা শিক্ষার বিরোধিতা করে না, তারা সেই শিক্ষতন্ত্রের বিরোধিতা করে যেখানে পাকিস্তানের নাগরিকদের ক্রীতদাস করে দেবে আর তারপরে ইসলামের জন্য আর কোন জায়গা পড়ে থাকবে না। সে আরও বলে যদি মাললা সি.আই.এ-এর কোনো হামলার ফলে এই একই ধরনের চোট পেত তাহলেও কি তার দিকে এই একইরকম মনোযোগ দেওয়া হত?

'তোমাকে রাষ্ট্রকন্যা বলে পরিচিত করানো হত? মিডিয়া কি তোমাকে ছায়ার মতো অনুসরণ করে বেড়াত?' চিঠির শেষে মালালাকে নিমন্ত্রণ করে বলা হয়েছে যাতে সে ফিরে এসে তার নিজস্ব আফগান সীমান্তবর্তী পাশতুন সংস্কৃতিকে গ্রহণ করে।

'পরিশেষে আমি তোমাকে একটা পরামর্শ দিচ্ছি, তুমি ঘরে ফিরে এসো, ইসলাম ও পাশতুন সংস্কৃতিকে গ্রহণ করো, তোমার বাড়ির কাছাকাছি মহিলাদের জন্য নির্দিষ্ট যেকোনো মাদ্রাসায় নাম লিখিয়ে নাও, সেখানে আল্লাহ্-এর পবিত্র ধর্মগ্রন্থ পড়ো, তোমার লেখনীশক্তিকে ইসলাম এবং মুসলিমদের দুঃখকষ্ট করার কাজে ব্যবহার করো, আর ওই তথাকথিত সভ্য লোকেদের মুখোশ খুলে দাও, যারা নতুন সাংসারিক নিয়মকানুনের নামে সমস্ত মানবতাকে নিজেদের ক্রীতদাস করে নিজেদের স্বার্থ চরিতার্থ করতে চায়।' এই চিঠিটি সাংবাদিক সেলিম মাসুদের কাছে এসেছিল। মাসুদের কথায় তালিবানিরা মালালাকে গুলি করার সিদ্ধান্তকে সঠিক প্রমাণ করতে চায়। তারা চাইছে তাদের এই চিঠি যত বেশি সম্ভব মানুষের কাছে পৌঁছে যাক।

একটি জায়গায় রশীদ একথাও লিখেছে যে যদি হামলাটা কখনো নাই করা হতো। 'দয়া করে তুমি একটি জিনিস জেনে রাখো যে তুমি স্কুলে যাচ্ছ অথবা তোমার পড়তে ভাল লাগে বলে তালিবানরা তোমাকে গুলি

করেছে, না তা নয়, তালিবান অথবা মুজাহিদিনরা শিক্ষার বিরোধী নয়। তালিবানরা মনে করে যে তুমি ইচ্ছে করে তাদের বিরুদ্ধে লিখছ এবং স্বাতে তাদের দ্বারা যে ইসলামিক আইন স্থাপন করার চেষ্টা চলছে তাকে শেয করে দেবার অভিযান চালাচ্ছ। তোমার লেখা লোককে ক্ষেপিয়ে তোলার কাজ করছে।'

ম্যায় মালালা হুঁ

ম্যায় মালালা হুঁ ঃ সেই মেয়েটির কাহিনী, যে শিক্ষার সমর্থনে রুখে দাঁড়িয়েছিল আর যাকে তালিবানরা গুলি করেছিল। এই বইটি সহলেখক ইংরেজ সাংবাদিক ক্রিস্টিনা ল্যাম্বের সঙ্গে যৌথভাবে লেখা হয়েছিল, যে বইটা আমেরিকার 'লিটল ব্রাউন এন্ড কোম্পানি' এবং ব্রিটেনের 'ইউডন ফিল্ড এন্ড নিকলসন' যৌথভাবে অক্টোবর ২০১৩তে যৌথভাবে প্রকাশ করেছিল। 'দি গার্ডিয়ান'-এর এক সমীক্ষক এই বইটিকে 'নির্ভীক' বলেছেন। ৭এই বইটি সবজায়গাতেই মিশ্র প্রতিক্রিয়া পেয়েছে আর সবাই মালালার সাহসের ভূরি ভুরি প্রশংসা করেছে। এই বই কন্নড়, তামিল, মালয়ালম এবং মারাঠি ভাষায় প্রকাশ করা হয়েছে।

অল পাকিস্তান প্রাইভেট স্কুল ফেডারেশন ঘোষণা করে যে তাদের ১৫২০০০ সদস্য সংস্থাগুলিতে এই বইটির উপর নিষেধাজ্ঞা জারি করা হয়েছে। কারণ এই বইতে ইসলামের অবমাননা করা হয়েছে আর তার ফল নেতিবাচক হতে পারে। পাকিস্তানের এক সম্পাদক বললেন যে মালালা এই বই লিখে তার সমালোচকদের সন্দেহকে আরও দৃঢ় করে তুলতে সাহায্য করেছে। আর সন্দেহটা হল যে সে পশ্চিমি দেশগুলির একজন এজেন্ট, যে ইসলাম এবং পাকিস্তানের বিরুদ্ধে কাজ করছে।

পাকিস্তানে অভ্যর্থনা

মালালার নিজের দেশের অভ্যর্থনা হলো ভালোমন্দ মিশিয়ে। 'ডন'-এর অন্যতম নিয়মিত লেখিকা হুমা ইউসুফ মালালার সমালোচকদের তিনটি প্রধান অভিযোগ এবং কুৎসার উদাহরণ দিয়ে বলেন ঃ মালালার পরিচিতি পাকিস্তানের সবচেয়ে নেতিবাচক দিককে আলোকিত করেছে (আতংকবাদ

কা জোর); তার শিক্ষাঅভিযানে পশ্চিমী এজেন্ডার ঝলক দেখা যায়; পশ্চিমী দেশগুলির দ্বারা তার প্রতি সহানুভূতি লোকদেখানো বলে মনে হয়, কারণ তারা কখনো সেই নিরপরাধদের জন্য তো এমন সহানুভূতি দেখায় না, যারা তাদের (পশ্চিমী শক্তির) হামলার শিকার হয়েছে।' 'ডনের আরও একজন নিয়মিত লেখক সিরিল আলমিদিয়া বললেন যে লোকেদের মধ্যে তহরীক-এ-তালিবানের বিরুদ্ধে ক্ষোভ কম আছে, তিনি সরকারকে এর জন্য দোষী করেন। সাংবাদিক অসদ বেগ বলেছেন মালালাকে পশ্চিমী সাম্রাজ্যবাদই যে ঠিক সে কথা প্রমাণ করার জন্য ব্যবহার করা হয়েছে। তাঁর মতে মালালা সাদা লোকেদের জন্য পরোক্ষভাবে সহায়ক হয়ে উঠেছে। সোশ্যাল মিডিয়াতেও মালালাকে সি.আই.এ-র গুপ্তচর বলা হয়েছে।

পুরস্কার এবং সম্মান ঃ

মালালাকে নিমলিখিত পুরস্কার এবং আন্তর্জাতিক সম্মানে ভূষিত করা হয় ঃ

২০১১ ইন্টারন্যাশনাল চিল্ড্রেন পীস প্রাইজ (মনোনীত)

পাকিস্তানি মেয়েটি সারা পৃথিবীকে নাড়িয়ে দিয়েছে। 'আমি এমন একটি পৃথিবীতে বাস করতে চাই যেখানে সবার শিক্ষা পাবার সমান অধিকার বজায় থাকবে।'

একটি স্বাধীন বিশেষজ্ঞ দল মালালাকে সর্বসম্মতিক্রমে এই পুরস্কারের জন্য মালালাকে মনোনীত করে এবং বলা হয় 'মালালা শিশু এবং বয়স্ক, উভয়ের জন্যই সমানভাবে প্রেরণার উৎস। সে দেখিয়ে দিয়েছে শিশুরাও তাদের কথা শুনবার জন্য বাধ্য করতে পারে এবং গোটা পৃথিবীকে ভাল-মন্দের পার্থক্য বুঝিয়ে দিতে পারে। তার লড়াই নিশ্চিত করে দিয়েছে যে সারা পৃথিবীতে যত মেয়ে আছে তাদের সবাইকে শিক্ষা পাবার অধিকার দিতে হবে। মালালার এই সাহস সত্যিই প্রশংসার যোগ্য।'

মালালা ঃ 'সমাধান খুবই সহজ, সমস্ত মেয়েদের শিক্ষার অধিকার দেওয়া হোক।'

মালালা যে 'চিল্ড্রেন পিস প্রাইজ' পেয়েছে সেটা গোটা পৃথিবীর সেই সমস্ত মেয়েদের পক্ষে তাদের শিক্ষালাভের অধিকার থেকে বঞ্চিত করা হয়েছে। এই কারণেই মালালাকে তার কথা বলার জন্য বিশ্বমঞ্চে স্থান দেওয়া হয়েছে। সে বলেছে, 'নেদারল্যান্ডই হোক, আর আমেরিকাই হোক, আমি যেখানে শিক্ষাগ্রহণ করছি, সেখানে শিশুশিক্ষার সুবন্দোবস্ত করা হয়েছে আর এমনটাই হওয়া উচিত।' আমি এক পৃথিবীর কথা ভাবি যেখানে সবাইকে সমানভাবে শিক্ষার অধিকার দেওয়া হবে, আর কেউ নিরক্ষর থাকবে না।'

ইয়েমেনের নোবেল শান্তি পুরস্কার বিজয়ী তবাকোল কারমান মালালাকে নকোসির একটি মূর্তি উপহার দেন। মালালার পাকিস্তানি মেয়েদের শিক্ষার জন্য পরিকল্পনা গ্রহণের শুরু থেকেই উৎসাহ ছিল। সে সেই সমারোহে অন্যান্য অনেক গণ্যমান্য ব্যক্তিদের সঙ্গে আমন্ত্রিত ছিল।

কিডস রাইট এবং লীডন বিশ্ববিদ্যালয় যৌথভাবে একটি সমীক্ষা করা হয় ৩২ মিলিয়ন মেয়েরা শিক্ষালাভ করা থেকে বঞ্চিত কেন?

লীডন বিশ্ববিদ্যালয়ের আইন বিভাগের সঙ্গে মিলে এই সিদ্ধান্ত নেওয়া হয় যে গোটা পৃথিবীর ৩২ মিলিয়ন মেয়েদের এখনও শিক্ষার সুযোগ মেলেনি, এর তিনটি কারণ আছে। পরিবারের মধ্যে মেয়েদের চিরকালিন দায়িত্বগুলি বাধা হয়ে দাঁড়ায়, শিক্ষাক্ষেত্রে ব্যয়ভার এবং মেয়েদের জন্য স্কুলের অসুরক্ষিত পরিবেশ। যদি মেয়েরা শিক্ষা পায় তাহলে তাদের স্বাস্থ্যের উপর অনুকূল প্রভাব পড়বে, ঘরের আয়বৃদ্ধি ঘটবে, রোজগারে পথ সুগম হবে। প্রসূতি এবং শিশু মৃত্যুর হার কমে যাবে পারিবারিক বন্ধন মজবুত হবে এবং বাল্যবিবাহের সংখ্যা কমে যাবে।

পাকিস্তানে স্কুলে না যাওয়া বাচ্চার সংখ্যা সবচাইতে বেশি। পাকিস্তান সরকার মেয়েদের শিক্ষার ব্যাপারে অনেক পদক্ষেপ নিয়েছে, কিন্তু তারপরেও ৩.২ মিলিয়ন মেয়ে স্কুলে যেতে পারে না। অশান্ত জায়গাগুলিতে

শিক্ষাদানের বন্দোবস্ত করতে পারা একটা কঠিন ব্যাপার। আমরা পাকিস্তান সরকারের কাছে অনুরোধ করছি যে তাঁরা এই কাজের জন্য খোলা মনে অন্যান্য এনজিও এবং আন্তর্জাতিক সংগঠনগুলির সাহায্য নিন।

মার্ক ডুলাট এই কাজের জন্য বিশ্বের সমস্ত নেতাদের এগিয়ে আসতে বলেন, '১৮৯টি দেশ ঠিক করেছিল যে ২০১৫ সালের মধ্যে সব শিশুদের শিক্ষা পাওয়ার সুযোগ করে দিতে হবে এবং ছেলে ও মেয়ে উভয়পক্ষকেই সমান অধিকার দিতে হবে। যদি আমরা এ বিষয়ে যত্ন না নিই তাহলে আমরা লক্ষ্যচ্যুত হব কারণ এখনও প্রায় ৫৭ মিলিয়ন শিশু স্কুলে যেতে পারছে না।'

ইউনেস্কোর একটি রিপোর্টে বলা হয়েছে পাকিস্তানে সাত থেকে পনেরো বছরের প্রায় ৬২ শতাংশ মেয়েরা এখনও স্কুলের মুখ দেখেনি।

রাষ্ট্রীয় যুব শান্তি পুরস্কার (২০১১)

১৯ ডিসেম্বর ২০১১ তারিখে পাকিস্তানের প্রধানমন্ত্রী ইউসুফ রাজা গিলানী মালালাকে এই পুরস্কার প্রদান করেন। প্রথমে এই পুরস্কারের নাম রাখা হয়েছিল রাষ্ট্রীয় যুব শান্তি পুরস্কার কিন্তু এই সময় থেকে মালালার সম্মানে এই পুরস্কারের নাম পরিবর্তন করে মালালা শান্তি পুরস্কার নাম দেওয়া হয়েছে। মালালা সাংবাদিকদের জানায় সে নিজে একটি রাজনৈতিক দল গঠন করতে চায়। এই দলে তাদেরই নেওয়া হবে যারা শিশুশিক্ষার জন্য কিছু করতে চায়। 'আমার এই দল দেশের চারদিকেই কাজ করবে।' মালালার অনুরোধে প্রধানমন্ত্রী আধিকারিকদের বলেন যে মহিলাদের জন্য স্বাত ডিগ্রি কলেজে আই. আই. টি. ক্যাম্পাসের বন্দোবস্ত করতে হবে।

অ্যানি ফ্রাঙ্ক এওয়ার্ড (জানুয়ারি ২০১২)

মালালাকে যখন এই পুরস্কার দেওয়ার কথা ঘোষণা করা হয় তখন সে নিজের পড়াশোনায় ব্যস্ত ছিল বলে এই অনুষ্ঠানে সে অংশগ্রহণ করতে পারেনি। তাই তার হয়ে তার বাবা এই পুরস্কার গ্রহণ করেন। এই পুরস্কার

প্রদান করেন অভিনেতা নাওমি হ্যারিস, যিনি 'ম্যান্ডেলা, লং ওয়াক টু ফ্রীডম'-এ অভিনয় করেছিলেন।

অ্যানি ফ্র্যাঙ্ক ট্রাস্টের সহ-সংস্থাপক এবং কার্যকরী নির্দেশক গিলিয়ন ওয়েল্স বলেন, "মালালা এক কিশোরী এবং শিক্ষাবিদ্ রূপে একজন উল্লেখযোগ্য উদাহরণ এবং অ্যানি ফ্রাঙ্কের মতোই আমাদের সবাইকে প্রেরণা যুগিয়ে চলেছে।"

সিতারা-এ-সুজাত, পাকিস্তানের তৃতীয় সর্বোচ্চ নাগরিক বীরত্ব পুরস্কার, অক্টোবর ২০১২

২০১২-এর শেষে পাকিস্তানের হ্যারল্ড পত্রিকা এবং ইংরেজি দৈনিক ডন পার্সন অফ দি ইয়ার ঠিক করার জন্য ভোট করে। মালালা সবথেকে বেশি ভোট পায়, যা ছিল সমস্ত ভোটের তিরিশ শতাংশ। প্রায়ই সংরক্ষণের কারণে সমস্ত সাধারণ পাকিস্তানি নাগরকিদের মনের কথা জানা যায় না, কিন্তু পাকিস্তানের কট্টরপন্থী মধ্যবিত্তদের বকবকানির তুলনায় এই পদ্ধতি অনেক বেশি গ্রহণযোগ্য বলে মনে করা যায়। পাকিস্তানি সমাজে এরকম বহু লোক আছেন যাঁরা মালালার ত্যাগ ও সাহসকে ব্যর্থ বলে মনে করে। তারা লজ্জিত এবং তার উপর ক্রুদ্ধ। কিন্তু তার ফলে মালালার ত্যাগ, সমর্পণ এবং দৃঢ়সংকল্প মোটেই কমে যায়নি। সে সেই ধরনের লোকেদের প্রেরণা নিয়ে এগিয়ে চলেছে যারা জানেন মালালা তার নিজের অদম্য সাহসে ভর করে তার নিঃস্বার্থ স্বপ্ন সাকার করেছে।

এটা ঠিকই যে মালালার উপর আক্রমণের পর পাকিস্তানের জনমানসের চিন্তাধারায় কিছু পরিবর্তন সাধিত হয়েছে কিন্তু কোনো দোষ না থাকা সত্ত্বেও মালালার ওপর এই দোষ চাপিয়ে দেওয়া হয় যে সে সারা পৃথিবীকে জানিয়ে দিয়েছে পাকিস্তানের কিছু অংশে তালিবানদের প্রভাব কতখানি। কিছু মানুষ মনে করেন সারা পৃথিবীতে এই কথা জানিয়ে দেওয়া খুব দরকার ছিল, আবার কিছু মানুষ মনে করেন মালালার তার নিজের দেশের দুর্বলতা বাইরের পৃথিবীতে বলে দেওয়াটা ঠিক কাজ হয়নি। সত্যি কি

অসাধারণ ব্যাপার, যে পাকিস্তানি মধ্যবিত্তরা তাদের ফ্রি মিডিয়ার জন্য গর্ববোধ করে তাদেরই পাকিস্তানের সমস্যাগুলি অন্যাদের চোখে ধরা পড়লে সমস্যা বলে মনে হয়।

ফরেন পলিসি ম্যাগাজিন, ১০০ বিশ্বখ্যাত চিন্তাবিদদের সমাহার, নভেম্বর ২০১২

পাকিস্তানের চারজনের মধ্যে একজন হিসেবে মালালার নাম এই পত্রিকার তালিকাতে প্রকাশিত হয়।

সামাজিক ন্যায়ের জন্য মাদার টেরিজা পুরস্কার নভেম্বর ২০১২

মালালার বক্তব্য চারিদিকে ছড়িয়ে পড়েছিল। সেগুলির খুব চর্চাও হয়। মালালা একজন সুবক্তা তো ছিলই কিন্তু তালিবানদের জন্য সে একটি শক্তিশালী প্রতীকে রূপান্তরিত হয়েছিল।

প্রাক্তন ব্রিটিশ প্রধানমন্ত্রী গর্ডন ব্রাউন, রাষ্ট্রসংঘের সারা পৃথিবীব্যাপী শিক্ষার রাষ্ট্রদুত এবং তিনি মালালার সম্মানে ১০ নভেম্বরকে মালালা দিবস বলে ঘোষণা করেন।

লারা বুশ তালিবান নিয়ন্ত্রিত এলাকাগুলিতে মহিলাদের দাবি তোলা মালালাকে সুবক্তা বলেন আর বলেন যে সে তার কার্যকলাপের জন্য প্রয়োজনীয় অর্থ সংগ্রহ করতে সক্ষম। মালালা তার বাবার সঙ্গেমিলে মালালা ফান্ড চালাচ্ছে।

শান্তি এবং মানবতাবাদী কাজের জন্য রোম পুরস্কার, ২০১২

মালালাকে রোমের সামামানিক নাগরিকত্ব প্রদান করা হয়। ইটালিতে পাকিস্তানের রাষ্ট্রদূত তহমীনা মালালার হয়ে এই সম্মান গ্রহণ করেন। মালালাকে শান্তি এবং মানবতাবাদের জন্য রোম পুরস্কার, ডিসেম্বর ২০১২

প্রদান করার জন্য ঘোষণা করা হয়। মালালার বাবা তার হয়ে এই পুরস্কার গ্রহণ করেন।

গোবাল ইংলিশ বার্ষিক সক্ষেণে সবার প্রথমে তার নাম জানুয়ারী ২০১৩।

সিমোন দি বিবোর পুরস্কার, জানুয়ারী ২০১৩

এই পুরস্কারের ষষ্ঠ সংস্করণ মালালাকে প্রদান করা হয়। সারা পৃথিবীর শীর্ষস্থানীয় কলা এবং সাহিত্যজগতের দিকপালরা এর জুরি কমিটিতে ছিলেন। যাঁরা 'সিমোন দি বিবোর'-এর মতো মহিলাদের অধিকার রক্ষার জন্য লড়াই করেন তাঁদেরকে এই সম্মান প্রদান করা হয়। পুরস্কার দেওয়ার সময় জুরিরা আশা প্রকাশ করেন যে এর ফলে আন্তর্জাতিক সদ্‌ভাবনার শক্তি বৃদ্ধি পাবে, সেই সমস্ত মহিলাদের অধিকার রক্ষা পাবে, যাঁরা এই সময়ে সংঘর্ষে তাঁদের জীবন বিপন্ন করেছেন, আদর্শ এবং শান্তি রক্ষা পাবে।

মাইমিঞ্জর ফ্রিহিটসপ্রীজ, ১৫২৫, মার্চ ২০১৩

এই পুরস্কার ৭ ডিসেম্বর ২০১৩, ব্রিটেন অক্সফোর্ড প্রদান করে।

ডার্টি স্ট্রীট অ্যাডভোকেসি এওয়ার্ড অফ ইনডেক্স অন সেন্সরশীপ, মার্চ ২০১৩

মালালার বাবা তার হয়ে এই সম্মান গ্রহণ করে বলেন 'আমি পৃথিবীকে জানাতে চাই। আমি এমন কিছু করিনি। আমি বাবা হিসেবে তাকে কেবল তার চিন্তাভাবনা স্বাধীনভাবে প্রকাশ করতে দিয়েছি। আমি সব মা-বাবাকে বলতে চাই তাঁরা তাঁদের সন্তানদের খোলামনে তাদের মত প্রকাশ করতে দিন। চিন্তার এই স্বাধীনতা খুব বড় একটা অধিকার। যে কোন সংঘর্ষের সঠিক সমাধান হল এই যে একদম সঠিক এবং সত্যি কথা বলা।'

ফ্রেড অ্যান্ড অ্যানি জার্ভিস এওয়ার্ড অফ ইউ. কে. ন্যাশনাল ইউনিয়ন অফ টিচার্স, মার্চ ২০১৩

'মালালার কাহিনী আমাদের সবার মনকে ছুঁয়ে গেছে আর সারা পৃথিবীর শিক্ষার জন্য শিক্ষার অধিকারের জন্য লড়াই করে চলা এই বাচ্চা মেয়েটি দেখিয়ে দিয়েছে যে সে কারোর চেয়ে কম নয়। আমরা সবাই তার সাথে আছি। পৃথিবীর বহু লোক অসাধারণভাবে কঠিন পরিস্থিতির মোকাবিলা করেছে। আমার বিশ্বাস মালালার কণ্ঠ, ভবিষ্যতের বহু বছর ধরে আরও জোরে ধ্বনিত হতে থাকবে।'

ভাইটাল ভাইসেস গ্লোবাল লীডারশিপ এওয়ার্ড, গ্লোবাল ট্রেলব্লেজার, এপ্রিল ২০১৩

'মালালা সাক্ষী যে এখন সব জায়গায় মহিলাদের বোবা দর্শক করে রাখা হয় না।

পরেমি ইন্টারন্যাশনাল কেটালুনয়া এওয়ার্ড আফ ক্যাটালোনিয়া, মে ২০১৩।

ওপিসি ফান্ড ফর ইন্টারন্যাশনাল ডেপলমেন্ট-এর বার্ষিক পুরস্কার, জুন ২০১৩

ওপিসি ফান্ডের চেয়ারম্যান ইউসুফ কামাল মালালাকে এই পুরস্কার প্রদান করেন, মালালার হয়ে এই পুরস্কার গ্রঙণ করেন তার বাবা জিয়াউদ্দিন ইউসুফজাই।

এই পুরস্কার পাবার কথা শোনার পর মালালা তার প্রতিক্রিয়ায় বলে, "এইরকম একটি বিখ্যাত পুরস্কার গ্রহণ করতে হবে শুনে তার বিচিত্র অনুভব হচ্ছে।'

সে আশা করেছিল যদি সমস্ত সংগঠন এক হয়ে যায় তাহলে সব মেয়েদের শিক্ষার জন্য চেষ্টা করতে পারে, তাদের শক্তিশালী করতে

পারে। সে আরও বলেছি, যদি আমাদের সত্যিকারের বিকাশের পথে এগিয়ে যেতে হবে তাহলে মেয়েদের শিক্ষিত করে তুলতেই হবে।

মি. ইউসুফজাই তার কন্যার হয়ে পুরস্কার গ্রহণ করতে গিয়ে বলেন, 'আমি, আমার মেয়ে মালালা, আমার পরিবার এবং আমার দেশবাসী এই প্রতিষ্ঠিত পুরস্কার গ্রহণ করতে পেরে ধন্য হয়ে গিয়েছি। আমি আশা করি এই পুরস্কার, কমসুবিধাযুক্ত শিশুদের ভবিষ্যৎ সুরক্ষিত করতে এবং মেয়েদের শিক্ষা অভিযানকে আগে এগিয়ে নিয়ে যেতে সাহায্য করবে, যার জন্য মালাল একদিন তার জীবন পর্যন্ত বাজি রেখেছিল।'

ইন্টারন্যাশনাল ক্যাম্পেনার অফ দ্যিয ইয়ার, ২০১৩, অবজার্ভার এথিকল পুরস্কার, টিপ্পেররি আন্তর্জাতিক শান্তি পুরস্কার

মালালাকে তার সাহস, দৃঢ় সংকল্প, ধৈর্য্য, এবং সারা পৃথিবীর উপর একটি সকারাত্মক প্রভাব ফেলার জন্য টিপ্পেররি আন্তর্জাতিক শান্তি পুরস্কার দিয়ে সম্মানিত করা হয়। প্রায় দুশো দর্শকের সামনে সে সমস্ত দেশের সরকারগুলির কাছে আপীল করে যে তাঁরা যেন তাঁদের নিজেদের দেশের আইন বদল করেন যা মহিলা ও শিশুদের সঙ্গে বৈষম্যমূলক আচরণে সহায়তা করে। সে বলে, সে তার স্বাত উপত্যকায় ফেরত যেতে চায় এবং তার কার্য্যকলাপ চালিয়ে যেতে চায় যাতে সারা পৃথিবীর শিশু এবং মেয়েরা উপযক্ত শিক্ষার অধিকার লাভ করতে পারে।

তার কুড়ি মিনিটের বক্তব্যে সে জানিয়ে দেয় যে তাকে একজন গুলিবিদ্ধ কিশোরী রূপে মনে রাখা না হয় বরং তাকে একজন মেয়েদের অধিকার রক্ষার লড়াইয়ের একজন কর্মীরূপে মনে রাখা হোক। পীস কনভেশনের সচিব মার্টিন কুইন মালালার নিজে এসে পুরস্কার গ্রহণের জন্য সন্তোষ প্রকাশ করেন। তিনি বলেন, 'মালালা এই পুরস্কার গ্রহণ করে পাকিস্তানের

প্রাক্তন প্রধানমন্ত্রী বেনজির ভুট্টোর সঙ্গে একই তালিকার অন্তর্ভুক্ত হয়েছে।' জো কাস্টলি নামের এক মন্ত্রী বলেন, 'আমি ওর বাহাদুরির প্রশংসা করি আর আমি খুশি যে তার মানবতার সঙ্গে সম্পর্কযুক্ত সমস্ত চেষ্টাকে আজ সন্ধ্যায় সম্মানিত করা হচ্ছে। আজ মালালা লক্ষ লক্ষ মানুষের জন্য এক প্রেরণাস্তোত্রে পরিণত হয়েছে।'

টিপ্পেররি পুরস্কার আশির দশকে প্রচলন করা হয় আর এই পুরস্কার তাঁদেরকেই দেওয়া হয় যাঁরা শান্তি বজয় রাখার চেষ্টা করে যান। ২০১২ সালে এই পুরস্কার প্রাপকদের তালিকায় আছেন হিলেরি ক্লিন্টন, সোনিয়া গান্ধি, কেনিয়ার সাংবাদিক জান গিথোঙ্গো এবং লাভবিহীন ক্যাথলিক শান্তি আন্দোলনের অগ্রণী প্যাক্স ক্রিস্টি ইন্টারন্যাশনাল। তারও আগে দক্ষিণ আফ্রিকার প্রাক্তন নেলসন ম্যান্ডেলা, প্রাক্তন সোভিয়েত প্রেসিডেন্ট মিখাইল গর্ভাচভ, প্রাক্তন ইউ. এস. প্রেসিডেন্ট বিল ক্লিন্টন ইত্যাদিদের মতো বিখ্যাত নেতাদেরও এই পুরস্কার প্রদান করা হয়েছে।

ইন্টারন্যাশনাল চিল্ড্রেন পীস প্রাইজ, কিড্স রাইট ২০১৩

মালালাকে ইন্টারন্যাশনাল চিল্ড্রেন পীস প্রাইজ, কিড্স রাইট ২০১৩ সম্মানেও ভূষিত করা হয়েছে। মলালা দি হাগে একটি বর্ণাঢ্য অনুষ্ঠানে ২০১১ সালের নোবেল পুরস্কার বিজয়িনী এবং মহিলা অধিকার রক্ষার লড়াইয়ের কর্মী তাবাকোল করমানের হাত থেকে এই পুরস্কার গ্রহণ করে। অ্যামস্টারডামের একটি সংগঠন বলে 'মালালা সারা পৃথিবীর মেয়েদের শিক্ষার অধিকার অর্জনের জন্য নিজের জীবনপণ করেছিল।'

ইন্টারন্যাশনাল চিল্ড্রেন পীস প্রাইজ, ডাচ কিড্স রাইট ফাউন্ডেসনের একটি উদ্যোগ, যা পূর্বতন সোভিয়েত নেতা মিখাইল গর্ভাচোভ শুরু করেছিলেন যখন তিনি নোবেল পীস জুরি কমিটির সভাপতি ছিলেন।

এই পুরস্কার বাবদ ১০০,০০০ ইউরো প্রদান করা হয়। এই টাকা পুরস্কার প্রাপক তার ইচ্ছেমতো খরচ করতে পারে। গত বছর এই পুরস্কার ক্রিসকে দেওয়া হয়েছিল। যে নিজে নিরাশ্রয় হলেও ফিলিপিনের রাস্তায় থাকা শিশুদের জন্য কাজ করছিল।

মালালাকে এই পুরস্কার দক্ষিণ আফ্রিকার শান্তির প্রতীক এবং নোবেল পুরস্কারবিজয়ী ডেসমন্ড টুটু প্রদান করেন। তিনি এই পুরস্কারের সংরক্ষকও ছিলেন।

অ্যাম্বাসাডার অফ কন্সাইস এওয়ার্ড (অ্যামনেস্টি ইন্টারন্যাশনাল)

মালালাকে অ্যামনেস্টি ইন্টারন্যাশনালের সবচাইতে বড় পুরস্কার 'অ্যাম্বাসাডার অফ কন্সাইস এওয়ার্ড' পুরস্কারও প্রদান করা হয়। এই পুরস্কার তাদের প্রদান করা হয় যারা তাদের জীবনকে মানব অধিকার ক্ষেত্রের জন্য কাজ করে এক জীবন্ত উদাহরণে পর্যায়ে নিয়ে চলে যায়। এই পুরস্কার আয়ারল্যান্ড, ডাবলিনের ম্যানসন হাউসে দেওয়া হয়।

'আমাদের কন্সাইন্স অ্যাওয়ার্ড-এর দুজন নতুন রাষ্ট্রদূত অনেকভাবেই আলাদা, কিন্তু তারা দুজনেই মানব অধিকার রক্ষার জন্য লড়াই করার জন্য অদম্য সাহসের অধিকারী। হ্যারি এবং মালালা এই পুরস্কারের সত্যিই যোগ্য, যাঁরা সাধারণের অধিকার, ন্যায় এবং মানবিক মর্যাদার জন্য সোচ্চার হয়েছেন এবং অন্যদের প্রেরণা যুগিয়েছেন তাঁদেরকে অনুকরণ করার জন্য।'

– সলিল শেট্টি

অ্যামনেস্টি, ইন্ট্যারন্যাশনাল সেক্রেটারি জেনেরাল

মালালা পুরস্কার গ্রহণের পর বলে, "আমি বাস্তবিক এই পুরস্কার পেয়ে খুব গর্ব অনুভব করছি। আর এই সুযোগে সবাইকে মনে করিয়ে দিতে চাই যে সারা পৃথিবীতে আমার মত লক্ষ লক্ষ শিশু আছে, যারা

রোজ স্কুলে যাওয়ার অধিকার পাওয়ার জন্য লড়াই চালাচ্ছে। আশা করি, আমরা এক হয়ে একদিন এই জগতের সর্বত্র যে শিশুরা আছে তাদের শিক্ষার অধিকার পেতে সাহায্য করতে পারব।'

হার্ভার্ড ফাউন্ডেশন্স পীটর গোম্স মানবাতাবাদী পুরস্কার (হার্ভার্ড বিশ্ববিদ্যালয়)

হার্ভার্ড মেডিকেল স্কুলে নিউরোলজি প্রফেসর এবং হার্ভার্ড ফাউন্ডেশনের নির্দেশক এস.এলেন কাউন্টার বলেন, 'হার্ভার্ড ফাউন্ডেশন ২০১৩-এর এই মানবতাবাদী পুরস্কার মালালা ইউসুফজাইকে প্রদান করতে পেরে অত্যন্ত আনন্দ হচ্ছে। সে আমাদের মাঝখানে বিশেষ অতিথিরূপে উপস্থিত আছে, যা আমাদের অত্যন্ত গর্বিত করেছে। মালালা এমন একটি মেয়ের নাম যে নিজের অদম্য সাহস এবং অক্লান্ত চেষ্টার ফলে লিঙ্গসমতার ওকালতি করেছে যাতে সারা পৃথিবীতে মেয়েরা শিক্ষার সুযোগ পাবে।"

"মালালা তার বাহাদুরী ভরা কার্য্যকলাপের মধ্যে দিয়ে সমস্ত সংস্কৃতি, পৃষ্ঠভূমি এবং ধর্মের লোকেদের প্রভাবিত করেছে আর আমার পুরো বিশ্বাস আছে যে তার বক্তব্য এবং উদাহরণ আমাদের সব ছাত্ররা অনুকরণ করবে।"

এই পুরস্কার গ্রহণ করতে মালালার সঙ্গে ডা. জুনেইদও গিয়েছিলেন, যাঁকে মালালার প্রাণ বাঁচানোর জন্য কৃতিত্ব দেওয়া হয়। তাঁকেও এই অনুষ্ঠানে সম্মানিত করা হয়।

অ্যানা পোলিতকোবস্কায়া এওয়ার্ড ২০১৩—রীচ অল উইমেন ইন ওয়ার

'.... মালালাও অ্যানা পোলিতকোবস্কায়ার মতো অন্যায় আর অত্যাচারের বিরুদ্ধে নত হতে অস্বীকার করে। আমাদের মালালাকে তার সাহসের জন্য এই পুরস্কার প্রদান করতে গিয়ে অত্যন্ত আনন্দের অনুভূতি হচ্ছে। সে এমন সময়ে সোচ্চার হয়েছে যখন কেউ কিছু বলতে সাহস

পাচ্ছিল না। সে সেই যুবতীদের সঙ্গে আছে যাদের কণ্ঠস্বর কেউ শুনতে পায় না আর সেই মেয়েরা শিক্ষার প্রচার-এর জন্য উন্মুখ হয়ে থাকে। আমারা মালালার এই মানসিকতাকে সেলাম জানাই।'

মালালা এই পুরস্কারের পাওয়ার পর তার প্রতিক্রিয়ায় জানায়, "অ্যানা এক সমর্পিত সাংবাদিক এবং মানবতাবাদী অধিকারের জন্য লড়াকু একজন্য নির্ভীক মহিলাযোদ্ধা ছিলেন। তিনি বেশ কয়েকটি গুরুত্বপূর্ণ ব্যাপার তুলে ধরেছিলেন। এমন এমন ব্যাপারে তিনি সোচ্চার হয়েছিলেন, যেগুলির সম্বন্ধে লোকে নিজেদের মধ্যে আলোচনা করতেও সাহস পেত না। আমি অত্যন্ত গৌরবান্বিত বোধ করছি যে আমকে এই পুরস্কারের জন্য বেছে নেওয়া হয়েছে। এর ওপর অ্যানার নাম লেখা আছে আর আমি আশা করছি যে আমিও তার মতো সাহসী হতে পারব। সত্য, সাম্য এবং মানবতার জন্য অ্যানা নিজেকে যেভাবে সঁপে দিয়েছিলেন আমি তার জন্য ভীষণভাবে আমার মনের মধ্যে শ্রদ্ধা অনুভব করি।'

এই অনুষ্ঠানেই মালালার ধৈর্য্য, করুণা এবং শান্তভাবের প্রশংসা করা হয় আর তাঁরা বলেন যে মালালা তার হামলাকারীদের বিরুদ্ধে কখনো প্রতিশোধের ভাবনাকে প্রশ্রয় দেয়নি। তাঁরা মালালা এই মানসিকতাকে খুব সম্মান করেন।

রিফ্লেকশান অফ হোপ এওয়ার্ড, ওকলাহামা সিটি, ন্যাশনাল মেমোরিয়াল এবং সংগ্রহালয়

মালালার হয়ে তাঁর পিতা এই পুরস্কার গ্রহণ করেন এবং বলেন 'মালালা আপনাদের সবার কাছে কৃতজ্ঞ। সারা পৃথিবীর মানুষ আমাদের পরিবারের প্রতি তাঁদের স্নেহ এবং সম্ভাবনা দেখিয়ে এগিয়ে এসেছেন, তার জন্য তাঁদের ধন্যবাদ।'

বিচারের স্বতন্ত্রতার জন্য শাকারোভ পুরস্কার, ইউরোপিয়ান সংসদ ২০১৩

মালালা পুরস্কার গ্রহণ করে বলে 'আমাদের এখানে নির্ধনতা, স্বাধীনতার অভাব, ভয় এবং সন্ত্রাসবাদ আছে কিন্তু আশাও আছে, কারণ আমরা সবাই সেই শিশুদের জন্য দাবী তুলতে, তাদের জন্য কিছু করতে পারার জন্য কিছু কাজ করতে চাই।"

এডিনবার্গ বিশ্ববিদ্যালয় দ্বারা কলা স্নাতকে সাম্মানিক উপাধি, ২০১৩

বিশ্ববিদ্যালয়ের প্রিন্সিপাল এই সুযোগে বলেন 'মালালার এখানে আসার জন্য আমরা সম্মানিত। আমরা খুব আনন্দের সঙ্গে তাকে এই কলা স্নাতক সাম্মানিক উপাধি প্রদান করছি। শিক্ষার অধিকারের জন্য তার সাহস ও সংকল্প নিশ্চিত রূপেই প্রশংসনীয়।"

প্রাইড অফ ব্রিটেন ২০১৩

এই পুরস্কার সেই ব্রিটিশ অধিবাসীদের দেওয়া হয়, যাঁরা প্রতিকূল পরিস্থিতিতে অসাধারণ বীরত্বের প্রদর্শন করেন। গত পনেরো বছর ধরে কেবলমাত্র ব্রিটিশদেরই এই পুরস্কারে ভূষিত করা হচ্ছিল। মালালাকেও এই শ্রেণীতে অন্তর্ভুক্ত করা হল।

উইমেন অফ দি ইয়ার, গ্ল্যামার পত্রিকা ২০১৩

মালালাকে সন ২০১৩তে গ্ল্যামার পত্রিকা উইমেন অফ দি ইয়ার মনোনীত করে।

২০১৩ জি জি ২ হ্যামার পুরস্কার, নভেম্বর (জি জি ২ লিডারশিপ পুরস্কার)

মালালা ইউসুফজাই, কায়নাত রিয়াজ এবং শাজিয়া রমজানকে ২৭ নভেম্বর, ২০১৩-এর জি জি ২ হ্যামার পুরস্কারে সম্মানিত করা হয়। মালালা জি জি ২ পাওয়ার লিস্ট ১০১ পয়লা নম্বর স্থানে ছিল। কারণ সে মেয়েদের জন্য শিক্ষার যে প্রদীপ জ্বালিয়েছিল তা উল্লেখযোগ্য ছিল।

জি জি ২ পাওয়ার লিস্ট ১০১-এ দি এশিয়ান মিডিয়া এবং মা'র্কটিং গ্রুপ তৈরি করে। য়া ইউ. কে.তে জীবনে বিশেষ পক্ষ থেকে আসা এশিয়ার অধিবাসীদের তালিকা তৈরি করে। এটা ছিল তাদের তৃতীয় বছর। মালালার নাম এক সাপ্তাহিক প্রকাশন দ্বারা ব্রিটেনের সবচাইতে প্রভাবশালী ব্যক্তিত্বরূপে বেছে নেয়।

সমতা এবং বৈষম্যর নীতি গ্রহণ করার জন্য ২০১৩-এর ইন্টারন্যাশনাল শান্তি পুরস্কার

মেক্সিকো পাকিস্তানি ছাত্রী মালালাকে এই পুরস্কার প্রদান করে বলে যে মেয়েদের শিক্ষাকে সমর্থন দেওয়ার জন্য তালিবানদের গুলির শিকার হয়েছে।

মালালা এই পুরস্কার গ্রহণ করে ধন্যবাদসূচক বক্তব্য রাখে। এরপর মালালা একটি ফান্ড গঠন করে, যেখানে থেকে স্কুলে গিয়ে পড়াশোনা করতে চায় এমন মেয়েদের সাহায্য করা হবে।

মালালা ইউসুফজাইকে সুইজেন 'বিশ্ব শিশু পুরস্কারে ভূষিত করে।

মালালাকে ২০১৪ সালে স্কোল গ্লোবাল ট্রেজার পুরস্কার'-এ প্রদান করা হয়।

মালালাকে কানাডার ইউনিভার্সিটি অফ কিংস কলেজ থেকে 'অনারারি ডক্টর অফ সিভিল ল' সম্মানে ভূষিত করা হয়।

২০১৪ নোবেল শান্তি পুরস্কার

মালালা ভারতের শিশুদের অধিকারের জন্য দাবী করা কৈলাশ সত্যার্থীর সঙ্গে যৌথভাবে ২০১৪ সালের নোবেল শান্তি পুরস্কার পায়। এঁরা 'সেভ দি চিল্ড্রেন' অভিযানি চালিয়েছিলেন।

তার চারপাশের এত খ্যাতি সত্ত্বেও মালালা তার নিজের বাড়ি, স্বাত উপত্যকাকে সবসময় মনে করত। সে বলত, 'আমার বাড়ি, আমার ঘর,

সেই যাতায়াত এমনকি আবর্জনারা স্তুপ পর্যন্ত আমার মনে পড়ে যায়।' কিন্তু এখন সেখানে যাওয়া আর নিরাপদ নয়। তালিবানরা বলে দিয়েছে যে, তারা সুযোগ পেলেই মালালাকে আবার গুলি করবে। মালালা এখন এই সময় তার পরিবার-পরিজনদের বিদেশে আছে আর সারা পৃথিবীর চালচিত্রে একটা বদল ঘটাবার চেষ্টা সেখান থেকেই করছে

একবার মালালা যখন এক সাংবাদিকের সঙ্গে স্কাইপিতে কথা বলছিল তখন সে তার পরিবারের সঙ্গে বাস করছিল। সেই সাংবাদিক তাকে জিজ্ঞাসা করে যে সে জনগণের কাছে কি বলতে চায়। সেই সময় সে বলেছিল তার কল্পনার কথা যেখানে ঈশ্বর পুরুষ এবং স্ত্রীলোক সৃষ্টি করার পর পরবর্তী মানুষ উৎপাদনের ক্ষমতা কাকে দেওয়া যায় ভেবে চিন্তায় পড়ে গেলেন এবং শেষ পর্যন্ত তিনি স্ত্রীলোককেই বেছে নিলেন। এই গল্প থেকে সে মহিলাদের শক্তির মাত্রা সম্বন্ধে আন্দাজ করে নিতে বলেছিল।

মালালার কথায়, 'আমি তোমাদের অধিকার পাইয়ে দেওয়ার জন্য কিছু করি তার জন্য অপেক্ষা করো না। এটা তোমাদের পৃথিবী আর তোমরাই একে বদলে দিতে পারো

6

আর নোবেল পুরস্কার এল

যখন নোবেল পুরস্কার কমিটি ঠিক করল যে তাকে এবারের নোবেল পুরস্কার দেওয়া হবে তার আগেই মালালা অনেক পুরস্কার পেয়েছিল। তার বৈপ্লবিক চিন্তাভাবনা, তার সাহসিকতা, তার অদ্যম্য জেদের তাকে বিভিন্ন ধরনের পুরস্কার, মেডেল ইত্যাদির সাহায্যে সম্মান জানানো শুরু হয়ে গিয়েছিল। বস্তুতঃ সে নোবেল পুরস্কার পাওয়ার আগেই যখন তালিবানরা সমস্ত স্কুল বন্ধ করে দেওয়ার ফতোয়া জারি করেছিল তখনই সে প্রতিবাদ করেছিল আর সারা পৃথিবীকে তালিবানদের আসল চেহারাটা দেখিয়ে দিতে পেরেছিল। সে দেখিয়ে দিতে পেরেছিল যে তালিবানরা মেয়েদের শিক্ষালাভের অধিকারের বিরুদ্ধে। তালিবানদের তখন তাকে গুলি করে চিরকালের মতো চুপ করিয়ে দেওয়া আর কোন উপায় খুঁজে পায়নি। কিন্তু গুলি করার পরও তাকে চুপ করানো গেল না। উলটে মালালার নাম লোকের মুখে মুখে ঘুরতে লাগল, সেই মালালা যে অন্যায় আর অত্যাচারের বিরুদ্ধে রুখে দাঁড়াবার সাহস রাখে। আর এখন সতেরো বছরের মালালা নোবেল পুরস্কার দিয়ে সম্মানিত করা হল এবং সারা পৃথিবীর মানুষ তার চিন্তাভাবনার কথা জানতে পারল।

মালালা যখন জীবন-মৃত্যুর মাঝখানে সুতোর মতো ঝুলছিল তখন তাকে বার্মিংহামে নিয়ে যাওয়া হয়, আর সেখানেই একটা স্কুলে সে তার পড়াশোনা করতে থাকে। এখন সেখানেই তার একটা নতুন বাড়ি হয়েছে। যখন তাকে সেখানে নিয়ে যাওয়া হয় তখন বহুলোক তার জন্য প্রার্থনা করছিল, কিন্তু তা সত্ত্বেও বলা কঠিন ছিল সে লম্বা ঘুমের থেকে কবে জেগে উঠবে, কিন্তু মালালা মৃত্যুর সঙ্গের এই লড়াইও জিতে গেল যা এক অলৌকিক ঘটনা। সে মৃত্যুকে আছাড় মেরে উঠে বসল। যখন সারা পৃথিবী জানতে পারল যে মালালার জ্ঞান ফিরে এসেছে আর তার বাঁচার সম্ভাবনা ক্রমশই বেড়ে চলেছে, তখন সবাই খুব খুশি হল। সবাই যে যার মতো করে তার নিজের ইষ্টদেবতাকে ধন্যবাদ জানাল যে তিনি তার প্রার্থনা শুনেছেন এবং মালালার প্রাণ বাঁচিয়ে দিয়েছেন।

মালালা তার নোবেল পুরস্কার পাওয়ার আনন্দ সবার আগে তার স্কুলের বন্ধুদের সঙ্গে ভাগ করে নেয়। কারণ স্কুলই তো সেই জায়গা যেখানে সে সবসময় থাকতে চাইত। নোবেল পুরস্কার পাওয়ার পর সে বলেছিল, 'এই পুরস্কার সেই সমস্ত শিশুদের জন্য যাদের কথা কেউ শুনতে চায় না, তাদের কথা শোনা উচিত। আমি তাদের হয়ে বলছি, আর সবসময়ই তাদের সঙ্গেই দাঁড়িয়ে আছি। আমি তাদের নিয়ে তাদের সঙ্গে তাদের অভিযানে শামিল আছি।' সে শুক্রবারে বার্মিংহামে প্রেস কনফারেন্সে বলেছিল, 'তাদেরও অধিকার আছে। তাদের উচিৎ গুণসম্পন্ন শিক্ষা পাওয়ার অধিকার আছে। তাদের অধিকার আছে যে তারা শিশুশ্রমের যাঁতাকলে না পিষুক, তাদের শিশুশোষণের মতো অপরাধের হাত থেকে রক্ষা পাওয়ার অধিকর আছে। তাদেরও হাসিখুলি জীবন ভোগ করার অধিকার আছে।'

মালালা আরও বলেছে যে ষাঠ বছর বয়সী ভারতীয় কৈলাশ সত্যার্থী মহাশয়ের সাথে নোবেল পুরস্কার গ্রহণ করতে পারার সুযোগ পাওয়া তার জন্য এক সৌভাগ্যের ব্যাপার। সে সম্মানিত বোধ করছে। কারণ সত্যার্থী মহাশয় তাঁরা সারাটা জীবন শিশুদেরকে গোলামি আর শোষণের হাত থেকে রক্ষা করার জন্য ব্যয় করেছেন। মালালা ভারত এবং পাকিস্তান এই

দুই দেশের প্রধানমন্ত্রীদেরকেই নিমন্ত্রণ জানায় যাতে তাঁরা নোবেল পুরস্কার অনুষ্ঠানে আসেন। মালালা পাকিস্তানের মহিলাদের অধিকার অর্জনের লড়াইয়ের প্রতীক হয়ে উঠল।

সে সেই মেয়েটাই, যার বাঁচার আশা নেতিবাচক ছিল। গুলি লাগার পর অজ্ঞান ছিল আর ডাক্তাররা বলে দিয়েছিলেন যে ভগবানের কাছে প্রার্থনা করতে। তখন তার বাবা তাঁর শালাকে স্বাতে খবর পাঠাতে বলেছিলেন যাতে মালালার জন্য কফিনের বন্দোবস্ত করে রাখা হয়। মালালার বাবার জন্য এই সময়টা অত্যন্ত কঠিন ছিল কারণ তিনি চোখের সামনে তাঁর মেয়েকে মৃত্যুর দিকে ঢলে পড়তে দেখছিলেন কিন্তু তাঁর কিছু করার ছিল না। আজ তাঁর মেয়ে সারা পৃথিবীর দুলালী হয়ে উঠেছে। মালালার যখন জ্ঞান ফিরে এল তখন সবচাইতে আগে তার মনে হল যে সে বেঁচে আছে! সে আল্লাহ্‌কে ধন্যবাদ জানাল আর দেখতে দেখতে তার বিছানার চারপাশটা তার শুভাকাঙ্খীদের পাঠানো ফুল, শুভেচ্ছাপত্র এবং খেলনাতে ভরে উঠল। সে তার সমস্ত শুভাকাঙ্খীদের ধন্যবাদ জানালো, হাসিমুখে হাসপাতালের বাইরে বেরিয়ে এল। তারা তখন বার্মিহামে থাকতে শুরু করেছিল, তার বাবাকে তালিবানরা আবার খুন করার হুমকি দিয়েছিল। পাকিস্তান মালালার বাবাকে সেখানেই তিন বছরের জন্য চাকরির ব্যবস্থা করে দিয়েছিল যাতে তারা সেখানেই একটু ধাতস্থ হতে পারে আর মালালা নিরাপদে তার স্কুল করতে পারে।

মালালা তার স্কুলে তো গেল, সেই সঙ্গেই সে তার অভিযানকেও এগিয়ে নিয়ে যেতে লাগল। অর্থাৎ সে মেয়েদের শিক্ষিত করে তুলবার জন্য সচেষ্ট ছিল। সে প্রেসিডেন বারাক ওবামার সঙ্গে সাক্ষাৎ করে, অধিকার আদায়ের জন্য অনেক কনফারেন্সে অংশগ্রহণ করে, কর্পোরেট জগতের বক্তারূপে যায়, আর সেই সমস্ত লোকেদের সঙ্গে যোগাযোগ করতে শুরু করে যাঁরা তাঁদের ক্ষমতা এবং অর্থের সাহায্যে তার লক্ষ্যপূরণে সাহায্য করতে পারেন। সে তার সহজ, সরল মনোভাবের জন্য সবার মন জয় করে নিল। মহিলাদের একটি সভাতে সে খুব সহজেই বলে ফেলে যে

তার কোনো মোবাইল ফোন নেই। গোটা ভীড়টা শুনে স্তব্ধ হয়ে গেল আর তারপর এই কিশোরীর কথায় নিঃশব্দে হাসতে শুরু করল, যে স্বীকার করছে যে তার কোনো মোবাইল ফোনের দরকার নেই।

মালালা তার নামে লেখা বইটিতে সহলেখিকার ভূমিকা পালন করেছে। তার আগলি বেটি টিভি শো খুব পছন্দ। এছাড়া সে পপ স্টার জস্টিন বীভারকে পছন্দ করে। কুকিঙ্গ শো 'মাস্টার শেফ'ও তার ভাল লাগে। 'আফগান উইমেন চীফ'-এর সহলেখকা ডেভিড কার্টারাইট তার সম্বন্ধে বলেছিলেন "মালালা আফগানিস্তান আর পাকিস্তানের বহু মহিলার শক্তি ও প্রেরণাস্তোত্র, যে নিজের অধিকারের জন্য লড়াই করে, তালিবানদের বিরুদ্ধে আর যুদ্ধের ভারে অবনত জনতার জন্যেও লড়া করে চলেছে।" যখন হাসপাতালের ডাক্তার, স্কুলের আধিকারিক এবং বার্মিংহামের বাসিন্দারা মালালার এই পুরস্কার পাবার কথা জানতে পারল তখন তারা কেউ আশ্চর্য্য হয়নি, কারণ তাঁরা জানতেন মালালার এই পুরস্কারের যোগ্য। তাঁরা অবশ্য মালালারর প্রশংসক ছিলেন। মালালাও কুণ্ঠাহীন চিত্তে এই শহরকে আপন করে নিয়েছিল আর নিজেকে সগর্বে 'ব্রম্বীজ' বলত, ঠিক যেরকমভাবে এই শহরের আদিবাসিন্দারা নিজেদের পরিচয় দিয়ে থাকেন।

এই খবর শুনে সবাই একথাই বলেছেন যে এই পুরস্কার মালালার জন্য আমাদের মনে যে সম্মান আছে তা আরও বাড়িয়ে দিয়েছে। মালালা যা করতে পেরেছে তা করবার মতো সাহস আমাদের নেই। মালালা আজও দৃঢ়সংকল্পবদ্ধ যে সে একদিন পাকিস্তানে আসবে আর সেখানকার রাজনীতিতে অংশ নেবে। পুরস্কারের আর্থিক মূল্য ১.১ মিলিয়ন ডলার যা তার এবং সত্যার্থীর মধ্যে সমানভাবে ভাগ করে দেওয়া হবে।

দানশীলতা

নোবেল পুরস্কার বিজেতা এডুকেশন অ্যাক্টিভিস্ট মালালা ইউসুফজাই ঘোষণা করল যে সে ওয়ার্ল্ড চিল্ড্রেন পুরস্কার থেকে পাওয়া অর্থ ইউ.এন.-এর স্কুল পুনর্নির্মাণ তহবিলে দান করবে। গাজা যুদ্ধে বোমাবাজির ফলে বিধ্বস্ত

হয়ে স্কুলগুলির জন্য ইউ. এন.-এর এই সংগঠন তখন সেখানে কাজ করছিল। মালালা সেখানকার স্কুলগুলির উন্নতির জন্য এই অর্থ প্রদান করে। মালালা জানিয়েছে এই অর্থ পঁয়ষট্টিটি স্কুলে দেওয়া হবে আর তাদের মাধ্যমে যুদ্ধের ফলে ক্ষতিগ্রস্ত ও ভীত শিশুদের আবার পড়ার বন্দোবস্ত করা যাবে। "আমাদের একসাথে কাজ করতে হবে যাতে ফিলিস্তিনি শিশুরা এবং অন্যান্য শিশুরা নিরাপদ আবহাওয়ায় তাদের পড়াশোনা করার সুযোগ পায়, আমাদের শান্তি ও শিক্ষার জন্য একজোট হতে হবে, কারণ এইভাবে আমাদের শক্তি বৃদ্ধি পাবে।"

ফিলিস্তিনি শরণার্থীদের সাহায্যের জন্য তৈরি ইউনাইটেড নেশন্স রিলিফ এন্ড ওয়ার্ক্স এজেন্সির কমিশনার জেনারেল বলেন, 'মালালা এত অল্পবয়সেই নিজের এবং তার সাথে সাথে অন্যান্য শিশুদের শিক্ষার জন্যও প্রতিকূলতার সঙ্গে যুজছে। সে তাদেরকে তাদের নিজেদের জন্যই কিছু করার প্রেরণা জোগাচ্ছে। মালালার এই দানশীলতা জন্য সেইসমস্ত ছেলে, মেয়ে এবং শিক্ষকশিক্ষিকাদের এক নতুন পথের সন্ধান দেবে যাঁরা স্কুল নষ্ট হয়ে যাবার জন্য হতাশায় ভেঙে পড়েছিলেন। ফিলিস্তিনিরা জানেন যদি ভবিষ্যৎ প্রজন্মকে উপযুক্তভাবে গড়ে তুলতে হয় তাহলে তাদের শিক্ষিত করে তুলতেই হবে।'

এখনও শিশুদের জন্য এবং তাদের কল্যাণের জন্য কার্যরত

মালালাকে সুইডেন থেকে যে 'ওয়ার্ল্ড চিল্ড্রেন পুরস্কার' প্রদান করা হয়, সেটা পাওয়ার পর সে জানতে পারে তার সমর্থনে সারা পৃথিবী থেকে লাখে লাখে শিশুরা তাকে সমর্থন করে ভোট দিয়েছিল। এটাই তাকে সবচেয়ে খুশি করেছিল। সে বলেছিল, 'এটা বাচ্চাদের নোবেল পুরস্কার আর আমি গর্বিত যে শিশুরাই আমাকে এর জন্য বেছে নিয়েছে। এই পুরস্কার শুধু মালালা নামের মেয়েটির একার নয়, এই পুরস্কার সেই

সমস্ত শিশুদের যারা কোনো না কোনো কারণে স্কুলেই যেতে পারে না।' মালালা প্রত্যেরবারের মতো এবারও সেই পুরস্কারের অর্থ শিশুদের স্কুলগঠনের জন্য দান করে দেয় যে প্রমাণ করে দিয়েছে যে এখন শিশুরাও তাদের অধিকারের জন্য রুখে দাঁড়াতে পারে এবং শিক্ষালাভ করা তাদের জন্মসিদ্ধ অধিকার।

মালালা সারা পৃথিবীর শিশুদের কাছ থেকে বহু চিঠি পেয়েছে, টিভিতে তাকে অনেক ক্ষুদে ভক্তরা অভিনন্দিত করেছে, তারা তাকে পোস্টকার্ড পাঠিয়েছে। এইসব দেখেশুনে সে খুব খুশি হয়েছে। তার বক্তব্য, 'এইসব দেখে আমি এগিয়ে যাওয়ার প্রেরণা পাই। আমি যে সমস্ত মানসিক ও শারীরিক কষ্ট ও যন্ত্রণা ভোগ করেছি, সেগুলি অনেকটাই লাঘব হয়ে যায়। আমার সাথে এই ঘটনা ঘটার আগে

আমি কেবল একটি মেয়ে ছিলাম, কিন্তু এখন মনে হয় এই যুদ্ধে আমি একা নই, আমার পাশে লাখে লাখে মহিলা ও মেয়েরা এসে দাঁড়িয়েছে।'

সুইডেনের এই পুরস্কার তাদেরকেই দেওয়া হয় যারা শিশুদের অধিকার রক্ষার জন্য কিছু না কিছু কাজ করেছে। ২০১৪এর এই সম্মানের প্রথম পুরস্কার প্রাক্তন আমেরিকান মাইক্রোসফ্‌ট একজিকিউটিভ জন উডকে দেওয়া হয়, কারণ তিনি শিশুদের জন্য রিডিং প্রোগ্রামকে উৎসাহিত করেছিলেন, এবং দ্বিতীয় পুরস্কার নেপালের সমাজসেবককা ইন্দিরা রাণাসাগরকে কয়েদি শিশুদের সাহায্যের অবদানের জন্য দেওয়া হয়।

সে নেতা হতে চায়

মালালা জানিয়েছে সে একটি রাজনৈতিক দল গঠন করতে চায়, স্বাতে ফিরে যেতে চায়। সে ভারত এবং পাকিস্তানের প্রধানমন্ত্রীদের ডিসেম্বরে আয়োজিত নোবেল পুরস্কার বিতরণী অনুষ্ঠানে আসতে আমন্ত্রণ জানায়। মালালার আত্মা আজও স্বাত উপত্যকায় বাস করছে। ''আমি চাই যে

লোকেদের মধ্যে জাগরণ ঘটিয়ে তাদের সমস্যার সমাধান করি। আমি স্থানীয় স্তরে রাজনীতিতে অংশগ্রহণ করে, পরে জাতীয় এবং শেষে আন্তর্জাতিক স্তরে পৌঁছাতে চাই। আমি চাই সব দল মিলে একজোট হয়ে দেশের সমৃদ্ধি এবং সম্পন্নতার জন্য কাজ করুক। আমাদের সবাইকে একসাথে, একজোট হয়ে দেশের জন্য কাজ করতে হবে। রাজনৈতিক দলগুলির লক্ষ্য হওয়া উচিত জনগণের খাদ্য, শিক্ষার মতো প্রাথমিক সুবিধাগুলির সুবন্দোবস্ত করা। আমি এখন খুশি যে বর্তমানে আন্তর্জাতিক সংগঠনগুলি শিক্ষাদান করার জন্য মনোযোগ দিয়েছেন। আমাদের একসঙ্গে কাজ করতে হবে। পাকিস্তানে আজও ৫৭ মিলিয়ন শিশু স্কুলের আওতার বাইরে আছে। আমি স্বপ্ন দেখি সব পাকিস্তানি শিশুরা তাদের গুণমান অনুযায়ী শিক্ষাপ্রদান করা হচ্ছে।" মালালা জানিয়েছে যে সে তার নোবেল পুরস্কারের অর্থ পাকিস্তানের শিক্ষাসম্বন্ধিত যোজনাগুলির কাজে লাগাবে আর পাকিস্তানেই একটি উচ্চস্তরের গুণসম্পন্ন স্কুল খুলবে।

নোবেল পুরস্কার পাবার পর সে জানিয়েছিল, "আমি নোবেল পুরস্কার পাবার আশা করিনি। আমি নিজের রসায়ন বিজ্ঞান ক্লাসে ছিলাম, তখন আমার টিচার আমাকে খবরটা দেন। সমস্ত ছাত্র-ছাত্রীরা সেখানে জড়ো হয়ে যায় আর আমি খুব ঘাবড়ে গিয়েছিলাম, তারপর অবশ্য আমি একটি সংক্ষিপ্ত ভাষণ দিই।

আমাদের এই পৃথিবীতে শান্তি প্রতিষ্ঠার জন্য শিশুদের বই যোগাতে হবে।

মালালা যখন জানতে পারল যে তাকে নোবেল পুরস্কার দেওয়া হয়েছে সে সেই সময়ে তার ক্লাসে ছিল। তার ক্লাসের সহপাঠীরা তাকে হাততালি দিয়ে অভিনন্দন জানায় আর মালালা ফান্ড থেকে টুইট করা হয় ঃ

'মালালা পুরস্কার সম্বন্ধে তার স্কুল শেষ হবার পরেই কথা বলবে।'

এগারো দিন পরে মালালা তার এক সকাল ফিলাডেলফিয়ার স্কুলের শিশুদের সঙ্গে কাটায় আর দুপুরে সে ফোর্বস ফার্স্ট অ্যানুয়ালে, সাংবাদিক রোনন ফ্যারোকে সাক্ষাৎকার দেয়। সমস্ত দর্শকরা উঠে দাঁড়িয়ে মালালাকে সম্মান জানায় এবং মালালা তাদের জানায় যে সে আজ সেখানে রাষ্ট্রসংঘে বক্তব্য রাখতে গিয়ে ততটা ঘাবড়ে যায় নি যতটা সে তার সহপাঠীদের সামনে বক্তব্য রাখতে গিয়ে ঘাবড়ে গিয়েছিল। সে বলল এই পুরস্কার শিশুদেরও প্রেরিত করবে যে তারাও কিছু করতে পারে আর তাদের কথা এবং চিন্তাভাবনা এই বলে উড়িয়ে দেওয়া হবে না যে তারা তো শিশু। এর থেকেই বোঝা যায় আমরা শিশুরা বা ছোটরা যাই করি, তার প্রভাব সমাজ এবং দেশের উপরও পড়ে।

মালালা বারাক ওবামার সঙ্গে দেখা করে আর তাঁর কাছে তার নিজের বিচারধারার ব্যাখ্যা করে। মালালা জানায়া যদি আমেরিকা অস্ত্র তৈরির জন্য খরচ করা অর্থ বিশ্বের শিক্ষার জন্য ব্যয় করে তাহলে সত্যিই পৃথিবীকে বদলানো যায়। সে তাঁকে বলে যে শিক্ষাই হল সন্ত্রাসবাদের বিরুদ্ধে লড়ার জন্য সবচাইতে ভাল অস্ত্র। হতে পারে যে অমরা দুএকজন সন্ত্রাসবাদীকে মেরে ফেলতে পারব, কিন্তু এতে সন্ত্রাসবাদের মৃত্যু হবে না। হাতে গোনা কয়েকজন সন্ত্রাসবাদীকে মারার বন্দোবস্ত চালু থাকলে ধীরে ধীরে সন্ত্রাসবাদ ছড়িয়ে যেতে থাকবে। আমাদের সন্ত্রাসবাদের মূলে আঘাত করতে হবে। সে তাঁকে বলে যে তিনি পাকিস্তানে প্রজাতন্ত্রকে শক্তিশালী করার জন্য সাহায্য করুন। তাহলে পাকিস্তানও উন্নত দেশগুলির তালিকায় ঢুকে পড়তে পারবে। যদিও মালালার এই সব কথা শুনে কি ভাবছেন তার ওবামা জনসমক্ষে খোলসা করে বলেননি, কিন্তু খুব বেশি বয়স না হলেও তার এতটা নিশ্চয়ই জানা আছে যে কারও মুখাপেক্ষি হবার চেয়ে নিজেকে দিয়েই কোনো বদল শুরু করা ভালো।

যখন তার পারিবারিক জীবনের সম্বন্ধে জানতে চাওয়া হয় তখন সে বলে যে বাড়িতে প্রায়ই তার ছোটো ভাইদের সঙ্গে তার ঝগড়া মারামারি হয়ে থাকে। (একদিন যখন মালালা তার ভাইকে আইপড দিল না তখন সে ক্ষেপে গিয়ে বলল, 'পৃথিবী তোমাকে সবচাইতে বাহাদুর মেয়ে বলে মানে, কিন্তু তুমি তো দয়ামায়াহীন যে নিজের ভাইকেও আইপড দেখাও না।)

মালালা তার ভাইদের বিদ্রূপ শুনে হেসে গড়িয়ে পড়ে। মালালা এখনও তার হোমওয়ার্ক করে। যেদিন সে নোবেল পুরস্কার পায় সেদিনকার ব্যস্ততার জন্য তার হোমওয়ার্ক করতে পারেনি? তার ক্লাস টিচার জিজ্ঞাসা করেন 'হোমওয়ার্ক কোথায়?' সে নোবেল পুরস্কারের ব্যস্ততার কারণ জানিয়ে করতে পারেনি বলে জানায়। তখন ক্লাসটিচার মজা করে বলেন 'নোবেল পুরস্কার পেয়েছ বলে কি হোমওয়ার্ক করতে হবে না?' সে পরের দিন তা পুরো করার জন্য কথা দেয়।

জন স্টুয়ার্ট

মালালা খুবই সরল মিষ্টি ছোট মেয়ে। গত বছর ইউরোপিয়ান সংসদের পুরস্কার পাবার আগে জন স্টুয়ার্ট (একটি ডেলি শো-এর সঞ্চালক) তাকে এতটাই ভালবেসে ফেলেন যে জিজ্ঞাসা করে বসেন যে তিনি যদি মালালাকে দত্তক নিতে চান তাহলে তার বাবা কোন আপত্তি করবেন কিনা।

মালালা নোবেল পুরস্কার পাওয়ার পর

সতেরো বছরের মালালা তালিবানদের বিরোধিতা করে এবং রাষ্ট্রসংঘে ভাষণ দেয়। কিন্তু আজও সে অঙ্ক পরীক্ষার নাম শুনলেই ঘাবড়ে যায়। মালালাকে পাকিস্তানের স্বাত উপত্যকায় তালিবানরা গুলি করেছিল, যখন

এই মেয়েটি শিক্ষাব্যবস্থার উপর হওয়া আক্রমণের বিরুদ্ধে সোচ্চার হয়েছিল। একজন বন্দুকধারী মুখোশপরা লোক এসে জিজ্ঞেস করেছিল মালালা কে, তারপর থেকে সে আর কিছু জানে না। তার একথাও মনে নেই যে সে বলেছিল যে আমিই মালালা। আসল সেই সময়ে যে তার জ্ঞান হারিয়েছিল তা সে ফিরে পেয়েছিল ব্রিটেনে গিয়ে। সে মৃত্যুর এত কাছে গিয়ে ফ়িরে আসতে পেরেছে তা ঈশ্বরের করুণায় তার স্মৃতির কোন অতল গভীরে হারিয়ে রয়েছে। মালালা এক নতুন মানুষ রূপে সকলের সামনে এল। মনে হল তার এক নতুন জন্ম হয়েছে। তার নিজের কথায় এখন সে ভয় এবং সাহস এই দুটোকেই ঠিকঠাক ভাবে বুঝতে পারে। একজন সাংবাদিক মালালার সাক্ষাৎকার নিয়ে আসার পর বলেন যে যাবার সময় তিনি জানতেন যে একজন স্কুলে পড়া বাচ্চা মেয়ের সঙ্গে দেখা করতে যাচ্ছেন, কিন্তু তার সঙ্গে দেখা হবার পর কথাবার্তা বলে তিনি বুঝতে পারেন তিনি একজন অসাধারণ যুবতীর সঙ্গে কথা বলছেন। মালালা সাক্ষাৎকারে বলেছিল তার রাষ্ট্রসংঘে ভাষণ দেওয়ার চাইতেও অঙ্ক পরীক্ষা দিতে বেশি ভয় লাগে।

সাংবাদিকটি জানিয়েছেন 'যখন সে রাজনীতির কথা বলে চলেছিল তখন মনে হচ্ছিল আমি কোন বয়স্ক মানুষের সঙ্গে কথা বলছি। কিন্তু যখন সে অঙ্ককে ভয় পাবার কথা বলে অথবা তার ভাইদের সম্বন্ধে অভিযোগ করে, যে ভাইয়েরা তাকে সম্মান দেয় না, তখন সে এক আলাদা কিশোরীতে পরিণত হয়। মনে হয় যেন একই মানুষের মধ্যে দুটি ব্যক্তিত্ব বিদ্যমান।'

মালালা এখন ব্রিটেনে থাকে। সে বিশ্বাস করে যে একদিন সে পাকিস্তানে ফিরে আসবে এবং রাজনীতিতে অংশগ্রহণ করবে। সাংবাদিকটি জানিয়েছেন তিনি মালালার জন্য চিন্তিত। আগে তো সে ডাক্তার হতে চাইত, কিন্তু এখন তার মনে হচ্ছে যে তার পড়াশোনা সম্পূর্ণ হলে সে একজন নেত্রী

হবে। আমরা সবাই জানি পাকিস্তানের বিখ্যাত নেত্রীর কি পরিণাম হয়েছিল। মালালাও জানে যে এই কাজটা কতটা বিপদজনক, কিন্তু সে সমস্তরকম বিপদের ঝুঁকি নিতে তৈরি আছে কারণ সে সবরকমের ভয়ের উর্দ্ধে চলে গেছে। বেনজির ভুট্টোকে পাকিস্তানে হত্যা করা হয়েছিল।

যখন সাংবাদিক স্কুলে পৌঁছান তখন তাঁকে অপেক্ষা করতে বলা হয়, কারণ সে সেইসময় স্কুলে ছিল আর তারপর সারা পৃথিবী জেনে গেল মালালা ইউসুফজাই সতেরো বছরের মালালা, নোবেল পীস প্রাইজের ইতিহাসে সর্বকনিষ্ঠা পুরস্কার প্রাপক। সে সেই সময় তার স্কুলে ছিল, যখন এই ঘোষণা করা হয়। সে সেখানেই ছিল যেখানে সবসময়ই সে থাকতে চাইত। সারা পৃথিবীর মিডিয়া তার প্রতিক্রিয়া জানার জন্য ব্যগ্র হয়ে উঠেছিল কিন্তু সে বলেছিল সে কেমিস্ট্রি ক্লাস শেষ হওয়ার পর তার কথা জানাবে।

মালালা অত্যন্ত নির্ভীকতার সঙ্গে শুধু শরীয়তি নিয়মগুলিকেই চ্যালেঞ্জ করেনি, বরং পাকিস্তানি সমাজ, এবং ধর্মের মাতব্বরদের চ্যালেঞ্জ জানায়, যারা মেয়েদের শিক্ষার বিরুদ্ধে ছিল যারা এটা চাইত যে মেয়েদের অল্পবয়সে বিয়ে দিয়ে চারদেওয়ালের মধ্যে বন্দী করে দেওয়া হোক। গ্গত বছরেও মালালার নাম নোবেল শান্তি পুরস্কারের জন্য মনোনীত হয়েছিল কিন্তু কমিটি কিছুদিনের জন্য এই সিদ্ধান্তকে স্থগিত রাখে। নরওয়েজিয়ান সংস্থার ডাইরেক্টার গর লুন্ডিস্টাড ইউটিউবে পোস্ট করা একটি ভিডিওতে বলেন "কমিটি মালালার বিভিন্ন কার্যকলাপে খুবই প্রভাবিত হয়েছে ... কিন্তু এটাও সত্যি যে সে একটি মেয়ে, যার বয়স সতেরো বছর মাত্র। আর এই সমস্ত কিছু তার জীবনটাকে নাটকীয়ভাবে বদলে দেবে। আমরা সবসময়ই তার ভালোর জন্য প্রার্থনা করছি।"

পাকিস্তানে সার্বজনিকভাবে সবজায়গায় প্রশংসা করা হয়নি

পাকিস্তানের এক রিপোর্টার বলেছিলেন যে মালালার এই নতুন জীবনের ব্যাপারে এক একজন এক একরকম রায় দিয়েছেন। কারো মতে এটা কেবল পশ্চিমী বিচারধারার প্রোৎসাহন, আবার কারো মতে মালালা একটি শক্তিশালী ক্ষমতারূপে ধার্মিক কঠোরতার বিরোধিতা করে, স্ত্রীশিক্ষাকে সমর্থন করছে।'

পাকিস্তানে কেবল তাদের ধার্মিক অনুশাসনের জন্য দেশের একমাত্র অন্য নোবেলজয়ী নিউক্লিয়ার বিজ্ঞানী আব্দুস লালামের ১৯৭৯ সম্মানকে উপেক্ষা করা হয় কারণ তিনি একজন আহমদি ছিলেন যাদের পাকিস্তানিরা মুসলমান বলে মনে করে না। কিন্তু মালাল্লা এই ঘটনাকে খুব সহজভাবে গ্রহণ করেছিল। সে তার স্কুল পুরো করেছিল এবং এ ব্যাপারে জিজ্ঞাসা করায় বলেছিল, 'আমার জন্য এটা অন্যান্য দিনের মতোই আর একটা সাধারণ দিন।'

মালালা ইউসুফজাই যাঠ বছরের কৈলাশ সত্যার্থীর সঙ্গে ২০১৪-এর নোবেল শান্তি পুরস্কার পায়। এই পুরস্কার পাওয়ার কিছুদিন আগে স্টুয়ার্ট নামে এক সাক্ষাৎকারী মালালাকে জিজ্ঞাসা করেছিল যখন সে জানতে পারল যে তালিবানরা তাকে মারতে চায় তখন সে কি ভেবেছিল।

মালালার উত্তর কয়েকটি অংশে বিভক্ত ছিল, 'আমি এই ব্যাপারে ভাবতে লাগলাম, আর আমি সবসময় এটাই ভাবতাম, কোনো একজন তালিবানপন্থী আসবে আর আমাকে মেরে ফেলবে, তারপর আমি নিজে নিজে বলতাম, 'মালালা, যখন সে আসবে, তখন তুই কি করবি?' আবার আমি নিজে নিজেই উত্তর দিতাম, 'মালালা ওকে জুতোপেটা করিস।' তারপর আমি নিজের কথা নিজেই কাটতাম, কারণ আমি যদি তাকে জুতোপেটা করি তাহলে তার আর আমার মধ্যে তফাৎ কি থাকল। আমি

নিজে যে ব্যবহার আশা করি না সেরকম ব্যবহার অন্যদের সাতে কি করে করি! তাকে প্রতিরোধ করার জন্য শিক্ষার সাহায্য নেওয়া যেতে পারে। তারপরেই সে ঠিক করে নেয় যে সেই তালিবানিকে বলবে যে সে তো তার শিশুর শিক্ষার অধিকারের জন্যও লড়াই করছে, এরপর তালিবানিটির যা মনে হবে তা সে করে চলে যাবে।

আমরা অদূর ভবিষ্যতে পাকিস্তানে মানব অধিকারের জন্য এক নতুন সংগ্রামী নেত্রীর উদয়ের সাক্ষী হতে চলেছি হয়তো। কে জানে, মালালার এই নোবেল শান্তি-পুরস্কার হয়তো ভারত-পাকিস্তানের সম্পর্ককে মধুর করে তুলতে সাহায্য করবে।

7

উপসংহার

১৯০৫ সাল থেকে প্রতিবছরেই নোবেল পুরস্কার একটি রীতি অনুসারে আয়োজিত অনাড়ম্বর অনুষ্ঠানের মাধ্যমে দিয়ে ১০ ডিসেম্বর অসলো সিটি হলে পালন করা হয়ে আসছে। এই হলে প্রায় ২৫০০ লোক একসঙ্গে বসতে পারে। কিন্তু এই বছরে বিভিন্ন কারণের জন্য মাত্র ১৩০০ গণ্যমান্য অতিথিদের আমন্ত্রণ জানানো হয়। মঞ্চে পুরস্কার প্রাপকরা ছাড়া উপস্থিত ছিলেন নোবেল কমিটি এবং কমিটির স্থায়ী সচিব। এই অনুষ্ঠানে রাজপরিবারের প্রতিনিধিরাও উপস্থিত থাকেন। রাজপরিবারের ঠিক পিছনের সারিতে বিশেষভাবে আমন্ত্রিত অতিথিরা এবং পুরস্কার প্রাপক 'লরিয়েট'-দের পরিবারের সদস্যরা বসেন।

একটি আরও রীতি এই অনুষ্ঠানের সঙ্গে জড়িয়ে দেওয়া হয়েছে আর তা হল ভাষণ এবং রাগাশ্রয়ী গান বা লোকসঙ্গীত ইত্যাদি জাতীয় কলাভিত্তিক একটি ভাবগম্ভীর অনুষ্ঠানেরও আয়োজন করা। প্রথম ভাষণটি নরওয়ের নোবেল কমিটির চেয়ারম্যানের হয়ে থাকে, যিনি পুরস্কার প্রাপক ব্যক্তিদের সম্বন্ধে কিছু তথ্য উপস্থিত করেন, এবং এই কমিটি কি কি বিষয়ের উপর ভিত্তি করে নোবেল পুরস্কার জয়ীদের বেছে নিয়েছে তাও জানিয়ে দেন। এর পরে চেয়ারম্যান লরিয়েটদের মঞ্চে আসার জন্য আহ্বান জানান। এবং তাদের নোবেল মানপত্র এবং নোবেল মেডেল উপহার দিয়ে সম্মানিত

করেন। এছাড়াও পুরস্কৃত ব্যক্তিদের একটি বিশাল বড়সংখ্যার অর্থ (যা বর্তমানে ১ কোটি সুইডিশ ক্রাউনের চেয়েও বেশি) প্রদান করা হয়ে থাকে, কিন্তু এই অর্থপ্রদান পরে আলাদাভাবে করা হয়ে থাকে, এই মুল অনুষ্ঠানের সঙ্গে এর কোনো সম্পর্ক নেই।

নিঃসন্দেহে এই পুরস্কার যাঁরা পান, তাঁরা সবচাইতে আগে এই পুরস্কারের সম্মানের কথা চিন্তা করেন, কারণ আজ পৃথিবীতে এই নোবেল পুরস্কারকে সবচাইতে সম্মানজনক পুরস্কার হিসেবে বিবেচনা করা হয়। অর্থাৎ নোবেল পুরস্কারের জন্য যে পদক দেওয়া হয় সেই পদকটি তাঁদের জন্য পৃথীবীর পক্ষ থেকে সবচাইতে গৌরবজনক স্বীকৃতি। এই পদকের ডিজাইন নরওয়ের অন্যতম শ্রেষ্ঠ মূর্তিশিল্পী এবং চিত্রকর গুস্তাভ উইগল্যান্ড এরিক লিন্ডবার্গ-এর সঙ্গে মিলে তৈরি করেছিলেন। উইগল্যান্ড তাঁর সারাজীবনে একমতার এই পদকটি ছাড়া আর কোন পদক তৈরি করেননি। ১৯০২ সাল সময় নাগাদ এই পুরস্কার বিতরণের জন্য তৈরি হয়ে গিয়েছিল। তখন ২৩ ক্যারেট সোনা দিয়ে তৈরি এই মেডেলটির ওজন ছিল ১৯২ গ্রাম। কিন্তু ১৯৮০ সাল থেকে একটু পরিবর্তন করে বর্তমানে ১৮ ক্যারেট সোনায় ১৯৬ গ্রাম ওজনে রূপান্তিরিত করা হয়েছে। এর ব্যাস তখনও ৬.৬ সেমি ছিল এখনও তাই আছে। পদকের সামনের দিকে মহান বৈজ্ঞানিক অ্যালফ্রেড নোবেলের ছবি রয়েছে তার কোণার দিকে তাঁর নাম, জন্মতারিখ এবং মৃত্যুর সালটি খোদাই করা রয়েছে। পদকের পিছনের দিকটায় তিনজন পুরুষ সম্পূর্ণ নগ্ন অবস্থায় পরস্পরকে আলিঙ্গন করে রয়েছে এমন একটি ছবি খোদাই করা আছে। এই পিছনের ছবিটি আন্তর্জাতিক ভ্রাতৃত্ববোধের প্রতীক। এর উপরে ল্যাটিন ভাষায় 'প্রো পেস এট ফ্যাটারর্নিটেট জ্যান্টিয়াম' খোদাই করা রয়েছে। যার অর্থ হল—'বিশ্বমানবের শান্তি এবং সৌভ্রাত্বের জন্য'।

এই নোবেল পদকটির প্রস্থ ৫ মিমি পুরু আর সেই প্রস্থের মধ্যে খোদাই করা রয়েছে 'Prix Nobel de la paix' কথাটি এবং সেইসঙ্গে পুরস্কার প্রদানের বছরসংখ্যা (যেমন ২০১৪) এবং নোবেল লরিয়েটের নাম। (যেমন—মালালা, কৈলাশ্য সত্যার্থী)। পুরস্কার গ্রহণ করার পরে পুরস্কার বিজয়ী বা বিজয়িনী তাঁর প্রতিক্রিয়া ব্যক্ত করেন যাকে নোবেল ভাষণও বলা হয়। এই ভাষণে পুরস্কার প্রাপকরা তাঁদের ব্যক্তিগত শান্তির

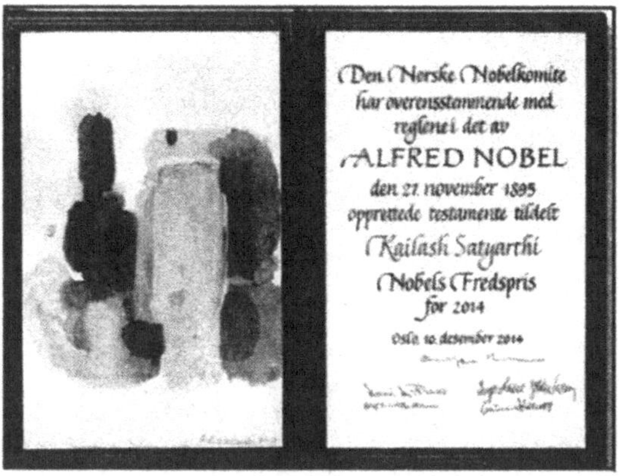

নোবেল শান্তি পুরস্কার-এর সম্মানপত্রের নমুনা

স্বম্বন্ধে তাঁদের মনোভাবের সঠিক চিত্র গোটা পৃথিবীর সামনে সঠিকভাবে তুলে ধরতে পারেন।

১৯০১ সালের পরে ২০১৪ পর্যন্ত মোট ৯৫ জনকে নোবেল শান্তি পুরস্কার প্রদান করা হয়েছে। এই সমস্ত বছরগুলির মধ্যে মোট উনিশবার (১৯১৪-১৬, ১৯১৮, ১৯২৩, ১৯২৮, ১৯৩২, ১৯৩৯-১৯৪৩, ১৯৪৮, ১৯৫৫-৫৬, ১৯৬৬-১৯৬৭ এবং ১৯৭২) পৃথিবীর কাউকে এই পুরস্কারে যোগ্য বলে মনোনীত করা হয়নি। এই বছরগুলিতে কাউকে কেন সম্মানিত করা হয়নি? এই নোবেল ফাউন্ডেশনের নিয়মাবলীতে বলা হয়েছে—'যদি নিয়মাবলীর শর্ত অনুযায়ী কোন ব্যক্তি, সংগঠন এবং কাজকে নোবেল শান্তি পুরস্কারের যোগ্য বলে বিবেচনা করা সম্ভবপর না হয় তাহলে সেই পুরস্কার তারমূল্যরাশিসমেত আগামী বছরের জন্য সুরক্ষিত রাখা হবে। এর পরে এই অর্থ ফাউন্ডেশনের নিজস্ব সুরক্ষিত ভাণ্ডারে জমা হয়ে যাবে। প্রথম এবং দ্বিতীয় বিশ্বযুদ্ধের সময় খুব কম লোককেই নোবেল পুরস্কার প্রদান করা সম্ভব হয়েছিল।

১৯০৫ সালে থেকে শুরু করে ১৯৪৬ সাল সময়ের কয়েক বছর এই পুরস্কার নোবেল ইনস্টিটিউটের মধ্যেই প্রদান করা হয়েছিল। ১৯৪৭ সাল থেকে ১৯৮৯ সাল পর্যন্ত এই পুরস্কার বিতরণী অনুষ্ঠান অসলো বিশ্ববিদ্যালয়ে সম্পন্ন করা হয়েছিল। এই অনাড়ম্বর অনুষ্ঠানের জন্য যখন সেই অডিটোরিয়াম আর পাওয়া গেল না তখন এই অনুষ্ঠানকে অসলোর

নোবেল পুরস্কার পাওয়ার পর মালালা এবং কৈলাশ সত্যার্থী সবাইকে ধন্যবাদ জানাচ্ছেন।

সিটি হলে আয়োজন করা শুরু করা হলো। সেখানে প্রেস এবং টেলিভিশন প্রদর্শনের জন্য উপস্থিত দলগুলি ছাড়া আরও ১০০০ অতিথিদের বসার আসনের সুবন্দোবস্ত রয়েছে।

নোবেল শান্তি পুরস্কার ভৌত বিজ্ঞান, পদার্থ বিজ্ঞান, শরীর বিজ্ঞান এবং ওষধি বিষয়, সাহিত্য এবং অর্থনীতির ক্ষেত্রগুলির উপরে সর্বোচ এবং সর্বোৎকৃষ্ট মানের অবদানের জন্য প্রদান করা হয়। সুইডেনের স্টকহোমে ১০ ডিসেম্বর এই পুরস্কার প্রদান করা হয়। এখনও পর্যন্ত ১৩ জন মহিলা এই পুরস্কার পেয়েছেন। তাঁরা হলেন বার্থাবেন সটকর–১৯০৫, জেন অ্যাডামস–১৯৩১, এমিকি গ্রীন বাল্য—১৯৪৬, মাইরেড কোরিডান–১৯৭৭, বেটি উইলিয়ামস–১৯৭৭, মাদার টেরেসা—১৯৭৯, আলভা মির্ডল—১৯৮২, অঙ্গ সাং সু কী–১৯৯১, রিগোভেটি মেনিউ টুম—১৯৯২, জ্যাডি উইলিয়ামস–১৯৯৭, শিরিন এওয়াডি–২০১১, তবক্কোল কারম্যান–২০০১ এবং মালালা ইউসুফজাই–২০১৪। এখনও পর্যন্ত শান্তি পুরস্কার প্রাপকদের মধ্যে সবচাইতে বয়স্ক মানুষ হলেন জোসেফ রাটব্লাট। তিনি এই পুরস্কার পান ১৯৯৫ সালে, তখন তাঁর বয়স ছিল ৮৭ বছর। এর বিপরীতে এখন পর্যন্ত সবচাইতে কম বয়সী পুরস্কার প্রাপক হলো মালালা ইউসুফজাই। পুরস্কার গ্রহণের সময় তাঁর বয়স মাত্র ১৭ বছর।

আপনারা জেনে আশ্চর্য্য হবেন যে ইতিহাসে এরকম অনেক বিখ্যাত রাজবংশীয় পুরুষ এবং রাষ্ট্রনেতারা আছেন, যাঁদের এই নোবেল শান্তি পুরস্কারের জন্য মনোনীত করা হয়েছিল কিন্তু শেষপর্যন্ত তাঁদের তা দেওয়া হয়নি। এই তালিকায় যাঁরা আছেন তাঁদের মধ্যে কয়েকজন বিশ্ববিখ্যাত ব্যক্তিত্বরা হলেন জার দ্বিতীয় নিকোলাস, সম্রাট হেল সিলাসে, থমাস জি মসার্ক, এডওয়ার্ড বানেস, নেভিল চেম্বারলিন, অ্যান্থনি ইডেন, ক্লিমেন্ট এটলি, রামসে ম্যাকডোনাল্ড, উইনস্টন চার্চিল, ফ্র্যাঙ্কলিন ডি রুজভেল্ট, হ্যারি এস ট্রুম্যান, ডোয়াইট ডি, চার্লস হুজ, জন ফোস্টার ডালেস, পিয়ার মেন্ডেস—ফ্রান্স, কোনরাড আডেনার, জুয়ান এবং ইভা প্যারোঁ, জওহরলাল নেহরু এবং জুহোকুস্তি পাসিকিবি। এছাড়াও কয়েকজন একনায়কতান্ত্রিক শাসক যেমন বেনিটো মুসোলিটি (১৯৩৫), অ্যাডলফ হিটলার (১৯৩৯) এবং জোসেফ স্টালিন (১৯৪৫ এবং ১৯৪৮) মনোনীত হয়েছিলেন কিন্তু শেষপর্যন্ত এই পুরস্কার গ্রহণের সৌভাগ্য আর তাঁদের হয়ে ওঠেনি.

নোবেলের পদক, নোবেলের ডিপ্লোমা এবং নোবেল পুরস্কার প্রদানের সমর্থনে একটি দলিলও সঙ্গে দিয়ে দেওয়া হয়। অসলোতে নোবেল শান্তি পুরস্কার বিজয়ীরা তাঁদের নোবেল পুরস্কার নরওয়ের নোবেল কমিটির চেয়ারম্যান নরওয়ের রাজা পঞ্চম কিঙ হেরাল্ড-এর উপস্থিতিতে গ্রহণ করেন। এই পুরস্কার বিতরণী সভার প্রস্তুতি সম্পূর্ণ অনুষ্ঠানটির একটি গুরুত্বপূর্ণ অংশবিশেষ। নোবেল পুরস্কার প্রাপকদের ভাষণও এই প্রস্তুতির অঙ্গ, যে ভাষণকে 'নোবেল লেকচার্স্' নামে অভিহিত করা হয়। স্টকহোমে এই সমারোহের অনুষ্ঠান জন্য নির্ধারিত দিনের অনেক আগেই এই ভাষণ তৈরি হয়ে যায়। অসলোতে নোবেল লরিয়েট পুরস্কার বিতরণ সমারোহ চলাকালীন পুরস্কার বিজয়ী নিজেই তাঁর ভাষণ পাঠ করেন।

এই বছর অনুষ্ঠানের শুরুতে নরওয়ের নোবেল ইনস্টিটিউট-এর ডাইরেক্টার এবং নরওয়ে নোবেল কমিটির স্থায়ী সচিব শ্রোতাদের উদ্দেশ্যে বলতে গিয়ে প্রথমে তাঁদের সবাইকে স্বাগত জানান এবং তার পরে সন ২০১৪-এর শান্তি পুরস্কারের ব্যাপারে তাঁদের অবহিত করান। তিনি জানান যে নোবেল অ্যাওয়াড ডিপ্লোমার ডিজাইন বিখ্যাত শিল্পী রুথ এলিসিন অকল্যান্ড করেছেন এবং এটির ক্যালিগ্রাফির রূপদান করেছেন ইংগর ম্যাগনাস এবং জুলিয়াস জোহৈসৈন।

গরিমাময় ঢঙে সালওয়ার-সুটে সুসজ্জিতা এবং গলায় লাল রঙের শাল জড়িয়ে থাকা মালালা ইউসুফজাই তাঁর আবেগপূর্ণ ভাষণের শুরুতে 'বিসমিল্লাহ হির রহমান নির রহীম' (খোদার নামে যিনি সবথেকে দয়াল এবং সবার মঙ্গলাকাঙ্খী) পাঠ করেন। তিনি ওখানে উপস্থিত গণমান্য ব্যক্তিদের প্রতি তাঁর সম্মান প্রদর্শন করে তাঁদের সবাইকে তাঁর শ্রদ্ধা এবং ভালোবাসা জানান এবং তাঁকে যাঁরা যাঁরা সমর্থন জুগিয়েছেন তাদের সবাইকে তাঁর ধন্যবাদ জানান। তিনি বলেন যে তাঁর অসুস্থতার সময়ে তাঁকে শুভেচ্ছা এবং সমর্থন জানিয়ে কার্ড এবং চিঠি যাঁরা পাঠিয়েছেন সেই সমস্ত বিশ্ববাসীদের কাছে তিনি কৃতজ্ঞ। এইসমস্ত মানুষদের উৎসাহব্যঞ্জক শব্দ তাঁকে শক্তি জুগিয়েছে, তাঁর নিজের বিশ্বাসে অটল থাকার প্রেরণা জুগিয়েছে। তিনি তাঁর মা-বাবাকে ধন্যবাদ দিলেন, যাঁরা তাঁকে অনেক স্নেহ-ভালোবাসা দিয়েছেন—বিশেষ করে তাঁর বাবাকে যিনি মালালাকে কখনো বাধা দেননি বরং তাকে আকাশের সর্বোচ্চ সীমা পর্যন্ত উড়ে যাওয়ার স্বাধীনতা দিয়ে রেখেছিলেন। তারপরে মালালা তাঁর মাকে তাঁর কৃতজ্ঞতা জানান যিনি মালালাকে ধৈর্য্য ধরে থাকার প্রেরণা দিয়েছেন এবং সবসময় সত্যি কথা বলতে শিখিয়েছেন—যা, মালালার কাছে ইসলামের প্রকৃত শিক্ষা।

মালালা উপস্থিত দর্শকমণ্ডলীকে জানান যে তিনিই প্রথম পাশতুন, প্রথম পাকিস্তানি এবং প্রথম সবচাইতে কমবয়সি মহিলা। তিনি সেইসঙ্গে বলেন যে হয়তো তিনিই সেই প্রথম মহিলা যে তার ভাইদের ঝগড়া মারামারি করেও নোবেল শান্তি পুরস্কার পেয়েছে। তিনি বলেন যে চারিদিকে শান্তি বজায় থাকুক আর সেটাই আমার সবথেকে বড় চাওয়া। তিনি বিশেষ করে কৈলাশ সত্যার্থীর নাম উল্লেখ করে বলেন যে দীর্ঘ সময় ধরে কাজ করে চলা এবং আমার প্রায় দ্বিগুণ বয়সী একজন মানুষের সঙ্গে এই পুরস্কার গ্রহণ করতে গিয়ে আমি নিজেকে খুবই গর্বিত অনুভব করছি। কৈলাশ সত্যার্থীর মতো শিশুদের এবং ছোটোদের অধিকার রক্ষার জন্য লড়াই করে চলা এমন এক মহৎ ব্যক্তির সঙ্গেই এই পুরস্কার গ্রহণ করতে পেরে আমি উৎসাহিত বোধ করছি। আমি খুব খুশি যে আমরা পৃথিবীকে দেখিয়ে দিতে পেরেছি যে একজন ভারতীয় এবং একজন পাকিস্তানি শান্তির

জন্য যুক্ত হতে পারে এবং শিশু ও ছোটোদের অধিকার রক্ষার জন্য একসঙ্গে কাজ করতে পারে।

তিনি এরপরে বলেন তাঁর নাম পাশুতুনদের প্রবাদপ্রতিম বীরাঙ্গানা মালালাই-এর নাম অনুসরণ করে রাখা হয়েছে। মালালা কথাটির 'দুঃখগ্রস্ত' অথবা 'দুঃখী'। কিন্তু এটাকেই একটু ভালো করার জন্য আমার ঠাকুরদা আমাকে সবসময় 'মালালা' বলে ডাকতেন। আজ আমি খুশি এই ভেবে যে আজ একটি গুরুত্বপূর্ণ কাজের জন্য আমি এখানে এসে দাঁড়াতে পেরেছি। তিনি আরও জানান যে, এই পুরস্কার শুধুই আমার নয়। এই পুরস্কার সেই সমস্ত ভুলে যাওয়া শিশুদেরও যারা শিক্ষালাভ করতে চাইত। এই পুরস্কার সেই সমস্ত শান্তিকামনা করা ভয়ভীত শিশুদের যারা শুধু একটু শান্তি চায়। এই পুরস্কার সেইসমস্ত বোবা হয়ে যাওয়া শিশুদের যারা শুভ পরিবর্তন চায়। তিনি উপস্থিত সবাইকে জানান যে তিনি সেখানে উপস্থিত হয়েছেন শিশুদের অধিকার রক্ষার জন্য, তাদের দাবীকে সোচ্চার করার জন্য, তাদের দাবীকে শক্তিশালী করার জন্য। এখন আর তাদের দয়া দেখানোর সময় নয়। এখন সময় কিছু করার, কিছু করে দেখানোর।কি সেই কাজ? শিক্ষালাভের অধিকার থেকে বঞ্চিত সমস্ত শিশু ও ছোটোদের শিক্ষাপ্রদানের সুবন্দোবস্ত করা। যাতে করে এই সমস্ত শিশু ও ছোটোদের দেখার মতো দুর্ভাগ্য আমাদের আর বহন করতে না হয়। "আমি দেখেছি যে এক-একজন আমার বর্ণনা এক-একরকম করে করেন। কেউ বলেন আমিই সেই মেয়ে যাকে তালিবানরা গুলি করেছিল, আবার কেউ বলেন আমিই সেই মেয়ে যে একজন নোবেল পুরস্কার বিজয়িনী, কিন্তু আমার নিজের কথায় আমি হলাম একজন সংকল্পবদ্ধ জেদি মেয়ে, যে চায় সমস্ত মেয়ে এবং মহিলারা সমান অধিকার পাক এবং বিশ্বের কোণায় কোণায় শান্তি বিরাজ করুক।"

তারপর মালাা শিক্ষার উপরে আলোচনা করতে গিয়ে বলেন যে শিক্ষা হল জীবনের জন্য একটি বরদান, যা জীবনের মুল প্রয়োজনগুলির একটি। আমার জীবনের ১৭ বছরের অভিজ্ঞতা তাই বলে। পাকিস্তানের উত্তর অংশে অবস্থিত 'স্বাত উপত্যকা'-এ আমার বাড়ি এবং আমি সবসময়ই স্কুলে যেতে চাইতাম এবং নতুন নতুন লেখা লিখতে ভালোবাসতাম। সেই সময়টা আমার মনে আছে যে সময়ে কিছু বিশেষ বিশেষ মুহূর্তে আমি

আমার বন্ধুদের সঙ্গে হাতে মেহেন্দি লাগাতাম এবং ফুল অথবা অন্যান্য সৌন্দর্যপূর্ণ প্যাটার্নের বদলে আমাদের হাতে অঙ্কের সূত্র এবং সমীকরণ আঁকিয়ে নিতাম। আমরা শিক্ষালাভের জন্য তৃষ্ণার্ত ছিলাম কারণ আমাদের ভবিষ্যৎ সেই ক্লাসরুমগুলোর মধ্যেই ছিল। আমরা এক সাথে বসে পড়তাম এবং বিভিন্ন বিষয়গুলি শিখতাম। আমরা সবসময় পরিষ্কার-পরিচ্ছন্ন স্কুল ড্রেস পরতে পছন্দ করতাম এবং চোখে খুব বড় বড় স্বপ্ন সাজিয়ে রাখতাম। আমরা নিজেদের মা-বাবাদের গর্বিত করতে চাইতাম এবং প্রমাণ করতে চাইতাম যে শিক্ষাজগতে আমরাও চরম উৎকর্ষতা দেখাতে পারি, যে উৎকর্ষতা বড় বড় এবং নতুন নতুন মানব কল্যাণ উপযোগীতামূলক কিছু সৃষ্টি করতে পারে যা কিছু লোকের কথা অনুযায়ী শুধু ছেলেরাই করতে পারে। কিন্তু পরিস্থিতি সেরকম ছিল না। আমি যখন দশ বছরে পড়লাম, তখন আমার স্বাত উপত্যকা, যা সৌন্দর্য্য এবং পর্যটকদের আকর্ষণের কেন্দ্রবিন্দু ছিল আচমকাই সন্ত্রাসবাদীদের কেন্দ্র হয়ে উঠল। ৪০০-এরও বেশি স্কুল নষ্ট করে দেওয়া হল। মেয়েরা স্কুলে যাওয়া বন্ধ করে দেওয়া হল। মহিলাদেরকে চাবুক মারা হতে লাগল। নিরপরাধীদের খুন করা শুরু হল। আমরা সবাই ত্রস্ত হয়ে উঠলাম। আমাদের সুন্দর সুন্দর স্বপ্নগুলো দুঃস্বপ্নে পরিণত হল। শিক্ষা আর তখন অধিকার রইল না, শিক্ষা তখন অপরাধ বলে গণ্য হতে শুরু করল।

যখন আমার জগৎটা বদলে গেল তখনই আমার প্রাথমিকতাগুলিও বদলে গেল। আমার কাছে তখন দুটি বিকল্প ছিল—প্রথম বিকল্প, ততক্ষণ সবকিছু চুপচাপ সহ্য করতে থাকা যতক্ষণ না আমাকে মেরে ফেলা হয়। দ্বিতীয় বিকল্প ছিল আমি প্রতিবাদ করতাম এবং তখনও আমাকে মেরে ফেলা হবে। আমি দ্বিতীয় বিকল্পটাকেই বেছে নিলাম। আমি প্রতিবাদ করার সিদ্ধান্ত নিলাম। সন্ত্রাসবাদীরা আমাকে থামাতে চাইল এবং শেষ পর্যন্ত ৯ অক্টোবর ২০১২তে আমার ওপরে এবং আমার বন্ধুদের ওপরে গুলিবর্ষণ করল, কিন্তু তাদের সেই গুলিগুলোও জিততে পারল না। আমরা বেঁচে গেলাম এবং সেইদিন থেকে আমাদের প্রতিবাদ জোরালো থেকে আরও জোরালো থেকে জোরালোতর হতে থাকল।

ভাবুক হয়ে উঠে মালালা এটা স্পষ্ট করে বলল যে, আমি আপনাদের আমার কথা এই জন্য বলছি না যে এই কাহিনী অদ্ভুত, বরং এইজন্য বলছি কারণ এই কাহিনীতে বেশ কয়েকিটি মেয়ের ব্যথার কথা আছে। আমি আমার সঙ্গে আমার সেই বোনেদেরও নিয়ে এসেছি যাদের কাহিনীগুলিও অনেকটা এইরকম। আমার এই বন্ধুর কেউ পাকিস্তান থেকে, কেউ নাইজেরিয়া থেকে আবার কেউ সিরিয়া থেকে এসেছে। আমার বাহাদুর বন্ধু শাজিয়া এবং কায়নাত রিয়াজকেও সেইদিন স্বাত উপত্যকাতে গুলি করা হয়েছিল। তারাও এই দুঃখজনক আক্রমণের শিকার হয়েছিল। সঙ্গে আছেন আমার বোন, পাকিস্তানের কায়নাত সোমরো, যাঁকে ভয়ানক হিংসা এবং অত্যাচার সইতে হয়েছে। তাঁর ভাইকে খুন করা হয়, কিন্তু তা সত্ত্বেও তিনি মাথানত করেননি। আমার সঙ্গে সেই মেয়েরাও আছে যাদের আমার মালালা ফান্ডের ক্যাম্পেনের সময়ে পরিচয় হয় এবং এখন আমার তারা সবাই আমার এক একজন বোনের মতো হয়ে উঠেছে। আমার বাহাদুর ১৬ বছর বয়সী বোন মেজান সিরিয়া থেকে এসেছে। সে এখন জর্ডনের একটি শরণার্থী শিবিরে থাকে এবং বিভিন্ন শিবিরগুলিতে গিয়ে গিয়ে তার মধ্যে উপস্থিত ছেলেমেয়েদের জ্ঞান বিতরণ করে থাকে। আর আমার আর এক বোন আমীনা, যে উত্তর নাইজেরিয়ার বাসিন্দা, যেখানে বোকো হারাম স্কুলে পড়তে যাওয়া মেয়েদের হুমকি দিয়ে অপহরণ করে। মালালা স্পষ্ট করে দিলেন যে যদিও তাঁকে ৫ ফুট ২ ইঞ্চি উচ্চতার (যদি তাঁর হাইহিলের উচ্চতাকেও যোগ করা হয়) একটি সাধারণ মেয়ের মতোই দেখতে, কিন্তু তাঁর কণ্ঠস্বর তাঁর একার নয়। তার মধ্যে রয়েছে আরও অনেক কণ্ঠস্বর। সেই কণ্ঠস্বর সাজিয়ার, কায়নাত রিয়াজের, কায়নাত সামরোর, সেই কণ্ঠস্বর আজ সম্মিলিতরূপে মালালার কণ্ঠে ধ্বনিত হচ্ছে। সেই মালালার যে সেই ৬.৬ কোটি মেয়েদের প্রতিনিধিত্ব করে, যারা এখন স্কুলশিক্ষার আওতার বাইরে। অনেকেই আমাকে জিজ্ঞাসা করে যে শিক্ষা মেয়েদের জন্য বিশেষকরে এত জরুরী কেন? আমার সবসময়েই একই উত্তর থাকে। যে উত্তর আমি পবিত্র কোরানের প্রথম দুই অধ্যায় থেকে শিখেছি। আর সেই উত্তরগুলি হল—'য়ুকরা', যার অর্থ হল 'পড়ো'। এবং 'নাল-বাল-কলম' যার অর্থ হল 'কলমের দ্বারা'। আর সেইজন্যই আমি গত বছর রাষ্ট্রসংঘের

অনুষ্ঠানে বলেছিলাম ঃ 'একটি শিশু, একটি শিক্ষক, একটি কলম এবং একটি বই গোটা পৃথিবীকে বদলে দিতে পারে।' আজ অর্দ্ধেক বিশ্বে আমরা প্রগতি, আধুনিকতা এবং বিকাশ দেখতে চাই, কিন্তু আজও অনেক দেশ আছে যেখানে লক্ষ লক্ষ মানুষ পুরানো সমস্যাগুলি—যেমন অভুক্ত থাকা, অন্যায়ের সঙ্গে লড়াই চালিয়ে যাচ্ছে। ২০১৪ সালে এসে আমাদের সত্যিই এটা মনে হয় যে প্রথম বিশ্বযুদ্ধ শুরুর একশো বছর পার হতে চলেছে কিন্তু সেই যুদ্ধে ১০০ বছর আগের লক্ষ লক্ষ মানুষের প্রাণহানি থেকে আমরা কোনও শিক্ষা নিতে পারিনি। এখনও এমন এমন বহু সংঘর্ষ চলছে, যে সংঘর্ষগুলিতে লক্ষ লক্ষ নিরপরাধ মানুষ প্রাণ হারাচ্ছেন। সিরিয়া, গাজা এবং ইরাকে বহু পরিবার শরণার্থী রূপে রূপান্তরিত হতে বাধ্য হয়েছে। উত্তর নাইজেরিয়া অঞ্চলে এমন বহু মেয়েরা আছে যাদের স্কুলে যাওয়ার স্বধীনতা নেই। পাকিস্তান এবং আফগানিস্তানে নিরপরাধ জনসাধারণের ওপরে আত্মঘাতী হামলা এবং বোমা বিস্ফোরণের ফলে প্রাণহানি ঘটছে। আফ্রিকাতে তো বহু শিশু তাদের অভাবের কারণে স্কুলে যেতে পারে না।

ভারত এবং পাকিস্তানে বহু শিশুই তো সামাজিক বন্ধনের কারণে তাদের শিক্ষার অধিকার ভোগ করার থেকে বঞ্চিত অথবা তাদের জবরদস্তি শিশুশ্রমিকে পরিণত করা হচ্ছে আর ছোট ছোটে মেয়েদের জোর করে বিয়ে দিয়ে দেওয়া হচ্ছে। আমার বয়সী আমারই স্কুলের একজন খুব ভাল বান্ধবী, যে সবসময় মনের মধ্যে সাহস রাখত এবং আত্মবিশ্বাসে ভরপুর ছিল, তার স্বপ্ন ছিল সে বড় হয়ে ডাক্তার হবে। কিন্তু তার সেই স্বপ্ন স্বপ্নই থেকে গেল। মাত্র ১২ বছর বয়সেই তাকে জোর করে বিয়ে দিয়ে দেওয়া হল। আর চটজলদি প্রায় সঙ্গে সঙ্গেই তার একটা বাচ্চাও হয়ে গেল! তখন তার বয়স—চো-দ্দ-ব-ছ-র! আমার এখনও মনে হয় আমার সেই বন্ধুটি একজন ভাল ডাক্তার হতে পারত, কিন্তু তা সে হতে পারল না কারণ —সে শুধুমাত্র একজন মেয়ে বলে! তার এই যন্ত্রণাদায়ক ঘটনার কাহিনীর জন্যও আমি নোবেল পুরস্কার বাবদ যে অর্থ পেয়েছি, তা মালালা ফান্ডে দান করে দিচ্ছি; যাতে ভবিষ্যতে সব জায়গায় সমস্ত মেয়েরা তাদের নিজের নিজের গুণমান অনুযায়ী সঠিক শিক্ষালাভ করতে পারে

এবং একইসঙ্গে সমস্ত নেতানেত্রীদের আহ্বান জানাচ্ছি যাতে তাঁরা সবাই মিলে এগিয়ে এসে আমার, মেজুনের এবং আমীনার মতো মেয়েদের পাশে দাঁড়িয়ে আমাদের সহায়তা করেন। এই ফান্ডে জমা পড়া পুরস্কার অর্থ দিয়ে বিশেষ করে আমার নিজের বাড়ির স্বাত উপত্যকা, এবং শাঙ্গওয়াতে এবং সেই সঙ্গে পাকিস্তানের অন্যান্য অংশেও বিভিন্ন স্কুল তৈরি করাই হল আমাদের প্রথম লক্ষ্য। আমার নিজের গ্রামের সমস্ত মেয়েদের জন্য একটি মাধ্যমিক মানের বিদ্যালয় আছে। আমি নিজেকেও সেইরকম ভাবেই তুলে ধরতে চাই যা দেখে আমার বন্ধু-বান্ধবীরা মনে জোর পেতে পারে এবং তাদের স্বপ্নকে চরিতার্থ করবার সুযোগ পেতে পারে। আমি আবার সেখান থেকেই শুরু করব কিন্তু সেখানেই আমি থেমে থাকব না। আমার এই লড়াই ততদিন চলবে যতদিন না প্রত্যেকটি শিশু স্কুলে যাবার অধিকার এবং সুযোগ অর্জন করতে পারবে। আমি সেই আক্রমণ সহ্য করে এবং সামলে উঠতে পেরে নিজেকে আরও শক্তিশালী বলে অনুভব করতে পারছি কারণ এখন আমি বুঝতে পেরেছি যে আর কেউ আমাকে বা আমাদেরকে আটকাতে পারবে না কারণ আমি এখন আর একা নই, আমার সঙ্গে রয়েছে লক্ষ লক্ষ কোটি মানুষ যারা সঙ্গবদ্ধ, একজোট।

মালালা জোর দিয়ে বলেন যে পরিবর্তন নিয়ে আসা অনেক মহাপুরুষ—যেমন মার্টিন লুথার কিং এহং নেলসন ম্যান্ডেলা, মাদার টেরেসা এবং আং সৈন সু-এর মতো ব্যক্তিত্বরাও এই মঞ্চে একবার করে এসেছেন। "আমার আশা এই যে, যে পদক্ষেপ আমি এবং কৈলাশ সত্যার্থী মহাশয় নিতে পেরেছি, আমাদের সেই যাত্রা অব্যাহত থাকবে এবং একটি বদল আনতে সক্ষম হবে, যে বদল চিরস্থায়ী হবে বলেই আমার বিশ্বাস. আমার বিরাট আশা যে আমাদের এই শেষবারের মতোই হয়তো শিশুদের জন্য, তাদের শিক্ষার অধিকারের জন্য লড়াই করতে হচ্ছে। যে লড়াইয়ের মাধ্যমে আমরা সমস্ত সমস্যাগুলির একটি স্থায়ী সমাধান করতে পারব। আমি আগেও বলেছি যে এই উদ্দেশ্যে আমি বেশ কিছু পদক্ষেপ গ্রহণ করেছি, এখন সময় হয়েছে আমাদেরে নেতাদের শিক্ষার গুরুত্ব অনুধাবন করার। তাঁদের তো একথা জানাই আছে কারণ তাঁদের পরিবারের সমস্ত শিশুরা

নোবেল পুরস্কার গ্রহণের সময় মালালা এবং কৈলাশ সত্যার্থীকে অভিবাদনরত গণ্যমান্যব্যক্তিরা

তো স্কুলে যাচ্ছে। এখন সময় কাজ করার। আমরা বিশ্বের সমস্ত নেতানেত্রীদের কাছে অনুরোধ করছি যাতে তাঁর সবাই এক হয়ে শিক্ষাদানকেই তাঁদের সর্বোচ্চ প্রাথমিকতা দেন। পনেরো বছর আগে বিশ্বের সমস্ত নেতা-নেত্রীরা একজোট হয়ে ঠিক করেছিলেন যে তাঁরা তাঁদের বিশ্বব্যাপী লক্ষ্যের একটি তালিকা তৈরি করবেন—দি মিলেনিয়াম ডেভলপমেন্ট গোল্স্ (শতাব্দীর বিকাশের লক্ষ্যে)। বেশ কয়েক বছর কেটে গেলে কিছুটা অগ্রগতিও দেখতে পাওয়া যাচ্ছে। কিন্তু এখনও স্কুলের বাইরে অর্দ্ধেকেরও বেশি শিশুরা রয়ে গেছে। কিন্তু সারাবিশ্বের কেবল প্রাথমিক শিক্ষাবিস্তারের দিকেই তাদের মনোযোগ দিয়েছে আর সেই কারণেই হয়তো অগ্রগতির সুফল সবার কাছে পৌঁছাতে পারেনি।"

তাঁর ভাষণের সমাপ্তিপর্বে তিনি বলেন, আগামী বছর, ২০১৫ সালে সারাবিশ্বেরর প্রতিনিধিরা রাষ্ট্রসংঘে একত্র হয়ে তাঁদের পরবর্তী লক্ষ্য নির্দ্ধারণ করবেন–দি সস্টেনেব্ল ডেভলপমেন্ট গোল্স্ (সেই লক্ষ্যগুলি যা আগামী দিনেও তাদের সুফল কায়েম রাখবে)। এর ফলে ভবিষ্যৎ প্রজন্মের মঙ্গল হবে। নেতা-নেত্রীরা এই সুবর্ণ সুযোগ গ্রহণ করে একটি মুক্ত, উচ্চগুণমানসম্পন্ন প্রাইমারি এবং সেকেন্ডারি শিক্ষাব্যবস্থা সমস্ত শিশুদের জন্য গ্যারান্টি সহকারে প্রচলন করুন। কিছু কিছু মানুষ বলেন যে

এটা ঠিক নয়, কারণ এই পরিকল্পনা অত্যন্ত ব্যয়সাপেক্ষ এবং এককথায় অসম্ভব এক লক্ষ্য। কিন্তু এখন সময় এসে গেছে গোটা পৃথিবীর বড় করে ভাবার। বয়স্কদের হয়তো ওপরের যুক্তিগুলো বোঝানো যাবে কিন্তু শিশুদের ও ছোটোদের এই অপারগতার কথা বোঝানো যাবে না। যে সমস্ত দেশগুলিকে আমরা মহাশক্তি বলে থাকি সেই শক্তিগুলি তাদের শক্তির অহংকারে মত্ত হয়ে যখন তখন যুদ্ধ শুরু করে দিতে পারে কিন্তু সেই শক্তি দিয়ে তারা শান্তি বজায় রাখতে পারে না কেন? এরকমটা কেন হবে? এমন কেন হয় যে বন্দুক বিলিয়ে দেওয়ার কাজটাতো খুব সহজে করা যায় কিন্তু বই দেওয়ার ক্ষেত্রে প্রচুর বাধাবিপত্তি দেখা দেয়? ট্যাঙ্ক তৈরি করা যত সহজ স্কুল তৈরি করে তাকে টিকিয়ে রাখা তার চাইতেও বেশি কঠিন হয়ে দাঁড়ায়? আমরা একটি আধুনিক যুগে, ২১ শতকে বাস করছি আর আমরা মনে করি যে এখন আর কোনো কিছুই অসম্ভব নয়। তাহলে আমাদের সবাইকে এই ২১ শতকে দাঁড়িয়ে প্রতিজ্ঞা করতে হবে যে সবার গুণমান অনুযায়ী শিক্ষাদানের যে স্বপ্ন আছে, তাকে সফল করে তুলতে হবে। আসুন, আমরা সবার জন্য সাম্য, ন্যায় এবং শান্তি নিয়ে আসি। এর জন্য রাজনীতিজ্ঞ এবং বিশ্বস্তরীয় নেতা-নেত্রীরাই শুধু এগিয়ে আসলে হবে না সেইসঙ্গে প্রতিটি মানুষকে এগিয়ে আসতে হবে, এবং সবার সমস্ত শক্তি জোটবদ্ধভাবে এই লক্ষ্যকে সফল করার জন্য নিয়োগ করতে হবে। এটা আমাদের কর্তব্য। আমাদের এই জন্য কাজ করে যেতে হবে, আমি আমার সঙ্গী সমস্ত শিশু ও ছোটোদের নিয়ে অপেক্ষা করছি না বরং আপনাদের আহ্বান করছি যাতে গোটা বিশ্ব একাকার হয়ে যায়।

আসুন আমাদের ভবিষ্যতের জন্য একটি অন্তিম সিদ্ধান্ত নিই। শুধু ক্লাসরুমগুলির কারণে যে সমস্ত শৈশব এবং প্রতিভাগুলি নষ্ট হয়ে গিয়েছে তা যেন আর কখনো না হয় তার সুব্যবস্থা করি। এটাই হোক শেষবার যখন কোনো ছোট মেয়ে বা ছোট ছেলে তার শৈশব কোন কারখানাতে নষ্ট করছে। এটাই হোক শেষবার যখন কোন ছোট মেয়েকে জোর করে তার শৈশবেই বিয়ে দিয়ে দেওয়া হয়েছে। এটাই হোক শেষবার যখন কোন অবোধ শিশু যুদ্ধে তার প্রাণ হারিয়েছে। এটাই হোক শেষবার যখন কোন ক্লাসরুম ফাঁকা পড়ে আছে। এটাই হোক শেষবার যখন কোনো

ছোটো ছেলেকে জানিয়ে দেওয়া হয়েছে যে শিক্ষা তার অধিকার নয় বরং অপরাধ। কোন শিশু স্কুলের আওতার বাইরে আছে এটাও হোক শেষবারের মতো। আমাদেরকেই এই শেষের শুরু করতে হবে। আমাদের সঙ্গেই শেষ হয়ে যাক এইসবকিছু, আর আমরা এক উজ্জ্বল ভবিষ্যত করি, এখনই-এই সময়েই।"

মালালার উপলব্ধিকে কালিমালিপ্ত করার চেষ্টা

পাকিস্তানের পাওয়া এই ঐতিহাসিক সাফল্যে সেই তালিবানপন্থী উগ্রপন্থীরা জলে ঢেলে দেওয়ার চেষ্টা করেছে। তারা ১৬ ডিসেম্বর, ২০১৪তে পেশোয়ারের স্কুলের মধ্যে ঢুকে পড়ে ১৪৪ জনকে গুলিতে ঝাঁঝরা করে দিয়েছে। তারা আর্মি স্কুলের ছাত্রদের ওপরে তখন গুলি চালায় যখন তারা সন্ত্রাসবাদীদের নির্দেশমতো মাথা নত করে কলাম পাঠ করছিল। নিহতদের মধ্যে স্কুলের ১১ জন কর্মচারীও ছিলেন। এই জঘন্য এবং বর্বর হত্যাকান্ডের কথা জানতে পেরে গোটা পৃথিবী স্তব্ধ হয়ে গিয়েছিল। নোবেল শান্তি পুরস্কার বিজয়িনী মালালা এই দুঃখজনক ঘটনায় নিরাশ এবং হতাশ। তিনি যে তালিবান আন্দোলনের বিরোধিতা করেছেন, তারাই নির্দোষ এবং অবোধ শিশুদের হত্যা করেছে।

আসলে ভারতীয় উপমহাদ্বীপে যে সমস্ত সংস্কার হয়েছে তার জন্যই এই যে নোবেল পুরস্কার দিয়ে গোটা বিশ্বের পক্ষ থেকে তা মেনে নেওয়া এবং তার প্রশংসা করা, সেই ঘটনার প্রতিবাদেই এই নারকীয় ঘটনা। সন্ত্রাসবাদীরা ভয় পেয়েছে এই দেখে যে নোবেল পুরস্কার পাওয়ার ফলে সন্ত্রাসের বিপদের কথা সারা পৃথিবীতে ছড়িয়ে পড়েছে এবং তার ফলে তালিবানদের বিরুদ্ধে প্রতিবাদ গড়ে উঠেছে। তালিবানদের একটি দল এই নারকীয় ঘটনাকে সঠিক বলে দাবী করেছে। তালিবানদের মুখপাত্র মহম্মদ খুরসানি বলেছে যে, আর্মি স্কুলের বাচ্চাদের এইজন্য লক্ষ্য করা হয়েছে যার থেকে শিক্ষা নিয়ে সাধারণ মানুষ আর্মির সঙ্গে কোনরকম সম্পর্ক না রাখে কারণ পাকিস্তানি আর্মি তালিবানদের বিরুদ্ধে যুদ্ধ চালাচ্ছে। এই ঘটনার পরে সম্পূর্ণ পাকিস্তান জুড়ে শোকের ছায়া নেমে আসে। প্রধানমন্ত্রী নওয়াজ শরীফ সঙ্গে সঙ্গেই এই ঘটনার উপর তাঁর প্রতিক্রিয়া জানান।

তিনি ঘোষণা করেন সন্ত্রাসবাদীদের ফাঁসির হুকুম রদ করার যে সিদ্ধান্ত নেওয়া হয়েছিল তা তুলে নেওয়া হচ্ছে।

এই ঘটনায় আমেরিকা, ইউরোপ সহ সমস্ত পৃথিবীকে নাড়িয়ে দিয়েছে। মানুষ বুঝতে পারছিল না যে সন্ত্রাসবাদীরা কেন স্কুলের ছোটো ছোটো শিশুদের ওপর আক্রমণ করল? সন্ত্রাসবাদীদের সঙ্গে যুদ্ধ করার জন্য এমন অনেক দেশ এগিয়ে আসে যারা আগে তালিবানদের সমর্থক ছিল। সব মিলিয়ে মালালা বালিকাদের জন্য অনিবার্য শিক্ষাদানের জন্য যে লড়াই শুরু করেছিলেন, সেই লড়াইকে নোবেল পুরস্কারের শান্তির জল ছিটিয়ে থামানো যাবে না। এই মহৎ কাজের জন্য সমস্ত জাতি, ধর্মের সবাইকে একজোট হতে হবে। এই লড়াই এখন চলবে।

❑❑❑

বাংলা বই

ম্যানেজমেন্ট গুরু
নরেন্দ্র মোদী
ভারতের গৌরব
নরেন্দ্র মোদী
কৈলাশ সত্যার্থী
কি করবেন যখন মা হবেন?
টিন ফিটনেসের জন্য
5 অন্তিম কিলো কি ভাবে কমাবেন
ডায়নামিক মেমোরী
ইংলিশ স্পীকিং কোর্স
কম্প্যুটার কোর্স
মহান চাণক্য
চাণক্য নীতি
কৌটিল্য অর্থশাস্ত্র
কেন
আমার বাচ্চা খাবার খায় না?
নিজের সন্তানকে চড় মারতে শিখুন
টাইম ম্যানেজমেন্ট
ভগবদগীতা
সফলতার সূত্র
ইতিবাচক চিন্তাধারার জাদু
পাওয়ার থিঙ্কিং
ম্যানেজমেন্ট গুরু
ভগবান শ্রীকৃষ্ণ
ডায়মণ্ড রাশিফল 2015
সঠিক পথে পরিচালনা করার গল্প
লাল গ্রহ
জীবনর লক্ষ্য